Damals im Oberallgäu

Geschichte(n) aus der südlichsten Region Deutschlands

Peter Hutter

ISBN 978-3-86037-401-6

1. Auflage

Herausgeber:
©2010 Edition Limosa GmbH
Lüchower Straße 13a, 29459 Clenze
Telefon (0 58 44) 97 11 63-0
Telefax (0 58 44) 97 11 63-9
mail@limosa.de, www.limosa.de

Redaktion:
Dr. Peter Hutter

Satz und Layout:
Zdenko Baticeli, Jana Mengel, Christin Stade

Korrektorat:
Ulrike Kauber

Unter Mitarbeit von:
Doreen Rinke, Lena Hermann

Medienberatung:
Andreas Winnichner

Gedruckt in Deutschland.

Peter Hutter

Damals im Oberallgäu

Geschichte(n) aus der südlichsten Region Deutschlands

Vorwort

Je schneller der technologische Fortschritt uns in eine ungewisse Zukunft katapultiert, desto größer wird bei vielen Menschen das Bedürfnis, inne zu halten und sich ihrer Herkunft und kulturellen Grundlagen zu vergewissern. Die Beschäftigung mit Geschichte ist kein Luxus, sondern Teil unserer Zukunftsbewältigung und Menschwerdung. Denn je weiter unser Gedächtnis zurück reicht, desto klarer erkennen wir die Bahn, auf der wir momentan vorwärts bewegt werden.

Das Angebot des Verlages, ein populärwissenschaftliches Geschichtsbuch über das Oberallgäu zu schreiben, habe ich gerne angenommen. Nachdem ich 30 Jahre lang unterschiedliche Themen aus der deutschen Geistesgeschichte bearbeitet und publiziert habe, erschien es mir reizvoll, mich wieder mit der Vergangenheit meiner Heimat auseinander zu setzen. Die Konzeption und Ausarbeitung dieses Buches wurde mir sehr schnell zu einer Herzensangelegenheit. Zwar gibt es gerade hier im Allgäu eine intensive Heimatforschung. Eine Vielzahl von Chroniken und Büchern zu den unterschiedlichsten Themen liegt bereits vor. Dennoch denke ich, dass es mir gelungen ist, viele noch unbekannte Geschichten und Begebenheiten aus dem reichen Fundus der Allgäuer Vergangenheit aufgespürt zu haben. Insbesondere die Jahrzehnte zwischen dem Ende des Kaiserreiches und der Gründung der Bundesrepublik sind bis heute noch wenig erforscht und bedürfen einer weiteren Aufarbeitung.

Viele der hier zusammen getragenen Geschichten erzählen von Anfängen, von Gründungen, die noch heute unser Leben bestimmen und noch längst nicht zu Ende geführt sind. Ihre Kenntnis möge mit dazu beitragen, das Vorhandene fruchtbar weiter zu führen und Fehlentwicklungen zu vermeiden.

Getreu der Einsicht, dass Bildung am besten auf unterhaltsame Weise zu vermitteln ist, habe ich versucht, Wissenswertes aus der Vergangenheit des Oberallgäus kurzweilig und wo möglich mit Humor zu erzählen. Der Leser dieses Buches soll nicht durch eine Fülle von Informationen und Fakten erschlagen werden. Vielmehr sollen die hier versammelten Geschichten aus den unterschiedlichsten Lebensbereichen dazu dienen, den Dialog zwischen den Generationen anzuregen. Die »harten Zeiten«, die die ältere Generation erleben und erleiden musste, stellen heute einen riesigen Schatz an Erinnerungen dar, der einer zumindest materiell verwöhnten Jugend dringend weiter vermittelt werden sollte. Die vielen »Lücken« in diesem Geschichtsbuch sollten nicht als Mangel, sondern als Chance zur eigenen Berichterstattung und Nachforschung verstanden werden.

Kempten, im Februar 2010

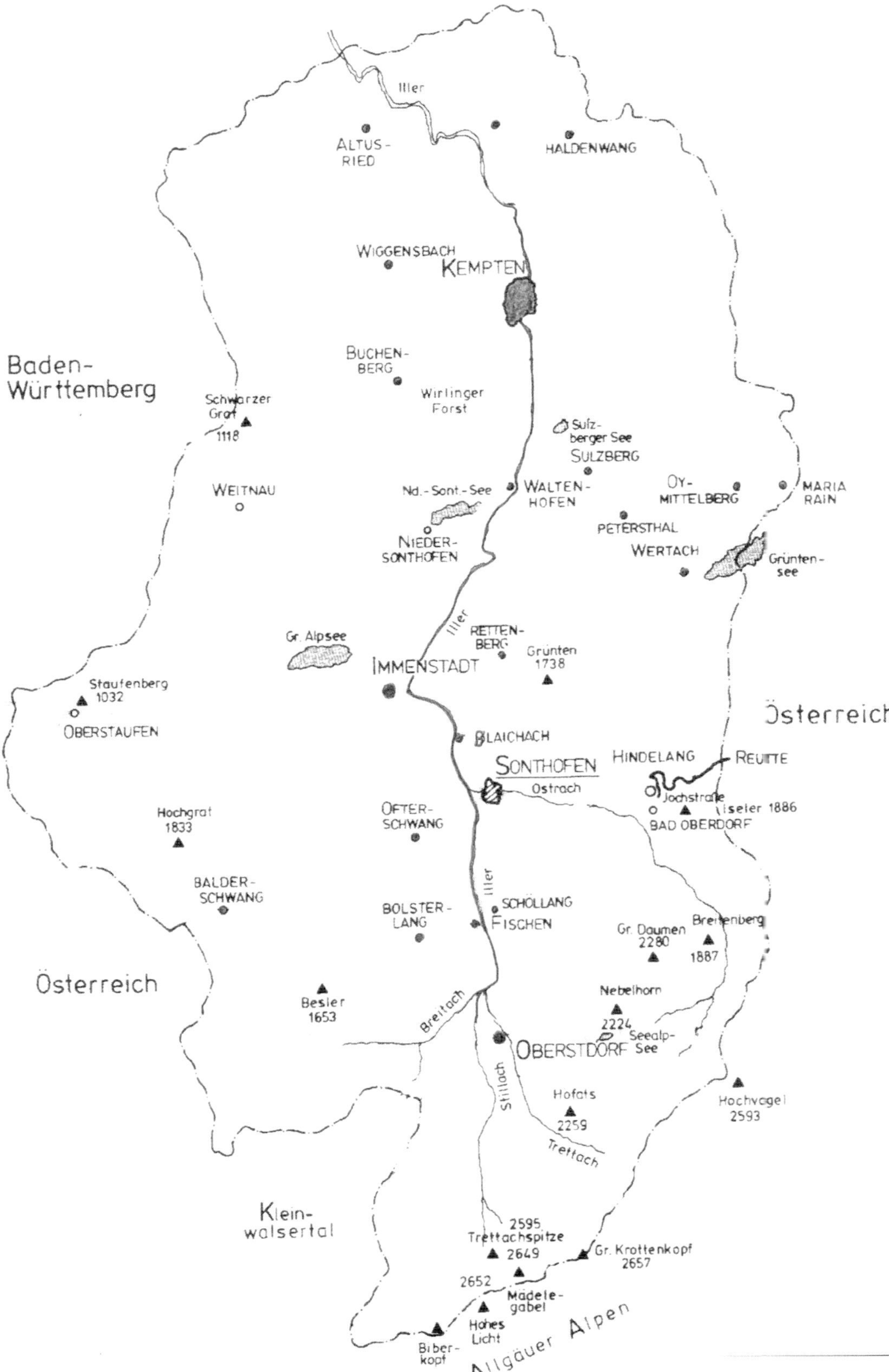
Iller
ALTUS-
RIED
HALDENWANG
WIGGENSBACH
KEMPTEN
Baden-
Württemberg
BUCHEN-
BERG
Wirlinger
Forst
1118
Sulz-
berger See
SULZBERG
WEITNAU
Nd.-Sont.-See
WALTEN-
HOFEN
OY-
MITTELBERG
MARIA
RAIN
PETERSTHAL
NIEDER-
SONTHOFEN
WERTACH
Grünten-
see
Iller
Gr. Alpsee
RETTEN-
BERG
Grünten
1738
IMMENSTADT
Staufenberg
1032
OBERSTAUFEN
Österreich
BLAICHACH
SONTHOFEN
HINDELANG
REUTTE
Ostrach
BAD OBERDORF
Hochgrat
1833
OFTER-
SCHWANG
BALDER-
SCHWANG
Iller
SCHÖLLANG
BOLSTER-
LANG
FISCHEN
Gr. Daumen
2280
1887
Österreich
Besler
1653
Nebelhorn
2224
Breitach
OBERSTDORF
Seealp-
See
Stillach
Hofats
2259
Hochvogel
2593
Trettach
Klein-
walsertal
2595
Trettachspitze
2649
Gr. Krottenkopf
2657
2652
Mädele-
gabel
Hohes
Licht
Biber-
kopf
Allgäuer Alpen

Inhalt

Vorwort 4

Das Allgäu – Das Reich des Steinadlers

Das Allgäu – Das Reich des Steinadlers 9
Der Adlerkönig Leo Dorn 10

Das Allgäuer Käsequartett

Das Allgäuer Käsequartett............................. 13
Carl Hirnbein und der Allgäuer Limburger 14
Johann Althaus und der Emmentaler 17
Die Gebrüder Kramer und der Weisslacker 19

Karl Hoefelmayr
und der Allgäuer Camembert.......................... 21
Melken ist eine Kunst.................................... 23

Zwei Städte

Kempten – Zwei Städte wachsen zusammen .. 25
Der Abbruch der Stadtbefestigung................. 28
Die Anlage der Freitreppe.............................. 32
Die Schwaigwiese 34

Tourismus

Die Anfänge des Tourismus im Allgäu 37
Das erste Berghotel auf dem Grünten............ 39
Prinzregent Luitpold 41
Der Bergführer Johann Baptist Schraudolph .. 44
Die Anfänge der Eisenbahn im Allgäu 47

Ernst und heiter – Zwei Allgäuer Künstler

Ernst und heiter – Zwei Allgäuer Künstler 53
Bergradfahren 61

Katastrophen

Katastrophen: Bergstürze............................... 63
Der große Brand von Wertach 1893 64
Das Jahrhundert-Hochwasser von 1910.......... 68
Der Wiggensbacher Silberfund 73

Kempten wird Großstadt

»Kempten wird Großstadt!« ... 77
Elektrischer Strom für Kempten ... 81
Motorverkehr in Kempten ... 85
Der Zeppelin kommt! ... 89

Harte Zeiten – Der Erste Weltkrieg

Harte Zeiten – Der Erste Weltkrieg ... 93
Die Allgäuer Kriegschronik ... 94
Die Mulzer-Tanne ... 98

Hungern für's Vaterland

Hungern für's Vaterland ... 103
Von Wuchergerichten und Schleichhändlern .. 106
Im Allgäu wird's stille –
Die Beschlagnahme der Kirchenglocken ... 108
Allgäuer Notgeld ... 113
Anzeigen aus dem Inflationsjahr 1923 ... 117

Unruhige Jahre

Unruhige Jahre ... 119
Das Oberjoch-Bergrennen ... 120
Der zweite Katholikentag in Kempten 1926 ... 123
Bürgerkrieg im Allgäu? ... 126

Das Allgäu im Dritten Reich

Das Allgäu im Dritten Reich ... 131
Die Anfänge des Sportfluges im Oberallgäu .. 135
Die Ordensburg in Sonthofen ... 140
Ab ins Exil – Der Expressionist Carl Rabus ... 143
Heimtückische Gesetze ... 147

Dicke Luft über dem Allgäu

Dicke Luft über dem Allgäu: Das Allgäu im
Bombenkrieg ... 151
Heinz Rühmann in Durach ... 156
Eine Luftschlacht über dem Allgäu ... 159

Kriegsende

Kriegsende ... 165
Der Soldatentod der Liane Stange ... 169
Marokkaner in Unterjoch ... 171
Die letzte Panzerschlacht am Harz ... 174
In den Händen der Résistance ... 177

Neubeginn

Neubeginn ... 181
Elisabeth Opitz ... 183
Die Merkt-Steine –
Ein Bürgermeister und sein
Geschichtsbewusstsein ... 186

Danksagungen ... 188
Bildquellennachweis ... 190

Unten
Die Höfats ist 2260 Meter hoch und war früher für ihren Reichtum an Edelweiss-Blumen bekannt.

Das Allgäu – Das Reich des Steinadlers

Bis ins späte 19. Jahrhundert hinein war der König der Lüfte – der Steinadler – im Allgäu beheimatet. Max Förderreuther nennt in seinem 1907 erschienenen Buch über die Allgäuer Alpen eine ganze Reihe von Stellen, wo Steinadler horsteten und ihre Jungen aufzogen. So an der Ochsengerenwand im Oytal oder an der Roten Wand im Rohrmosertal. Doch Jagdeifer führte allmählich zu ihrem Verschwinden.

Nachdem 1742 der letzte Allgäuer Bär nahe Oberstdorf und in den 1860er Jahren die letzten einheimischen Wölfe bei Immenstadt erlegt worden waren, blieben nur noch der Luchs und die Steinadler als Raubtiere übrig. Vor allem die Adler wurden von den Schafhirten als Bedrohung ihrer Herden und damit ihrer Existenz betrachtet. So verlor der Besitzer einer im Rohrmosertal gelegenen Alpe in zwei Sommern sämtliche neugeborenen Lämmer an die Adler. Diese sorgten für Unruhe in den Viehherden und waren für manches Unglück verantwortlich. Im Jahr 1858 scheuchte auf der oberen Seealpe bei Oberstdorf ein plötzlich auffliegender Steinadler ein Dutzend weidender Pferde auf. In ihrer Panik sprangen diese über die nach dem Oytal abfallenden Wände und brachen sich in der Tiefe alle Knochen.

Auch den Raub von Kleinkindern lastete man den Adlern an. Im August 1886 soll bei einer Alpe unter dem Hochifen ein dreijähriges Mädchen von einem Adler gerissen worden sein. Seine Eltern waren beim Beeren pflücken und hatten

das Kind aus den Augen verloren. Plötzlich schreckte sie ein erbärmliches Geschrei auf. Als sie ihrem Kind zu Hilfe eilen wollten, war außer einer Adlerfeder nichts mehr zu bergen.

Die Adler wurden nicht nur mit der Flinte abgeschossen, sondern auch in ihrer Brut behindert. Das Ausheben der an unzugänglichen Stellen gelegenen Horste war sehr gefährlich und wurde als aufregender Sport betrieben. So unternahm Graf Max von Arco-Zinneberg im Jahr 1860 auf mehreren Leitern den riskanten Versuch, einen auf überhängendem Felsen liegenden Horst an der Roten Wand im Rohrmosertal auszuheben. Dabei feuerte ihn eine gespannt wartende Volksmenge an.

Oben
Ein ausgestopfter Steinadler befindet sich im Heimatmuseum in Hindelang.

Unten
Graf Max von Arco-Zinneberg beim Ausheben eines Adlerhorstes: zeitgenössische Lithografie

Der Adlerkönig Leo Dorn

Der erfolgreichste und populärste Adlerjäger des Allgäus war der im Januar 1836 in Oberstdorf geborene Leo Dorn. Seit 1858 diente Dorn in Hindelang als Jagdaufseher. Dort wurde er mit dem späteren bayrischen Prinz-Regenten Luitpold bekannt, der ihn 1881 zum Leib- und Königlichen Oberjäger ernannte.

Leo Dorn repräsentierte den Typus des einfachen, natur- und freiheitsliebenden Bergbewohners. Ein langer Vollbart umrahmte Dorns markantes Gesicht. Er trug immer die gleiche Joppe und schwere Nagelschuhe. Seine kurze Lederhose tauschte er im Winter nur bei großer Kälte gegen eine lange aus. Dorn verbrachte seine Zeit lieber im Freien als im Wirtshaus; er trank lieber kuhwarme Milch als Bier. Dorn war ein sicherer Schütze und leidenschaftlicher Jäger. »Alles, was er konnt' erschauen, war seines sichern Rohrs Gewinn!«, hieß es über ihn. Der Dichter Ludwig Ganghofer bezeichnete Dorn als den »Mustertyp des prächtigen Menschenschlages unserer Berge«.

Oben
Hindelang um 1900: Holzschnitt eines unbekannten Künstlers

Unten
Eine Schießscheibe mit dem Porträt Leo Dorns befindet sich im Heimatmuseum Hindelang.

Dorn führte ein Tagebuch, in dem er seine Erlebnisse in den Bergen festhielt. Am 4. November 1862 notierte er darin folgende Begegnung mit einem Wilderer: »Ich kam von Schwarzwasser über das Schänzle herüber. Mit einem Male hörte ich Steingeriesel über die Wand hinunter. Ich suchte sogleich das Gelände ab und entdeckte einen Mann mit Gewehr, der in eine steile Felsrinne hinein kletterte. Vorsichtig pirschte ich mich an ihn heran und fand hinter einem Latschengestrüpp eine flüchtige Deckung. Mit schußbereitem Gewehr wartete ich, bis der Bursche hinter einem Felsband hervortrat. ›Kerl, die Büchs weg oder ich schieß dich die Felswand herunter!‹ schrie ich ihn an. Doch dieser riss sofort das Gewehr hoch und hielt nach dem unangenehmen Rufer Ausschau. Noch einmal wiederholte ich die übliche Warnung, und da erst entdeckte er mich. Er wandte sich sofort mit seiner schußbereiten Büchse zu mir. Ehe er aber auf mich schießen konnte, traf ihn meine Kugel. Laut schrie er auf, daß man es weithin hören konnte.«

Die Jäger propagierten das Abschießen der Adler als schützende Maßnahme für Mensch und Nutztier. Entsprechend hoch war ihr gesellschaftliches Ansehen. Nachdem Dorn seinen 50. Adler erlegt hatte, nannte er sich selbst stolz »Adler-

Oben
Leo Dorn um 1910

Unten
Leo Dorn bringt seiner Frau einen Steinadler mit nach Hause.

könig«. Er bekräftigte seinen Anspruch durch mehr als zwei Dutzend weitere Abschüsse.

Da die Unterschwanzfedern und Fänge der Adler von Liebhabern hoch bezahlt wurden, brachte ein Abschuss den Jägern auch einiges Geld ein. Um 1905 erhielten die Jäger für einen Adler je nach Größe 80 bis 100 Mark.

Neben Leo Dorn machten sich auch andere Schützen als Adlerjäger einen Namen. Anton Kleis, sein Nachfolger als Jagdaufseher Seiner Königlichen Hoheit des Prinz-Regenten soll ebenfalls mehrere Dutzend Adler abgeschossen haben. Der Oberjäger Max Speiser rühmte sich, allein im Winter 1901 zehn Adler von einer Wettertanne herunter geschossen zu haben.

Leo Dorn hatte alle Eigenschaften, die ein Jagdaufseher und Wildhüter für seine Aufgaben benötigt; doch seinen Adlern war er ein schlechter König. Zum Zeitpunkt seines Todes im November 1915 waren die Steinadler im Allgäu so gut wie ausgerottet. Erst 1925 stellte man sie in Deutschland unter Naturschutz. Heute gibt es in der Umgebung von Oberstdorf wieder mehrere belegte Horste.

So ein Laib Emmentaler wiegt rund 80 Kilogramm.

Das Allgäuer Käsequartett

Jahrhundertelang hatten die meisten Allgäuer Bauern ein bescheidenes Dasein gefristet. Die Winter im Allgäu sind lang, das Klima rauh, die Böden steinig und karg, die Anbauflächen uneben und begrenzt. Die meisten Landwirte hatten kaum mehr produziert, als sie für das Überleben ihrer eigenen Familien benötigten. Neben dem Ackerbau waren nur wenige Kühe, Schafe und Ziegen gehalten worden. Der Anbau von Flachs und seine Verarbeitung zu Leinen in Heimarbeit war mühselig und brachte kaum das Geld ein, das man für den Erwerb der Dinge benötigte, die man selbst nicht herstellen konnte. Außer dem Leinen und Vieh wurde lediglich Holz exportiert, das meist auf der Iller gegen Norden geflößt wurde. Als nach den Napoleonischen Kriegen 1815 billige englische Baumwolle die kontinentaleuropäischen Märkte überschwemmten, geriet die Allgäuer Leinenherstellung in eine schwere Absatzkrise und die Bauern in große Not. In einem Jahrzehnte dauernden Prozess gelang es während des 19. Jahrhunderts allmählich, die Allgäuer Wirtschaft auf neue Grundlagen zu stellen: die Milchwirtschaft und der Tourismus entwickelten sich zu den tragenden Säulen des Erwerbslebens und sind es bis heute geblieben.

Diese wirtschaftliche Umstrukturierung ist schon häufig unter der Formel »Vom blauen zum grünen Allgäu« beschrieben worden. Sie war der Initiative und dem Vorbild einiger vorausschauender Unternehmer zu danken. Obwohl heute viele verschiedene Käsespezialitäten im Allgäu produziert werden, sind es vor allem vier Sorten, die aufgrund ihrer Menge beziehungsweise ihrer Besonderheit für die Allgäuer Milchwirtschaft eine bedeutende Rolle spielen: der Limburger, der Emmentaler, der Weisslacker und der Camembert. Dieser Reichtum an Käse und Milchprodukten ist letztendlich den Allgäuer Kühen zu danken.

Oben
Herstellung von Camembert

Unten links
Heimarbeit in einem Allgäuer Bauernhaus um 1900

Unten rechts
Allgäuer Waldarbeiter um 1900

Carl Hirnbein und der Allgäuer Limburger

Oben
Porträt Carl Hirnbeins: moderne Kopie von Hail nach einem älteren Gemälde

Mitte
Das Geburtshaus Carl Hirnbeins in Wilhams

Unten
Das Wohnhaus Carl Hirnbeins in Weitnau

Carl Hirnbein gehört zu den großen Gründungsvätern der Allgäuer Milchwirtschaft. Er leitete die Umstellung der Allgäuer Bauern vom Ackerbau auf die Milchverarbeitung ein und machte die Produktion von Weichkäse zu einer Hauptsäule der Allgäuer Milchwirtschaft.

Carl Hirnbein vereinte in seiner Person die Tugenden eines Unternehmers wie kaum ein anderer seiner Allgäuer Zeitgenossen: die Bereitschaft von anderen zu lernen, Organisationstalent, Weitblick und den Willen, mit seiner Kraft nicht nur sich selbst, sondern auch der Allgemeinheit zu dienen.

Durch seinen Vater Johann Hirnbein (1767 bis 1840) waren bereits einige wichtige Voraussetzungen für Karls späteren Erfolg geschaffen worden. Der ältere Hirnbein hatte zu den Honoratioren des Westallgäus gehört; er war Lehrer in Sibratshofen, Gerichtsschreiber in Weitnau und ab 1810 Gemeindevorsteher in Wilhams. Neben seinen amtlichen Tätigkeiten betrieb er einen Viehhandel und vermehrte durch Geschick und Umsicht seine Güter. 1830 gründete er zusammen mit Alois Rädler aus Lindenberg eine erste Käsehandlung und wies dadurch seinem Sohn den Weg.

Johann Hirnbein schickte seinen 1807 geborenen Sohn Carl auf die Bürgerschule nach Kempten, um ihm eine gute Ausbildung zu ermöglichen. 1825 schloss Carl diese mit einem glänzenden Zeugnis ab. Eine vom Vater vermittelte Lehre in Rovereto in Italien weitete den Blick des jungen Mannes. Aber erst eine Reise nach Belgien im Jahr 1829 brachte ihn auf die Spur.

Bis weit ins 19. Jahrhundert hinein hatten die Allgäuer Bauern fast ausschließlich für ihren Eigenbedarf mehr Ackerbau als Viehzucht betrieben. Auch den Käse produzierte man auf den einzelnen Höfen nur für den Verzehr der eigenen Familie. Er war wenig schmackhaft, schnell verderblich und für den Export ungeeignet. In Belgien studierte Hirnbein intensiv die hoch entwickelte Landwirtschaft, die mit geringen Milchmengen einen gut schmeckenden und haltbaren Weichkäse herzustellen wusste. Dieses Know-how nahm Hirnbein in Gestalt zweier erfahrener Käser, der Gebrüder Grossjean, mit in's Allgäu. Es dauerte Jahre, bis es ihm und seinen Mitarbeitern gelang, aus der fettreichen Allgäuer Milch ein dem belgischen Limburger gleichwertiges Produkt herzustellen. Doch die Hartnäckigkeit führte schließlich zum Erfolg.

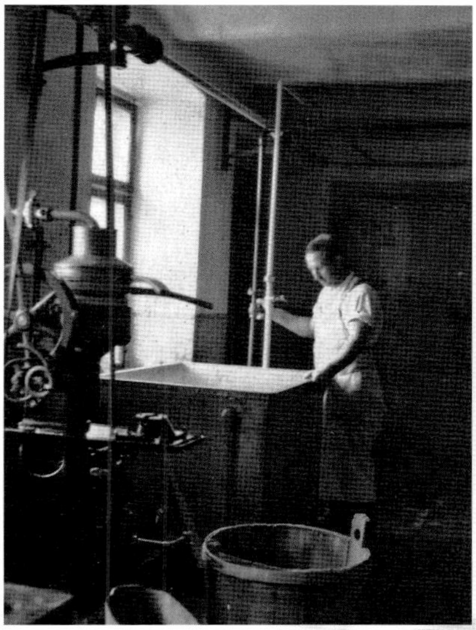

Aufbau der Limburgerproduktion im Allgäu

In Wilhams und Umgebung begann Hirnbein mit dem Bau und Aufkauf geeigneter Käsekeller und Sennereien. 1837 beschäftigte er in seinem Lager in Weitnau bereits 13 Salzer und betrieb 20 bis 30 eigene Milchen. Er kaufte nicht nur die Milch anderer Bauern, sondern auch den Käse anderer Sennereien auf, um größere Mengen Käse exportieren zu können. Hirnbein steigerte nicht nur die Qualität und Quantität des von ihm hergestellten Käses, sondern begann gleichzeitig mit dem Aufbau eines Absatzmarktes. Dieser reichte bald weit über das Allgäu hinaus. Hirnbein verpflichtete sich eigene Verkaufsagenten in Franken und Schwaben, wo sich der Limburger aus dem Allgäu gut absetzen ließ.

1840 heiratete Hirnbein die Tochter eines Gastwirts. Er reiste mehrmals nach England und in die Schweiz in der Absicht, weiter zu lernen und Anregungen zu sammeln. Von diesen Reisen brachte er nicht nur Schweizer Zuchtvieh, sondern auch das Wissen um moderne Bewirtschaftungsmethoden wie das Düngen der Wiesen mit.

Mit den Jahren wirkte Hirnbein jedoch nicht nur auf die Verbesserung der Landwirtschaft bei den Bauern in der Umgebung. Er zog sich auch seine eigene Konkurrenz heran. Bei ihm ausgebildete Sennen machten sich selbstständig und bauten ihre eigene Produktion mit eigenen Vertriebswegen auf. Das war

Oben
Produktion von Limburger Käse in den 1930er Jahren: Die Milch wird in einem Behälter zentriert.

Unten
Produktion von Limburger Käse: Die Galerte wird mit einem »Säbel« oder einer »Käseschneideharfe« geschnitten.

Oben links
Produktion von Limburger Käse: Aus Brettern wird ein Käsespanntisch gebaut und der Käsebruch hinein geschöpft.

Oben rechts
Produktion von Limburger Käse: Nach etwa drei Wochen wird der Limburger verpackt.

Unten links
Anzeige im »Allgäuer Tagblatt« 1920er Jahre

Unten rechts
Das Grabmal Carl Hirnbeins auf dem Friedhof in Weitnau

einer der Gründe, die Hirnbeins Firma insbesondere in Krisenjahren öfters in wirtschaftliche Schwierigkeiten brachte. Dennoch gelang es ihm, großen Grundbesitz zu erwerben und ein kleines Wirtschaftsimperium aufzubauen: seit den 1850er Jahren konnte er rund 100 Sennereien sein Eigen nennen.

Seit 1847 begann Hirnbein sein Geschäft zu vernachlässigen und sich ganz der Politik zu widmen. Deutschland sollte endlich eine Demokratie werden, mit oder ohne König. Durch Männer wie Hirnbein wurde das Allgäu zu einer stark politisierten Landschaft. Das Scheitern der bürgerlichen Nationalversammlung in Frankfurt 1849 führte schließlich auch zu einer Niederwerfung revolutionärer Strömungen im Allgäu durch bayrisches Militär. Obwohl Hirnbein zu den gemäßigten Liberalen gehörte, hatte er sich in den Augen der Reaktion zu weit hervor gewagt. Wie viele andere wurde er von einem bayrischen General gezwungen, auf Knien dem König in München zu huldigen. Um sich weiteren Repressionen zu entziehen, tauchte er zeitweilig auf einer seiner Alphütten unter.

Welcher Käser fabriziert einer Allgäuer Käse-Großhandlung 25%ige Limburger mit einer Kesselmilch von 1,2%? Offert. erbitten umgehend an F. A. K. 25 an die Expedit. dieses Blattes. 10491(14

Als sich die politischen Verhältnisse wieder beruhigt hatten, kümmerte sich Carl Hirnbein erneut um seine Geschäfte, ohne die Politik zu vernachlässigen. Von 1859 bis 1863 saß er für die Liberalen in der Abgeordnetenkammer des Bayrischen Landtages. 1869 zog sich Hirnbein ganz auf seine Güter in Weitnau zurück, wo er 1871 starb.

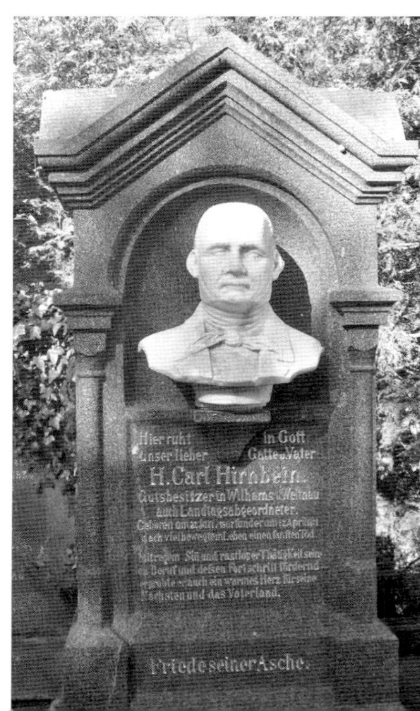

Johann Althaus und der Emmentaler

So wie die Einführung des Limburger Käses im Allgäu mit dem Namen Hirnbein eng verknüpft ist, so ist die Produktion von Emmentaler Käse auf den Schweizer Sennen Johann Althaus zurückzuführen. Johann Althaus wurde 1798 in Lauperswyl im Kanton Bern geboren. Er arbeitete für die Käsegroßhandlung Lehmann in Langnau im Kanton Bern, bis er 1827 von dem Lindenberger Käsehändler Aurel Stadler zum Umzug ins Allgäu veranlasst wurde. Im einstigen Gräflich-Montfort-Rotenfelsischen Sennhof in Blaichach, der nun einem Käsehändler gehörte, erhielt er eine Anstellung. Schon im Winter 1827 auf 1828 begann er damit, den ersten Emmentaler im Allgäu zu produzieren. Bald holte Althaus seine Brüder Peter und Ulrich nach; weitere Schweizer Sennen folgten.

Während der Limburger Käse auch in relativ kleinen Mengen produziert werden kann, benötigt man für die Herstellung von Emmentaler größere Milchmengen. Da die Allgäuer Bauern zu jener Zeit nur wenige Kühe im Stall hatten, sah sich Althaus anfangs gezwungen, erst einmal größere Milchmengen für seine Emmentalerproduktion zu organisieren. Er kaufte Milch in den umliegenden Gemeinden ein, die mit dem Handkarren beziehungsweise Schlitten mühselig zu seiner Sennerei transportiert werden musste.

1836 machte sich Althaus selbstständig und kaufte in Sonthofen einen eigenen Hof, den er zu einem Musterbetrieb ausbaute. Um die Milchproduktion zu steigern, führte er einige in der Schweiz schon lange übliche Methoden der Bodenbewirtschaftung wie das Düngen der Wiesen ein. Er ließ auf seinem Hof die Stallgruben in Mauerwerk aufführen, um die Gülle der Kühe zu sammeln. Diese wurde auf die Wiesen aufgebracht, wodurch der Futterertrag auf das fünf- bis sechsfache gesteigert werden konnte. Auf diese Weise gelang es Althaus, auf der gleichen Wirtschaftsfläche die dreifache Menge an Kühen zu halten. Zudem kaufte er Schweizer Zuchtvieh an und vermehrte so beständig seinen Viehbestand. Obwohl er bald 800 bis 1000 Liter Milch in seinen eigenen Stallungen produzieren konnte, kaufte er weiter Milch aus den benachbarten Gemeinden Binswang, Rieden, Höfen, Margareten, Schweineberg und Imberg an.

Johann Althaus war erfolgreich, und sein Beispiel machte Schule. Immer mehr

Oben
Porträt von Johann Althaus

Unten
Solche Schlitten waren im Winter wichtige Transportmittel.

Oben
Emmentalerproduktion in den 1930er Jahren: In jeden dieser Kessel passen 300 Liter Milch. Der Käsebruch wird ganz klein geschnitten und etwa 30 Minuten lang gerührt. Dann wird unter dem Kessel Feuer gemacht und der Käsebruch ungefähr eine Stunde lang auf 55 Grad erhitzt.

Mitte
Anzeige im »Allgäuer Tagblatt« aus dem Jahr 1932

Unten
Im Herbst wird das Vieh von den Alpen ins Tal herunter getrieben und auf der »Viehscheid« an die einzelnen Besitzer verteilt.

Käsereien wurden gegründet, wodurch der Ackerbau im Allgäu allmählich verdrängt wurde. Die Galtalpen, auf denen nur Jungvieh geweidet wurde, begann man in Sennalpen mit Milchvieh umzuwandeln; den sogenannten Bergkäse stellte man fortan im Sommer direkt auf den Alpen her.

Die Produktion von Emmentaler und Bergkäse ist ähnlich und unterscheidet sich nur in einigen Punkten: Während der Emmentaler mehrmals in einer Salzwasserlösung behandelt wird, schmiert man den Bergkäse zusätzlich mit dem Bakterium Linens ein. Der Emmentaler benötigt zu seiner Reifung drei

Gesucht
ganz kräftiger, erfahrener
Rundkäsesalzer
der schon im Käselager gearbeitet hat und im Alter von 25—30 Jahren steht. Bei entsprechend. Leistung Dauerstellung. Angebote
538 unter Nr. 538 an die Exp.

bis sechs Monate; der Bergkäse braucht rund sechs bis neun Monate.

Johann Althaus starb 1876 begütert in Sonthofen.

Auf der Alpe Oberegg bei Immenstadt
wird im nächsten Sommer wieder
Galtvieh
zur Sömmerung angenommen. Das Weidegeld beträgt für Kälber 12 Mk., für Schumpen über 1 Jahr 18 Mk., für Rinder über 2 Jahre 24 Mk., für ältere Rinder und galte Kühe 32 Mk. Die Thiere werden auf der Alpe übernommen und der Auftriebstermin wird durch die Post bekannt gegeben. Alsbaldige Anmeldungen sind zu richten an den Alpenbesitzer 1443
J. Widmann in Weitnau.

Die Gebrüder Kramer und der Weisslacker

Der Weisslacker ist die einzige Käsesorte, die im Allgäu erfunden worden ist. Wegen seines intensiven Geschmackes und strengen Geruchs gilt er als »Duftwunder aus Bayern«.

Über die Erfindung des Weisslackers sind mehrere Geschichten im Umlauf. Sicher ist nur, dass ein Lehrling und Mitarbeiter Carl Hirnbeins, der in Wertach gebürtige Josef Kramer (1821 bis 1908), um das Jahr 1874 herum den ersten Weisslacker gekäst hat.

Die erste Version über die Entstehung des Weisslackers lautet, dass Josef Kramer mit seinem Bruder Anton (1831 bis 1914) gezielt nach einer Möglichkeit gesucht habe, dem leicht verderblichen halbfesten Allgäuer Limburger zu einer besseren und längeren Haltbarkeit zu verhelfen. Die Brüder hätten durch Erhöhung des Fett- und Salzgehaltes der Milchmasse solange herum experimentiert, bis es ihnen gelungen sei, einen lange halt- und genießbaren Backsteinkäse herzustellen.

Oben
Josef Kramer, porträtiert von A. Reisacher

Unten
Anton Kramer, porträtiert von A. Reisacher

Böse Zungen behaupten hingegen, dass die Erfindung des Weisslackers eher einem Zufall zu verdanken sei. Josef Kramer habe Limburger zubereiten wollen und während der Arbeit bemerkt, dass der Käse zu wässrig und zu salzig geworden war. Da er sich aus Geiz scheute, diese eigentlich unverkäufliche Masse einfach wegzuwerfen, habe er diese in einer dunklen Ecke aufbewahrt. Als einige Monate später, im Frühjahr 1875, ein Käsegroßhändler auf Einkaufstour bei den Kramers in Wertach vorbei kam, hätten diese dem Händler dieses inzwischen stinkig gewordene Produkt angedreht; mit entsprechendem Rabatt versteht sich. Zum Erstaunen der Kramers habe sich der Käsehändler alsbald wieder gemeldet; aber nicht, um seinen Ärger loszuwerden, sondern um weiteren Weisslacker zu bestellen. Aus Angst vor Konkurrenz beantragte Josef Kramer für seine Erfindung ein königlich-bayrisches Patent, das er 1876 für 15 Jahre erhielt. Dadurch wurde der Weisslacker zum ersten patentierten Käse der Welt.

Oben
Anlieferung von Milch bei einer Sennerei

Wie auch immer der Weisslacker in die Welt kam: seine Produktion erfordert viel Zeit. Sechs Wochen lang wird der Käse in einem warmen Raum mit hoher Luftfeuchtigkeit gelagert; zweimal pro Woche muss er mit Salzwasser abgerieben werden. Dann wird er in Folie gepackt und in Holzkästen deponiert, wo er ein Jahr lang bei einer Temperatur von knapp unter zehn Grad reifen kann. Danach kommt der Weisslacker in Würfeln von ein bis zwei Kilogramm Gewicht oder in Haushaltspackungen von 62,5 Gramm in den Handel. Er wird bis heute nur in relativ kleinen Mengen vor allem in Allgäuer Käsereien hergestellt.

Die Jahresproduktion beträgt lediglich 50 bis 60 Tonnen.

Rund 19 Liter Milch werden für die Produktion eines Zwei-Kilo-Würfels Weisslacker benötigt. Die Oberfläche des Weisslackers ist von keiner Rinde bedeckt, sondern von einem weißgelben dünnflüssigen Überzug. Der speckige Teig hat eine elfenbeinerne Farbe und weist nur wenige Bruchlöcher auf.

Dieser Allgäuer Stinkkäse ist nichts für Gourmets mit sensiblem Gaumen und feiner Nase. Gerne wird er jedoch von Wirten den Gästen als Häppchen gereicht, da er sehr salzig ist und den Durst anregt. Auch der Allgäuer Nationalspeise, den Kässpatzen, gibt er – in kleiner Dosierung anderen Käsesorten beigemengt – ein besonderes Aroma.

Der Weisslacker entwickelte sich zu einem Verkaufsschlager. Die Gebrüder Kramer konnten es sich nicht nur leisten, sich von dem bekannten Münchner Maler A. Reisacher porträtieren zu lassen. Sie hinterließen ihren Erben auch mehrere Häuser in Wertach.

Unten
Blick in eine Allgäuer Sennerei in den 1930er Jahren

Karl Hoefelmayr und der Allgäuer Camembert

Von allen Käsesorten, deren Produktion im Allgäu von Bedeutung ist, wurde der Camembert-Käse als zeitlich letzter hier eingeführt. Wie bei den anderen Käsesorten ist auch der Allgäuer Camembert eng mit dem Namen eines Mannes verknüpft. Karl Hoefelmayr wurde 1867 in Kaufbeuren geboren. Er stammte aus einer Allgäuer Bauern- und Gutsbesitzerfamilie und verbrachte seine Jugend in Altbayern. Nach dem Besuch eines Gymnasiums in Regensburg studierte er an der Landwirtschaftlichen Akademie in Weihenstephan und am Polytechnikum in München.

Um seine Studien zu vervollständigen, ging Hoefelmayr für zwei Semester an das Bakteriologische Laboratorium des weltbekannten Institut Agronomique in Paris. Dessen Leiter Professor Duclaux betrieb Studien über die Mikroorganismen im Bereich der Käsegärung.

In Paris begann Hoefelmayr mit dem Studium des französischen Camemberts im bakteriologischen Sinne. Er experimentierte nicht mehr wie Hirnbein oder Althaus monate- und jahrelang auf gut Glück herum, sondern versuchte, mit wissenschaftlichen Methoden zu einem Ergebnis zu kommen. Hoefelmayr hatte erkannt, dass die Reifung des Käses ein komplizierter, von Mikroorganismen bewirkter Prozess ist. Deshalb entwickelte er ein eigenes Arbeitsprogramm: Durch eine bakteriologische Analyse wollte er zu einer bakteriologischen Synthese gelangen; das heißt, er wollte die Reifung des Camemberts nicht länger dem Zufall überlassen. Vielmehr richtete er seinen Ehrgeiz darauf, mit Sicherheit einen guten Käse herzustellen: nämlich durch die Auswahl und Züchtung von als geeignet erkannten Gärungserregern.

In Paris fand Hoefelmayr alle Voraussetzungen vor, um die Mikroorganismen zu isolieren, die im und auf dem Camembert gedeihen. Hoefelmayr züchtete diese in Milch und verfolgte, welche Geschmacks- und Geruchsprodukte sie erzeugten. Er

Oben
Porträt Karl Hoefelmayrs

Unten
Die Edelweiss-Fabrik in den 1930er Jahren

Erklärung.

Gelegentlich der **deutschen Landwirthschafts-Ausstellung in Dresden** Ende Juni dieses Jahres wurde der **erste Preis sowie Sieger-Preis** der Firma **Aurel Kohler in Goßholz** für **Camembert** zuerkannt. Wie sich nun herausgestellt hat, war der von dieser Firma ausgestellte **Camembert**

nicht eigenes Fabrikat derselben, sondern **mein** Fabrikat.

In Folge dessen ist die Zuerkennung des Sieger-Preises an **Aurel Kohler zu Unrecht** erfolgt; derselbe hätte vielmehr mir gebührt, der ich ebenfalls ausgestellt hatte, aber in Folge der Konkurrenz **mit meinem durch Kohler ausgestellten eigenen Fabrikate** lediglich den zweiten Preis errang.

Kempten, den 16. Juli 1898.

K. Hoefelmayr,

Edelweiß-Camembert-Fabrikant und kgl. bayer. Hof-Lieferant.

Oben
Anzeige in der »Allgäuer Zeitung« aus dem Jahr 1898

Unten
Produktion von Camembert-Käse in den 1950er Jahren

begann, drei verschiedene Gruppen von Bakterien zu züchten: Schimmelbakterien, die Organismen der Rinde und die Organismen im Inneren des Käses. Als er diesem Arbeitsziel nahe gekommen war, verließ Hoefelmayr das Pariser Laboratorium. Professor Duclaux war über dessen Weggang nicht begeistert, erlaubte es Hoefelmayr aber, dessen selbst gezüchtete Stammkulturen mitzunehmen.

Bevor Hoefelmayr in's Allgäu zurückkehrte, besuchte er noch einige Käsereien in der Normandie. Ein Empfehlungsschreiben des französischen Ackerbauministeriums öffnete ihm die Türen der Hartkäseschule in Mamirolle. Dort hatte man noch kaum Erfahrung in der Herstellung von Weichkäsen und verfolgte gespannt die Versuche des Deutschen. Hoefelmayr ließ einen Teil der verkästen Milch unangesät, einen anderen Teil setzte er mit verschiedenen seiner Gärungserreger an, die er vorher in größeren Mengen in sterilen Molken vermehrt hatte. Das Ergebnis war wie von Hoefelmayr erwartet: Die unangesäten Käse schmeckten nach nichts, die angesäten hatten einen guten Geschmack. Um die Urteile französischer Feinschmecker einzuholen, schickte man Proben an verschiedene Pariser Käsehändler. Diese waren von dem »wissenschaftlich« erzeugten Camembert begeistert. Die Feuerprobe war bestanden. Hoefelmayrs theoretische Schlüsse hatten sich in der Praxis bewährt.

Verschiedene Angebote von französischen Käseherstellern, mit seinen Methoden eine große Fabrikation zu gründen, lehnte Hoefelmayr dankend ab. Anstatt Direktor einer Käsefabrik in der Fremde zu werden, kehrte er lieber als eigener Unternehmer in seine Heimat zurück. Im September 1892 gründete er bei Kempten seine erste »Edelweiss-Fabrik«.

Hoefelmayr entwickelte weitere Neuerungen, vor allem im Bereich der Verpackung und Konservierung von Milch und Käse. Seit 1896 lieferte er seinen Camembert auch in Dosen. Dieser war nun länger haltbar und so auch für den Export nach Übersee geeignet.

Melken ist eine Kunst

Das Melken von Kühen und Ziegen ist eine Kunst, die durch die Einführung der Melkmaschinen beinahe ausgestorben ist. Wer's nicht glaubt, möge bei seinem nächsten Urlaub auf dem Bauernhof seinen Wirt um die Erlaubnis fragen, eine seiner Kühe melken zu dürfen. Sicher wird ihr Gastgeber schmunzelnd zustimmen. Vor ihrem Erstversuch empfiehlt es sich, die folgenden Ratschläge aus der »Bayrischen Molkereizeitung« von 1904 genau zu beherzigen:

»Das Melken wird in der Weise regelrecht ausgeübt, dass Daumen und Zeigefinger möglichst hoch die Basis der Zitze fest umfassen und die übrigen Finger geschlossen werden, wobei eine Druck- und Zugwirkung auf die Zitzen ausgeübt und die Milch heraus gedrückt wird. Durch das feste Umschließen mit Daumen und Zeigefinger wird das Zurückstauen der Milch in die Milchzisterne verhindert. Beim Öffnen des Daumens und Zeigefingers füllt die Milch infolge ihrer eigenen Schwere den Hohlraum der Zitzen wieder an. Dieser Vorgang wird so oft wiederholt, bis alle Milch aus den beiden Vierteln ermolken ist. Dann wird diese Manipulation bei den beiden anderen Vierteln wiederholt.

Besonderes Gewicht ist auf das reine Ausmelken zu legen, weil die zuletzt ermolkene Milch die fettreichste ist und sich durch Nichtreinausmelken auch die Milchmenge mit der Zeit verringert. Die Fettkügelchen bleiben infolge Adhäsion in den kleinen Milchkanälchen hängen und werden erst durch das Melken gelockert. Zum Beispiel ergeben 172 Pfund Milch der ersten Strahlen ein Pfund Butter, während von den letzten Strahlen nur zwölf Pfund Milch für ein Pfund Butter nötig sind.

Vor dem Melken muss die Kuh erst freundlich gestimmt werden durch liebevolles Zureden, Streicheln und so weiter. Während des Prozesses will sie Ruhe haben, lautes Sprechen und Lärm sind zu vermeiden, ein gutes ermunterndes Lied ist wohl angebracht, und nach Beendigung der Arbeit muss die Kuh wieder ein paar freundliche Worte und Liebkosungen als Dank für die Milch erhalten. Denn sie quittiert für alle Unbehaglichkeiten, indem sie weniger Milch gibt.«

Oben
Ein typische Allgäuer Kuh

Unten
Anzeige aus der »Allgäuer Zeitung«

Das Klostertor am nördlichen Ende der Fischerstraße wurde bereits 1811 abgerissen.

Kempten – Zwei Städte wachsen zusammen

Die Stadt Kempten ist ein Kuriosum in der Geschichte des Heiligen Römischen Reiches Deutscher Nation. Jahrhundertelang trugen zwei Städte den Namen Kempten. Bis 1801 waren die Reichsstadt und die Stiftstadt zwei völlig voneinander unabhängige politische Gemeinwesen. Sie hatten auf Schussweite in einem mehr oder weniger gespannten Verhältnis nebeneinander existiert. Die Reichsstadt war seit der Reformation eine protestantische Insel in einem katholischen Meer. Sie war auf allen Seiten befestigt und dicht bebaut. Sie verfügte über eine kommunale Selbstverwaltung und erkannte nur Kaiser und Reich als obersten Herrn an. Das Stift und seine Siedlung hingegen, die erst seit 1712 über Stadtrechte verfügte, wurden absolutistisch von einem Fürstabt regiert und waren dem katholischen Bischof von Augsburg untertan. Die Häuser der Stiftstadt breiteten sich nördlich und westlich der Residenz ungehindert durch eine beengende Mauer in's Umland aus.

Die Vereinigung der beiden Kempten

Im Jahr 1802 wurden sowohl die Reichsstadt wie die Stiftstadt Kempten von Bayern annektiert. Nun erst, durch den Druck aus München, erfolgten die notwendigen Maßnahmen, die die beiden Städte langfristig zu einer einzigen Stadtgemeinde zusammenschmieden sollten. Doch dieses Zusammenwachsen war ein mühseliger Prozess, dessen lange Dauer nicht allein durch die zwei unterschiedlichen religiösen Konfessionen erklärbar ist. Sie war zum Teil den chaotischen bayrischen Verwaltungsreformen in und kurz nach den Napoleonischen Kriegen, zum größeren Teil aber den ganz anders gearteten historischen

Oben links
Das Rathaus in Kempten im Prunk der Gründerzeit. Erst in den 1930er Jahren wurde es im Äußeren purifiziert.

Oben rechts
Das gemeinsame Stadtwappen von Kempten seit 1818

Unten
Der Sankt Mang Platz im 18. Jahrhundert

Voraussetzungen der beiden Kempten geschuldet.

Die Reichsstadt Kempten hatte am Anfang des 19. Jahrhunderts ungefähr doppelt so viele Einwohner wie die Stiftstadt; insgesamt waren es 5196. Beide Städte hatten Schulden, doch waren diejenigen der Reichsstadt vor allem durch die Kriegskontributionen der französischen Besatzung am Ende des 18. Jahrhunderts bedingt. In der Reichsstadt wohnten wesentlich mehr Gewerbetreibende; auf 33 reichsstädtische Metzger kamen nur vier Fleischer in der Stiftstadt. Bei den Bäckern war das Verhältnis ähnlich: 24 gegenüber acht in der Stiftstadt. Zudem hatte jede Stadt ihre eigene Kirche und Schrannenhalle, ihre eigene Schule, Märkte, Maße und Gewichte, ihre eigenen Gesetze und Gerichtsbarkeit, eigene Polizei und eigenes Wappen.

Oben links
Erst im Jahr 1898 begann man mit der Vollendung der Türme der Lorenzkirche.

Oben rechts
Die altstädtische Sankt Anna Schule

Unten
Die Salzstraße am Ende des 19. Jahrhunderts

Das neue Stadtwappen

Ein wichtiger, von Bayern erzwungener Schritt zur Vereinigung erfolgte 1818 mit der Ernennung zur »Vereinten Stadt Kempten«. Gleichzeitig verlieh der bayrische Staat der Stadt ein neues Wappen, das der Vereinigung symbolischen Ausdruck geben sollte: auf dem senkrecht geteilten Schild findet sich links der schwarze Reichsadler der Altstadt auf golden unterlegtem Feld; rechts auf silbernem Feld ein roter Turm auf grünem Dreiberg als Symbol der Stiftstadt.

Die erste gesamtstädtische Gemeindewahl, bei der allerdings nur die vermögenden Bürger eine Stimme hatten, führte zu einem ersten gemeinsamen Bürgermeister und Magistrat. Dennoch dauerte es noch Jahrzehnte, bis die Gegensätze zwischen Alt- und Neustädtern ausgeräumt waren: Als der bayrische Staat 1825 die Vereinigung der Zünfte beider Städte anmahnte, erhoben die 358 altstädtischen und 189 neustädtischen Gewerbetreibenden Protest. Erst durch die endgültige Abschaffung der Zünfte und Einführung der Gewerbefreiheit im Jahr 1848 konnte ein beide Städte umfassender Gewerbeverein gegründet werden. Die Beseitigung der zwischen Alt- und Stiftstadt verlaufenden Zollgrenze erfolgte 1844.

Der Streit über eine gemeinsame Schrannenhalle konnte erst am Ende des 19. Jahrhunderts beigelegt werden. Der altstädtische Lager- und Verkaufsraum für Getreide befand sich im Rathaus, der für die Neustadt im Kornhaus. Erst im Jahr 1893 konnten sich die Kemptner Stadträte auf das Kornhaus einigen und so viele Räumlichkeiten im Rathaus anderen Nutzungszwecken zuführen.

Die Vereinheitlichung der Hausnummerierung von Alt- und Neustadt

Im Jahr 1797 musste die Altstadt von Kempten wegen der Einquartierung von Soldaten ihre damals 442 Häuser durchnummerieren. In Haus Nummer eins am Klostertor wohnte Senator Wolfgang Jakob Föhr; die Hausnummer 442 erhielt die Gaststätte auf dem Keck. Zudem teilte man die Altstadt in fünf Litera, das heißt Quartiere mit den Ziffern A, B, C, D, E ein. 1825 unterteilte man jedes dieser fünf altstädtischen Quartiere nochmals in A I und A II, B I und B II und so weiter. Auch die Häuser der Stiftstadt bekamen nun eigene Nummern. Die Residenz erhielt die Nummer eins, in Weidach stand die Nummer 238. Erst nach der Reichsgründung 1871 begann man, Kempten als Einheit zu betrachten. Die ganze Stadt erfuhr eine Einteilung in die Stadtbezirke A bis Z.

55 Jahre später schaffte man diese von den Quartieren abhängigen Hausnummern ab. Am 11. März 1926 erließ der Stadtmagistrat eine zukunftsweisende ortspolizeiliche Vorschrift: Die Nummerierung der Häuser sollte nach der jeweiligen Straße erfolgen. Die Hausbesitzer sahen sich gezwungen, bis zum Ende des Jahres ihre Schilder an der Seite des Hauses anzubringen, auf der sich der Haupteingang befand – was zu allerlei Verwirrungen sorgte.

Oben
Das Gasthaus »Zur Traube« in der Burgstraße

Mitte
Das altstädtische Baumagazin

Unten
Erst am Anfang des 20. Jahrhunderts wurde die Mauer zwischen der Altstadt und der Burghalde für den Durchgangsverkehr abgebrochen.

Der Abbruch der Stadtbefestigung

Nach dem Anschluss an Bayern und dem Ende der Napoleonischen Kriege 1815 waren die Stadtbefestigungen der alten Reichsstädte Kempten, Memmingen, Kaufbeuren, Isny überflüssig geworden. Gegen die großen Armeen und modernen Kanonen boten die zum großen Teil noch aus dem Mittelalter stammenden Mauern und Türme keinen Schutz mehr. Die dicht bebauten Städte mit ihren engen verwinkelten Gassen und unhygienischen Zuständen wurden als Wohnsitz unattraktiv. Wer es sich leisten konnte, zog hinaus in das luftige Grün der rasch wachsenden Vorstädte.

Die Stadtbefestigungen waren die größten Bauleistungen der Reichsstädte gewesen. Ihre Erbauung und ihr Unterhalt hatten mehr Geld und Energie verschlungen als jedes andere Bauwerk. Über die Jahrhunderte hatten sie den Bürgern Schutz und Sicherheit garantiert; sie waren die Voraussetzung für die städtische Souveränität und Unabhängigkeit gewesen. Die Stadtmauern umgrenzten einen eigenen Rechtsbezirk mit eigener Gesetzgebung und Gerichtsbarkeit. Nur zögerlich ging man deshalb an vielen Orten daran, diese einst Schutz gewährenden, nun aber beengenden und nutzlos gewordenen Korsetts abzureißen.

Auf bayrischen Druck hin war die Niederlegung der Stadtbefestigung in Kempten bereits 1807 begonnen worden. Sie zog sich über einen Zeitraum von 70 Jahren hin, doch ging man ab den 1860er Jahren umso gründlicher ans Werk. Während in

Unten
Der Kupferstich von Matthäus Merian dem Älteren zeigt die Stadt Kempten Mitte der 1640er Jahre.

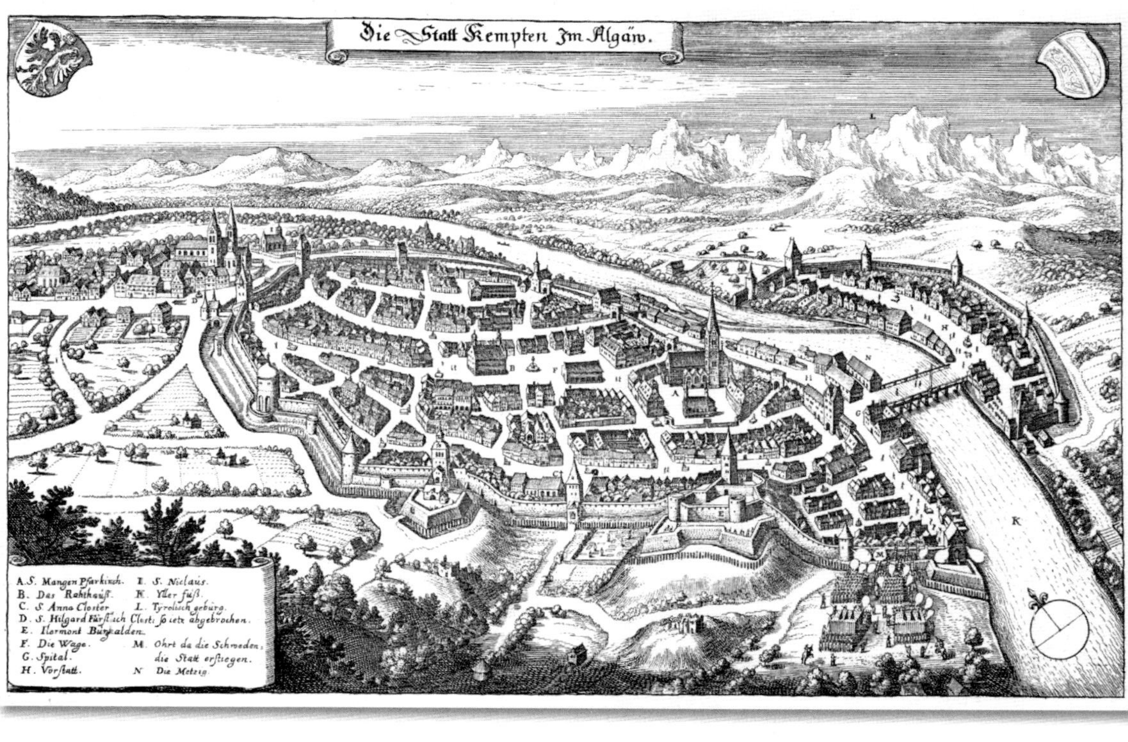

Kaufbeuren und Memmingen noch bedeutende Teile der einstigen Stadtbefestigungen zu sehen sind, machte man in Kempten tabula rasa.

Der Kupferstich des Frankfurter Künstlers Matthäus Merian dem Älteren (1593 bis 1650), der Kempten in der Mitte der 1640er Jahre zeigt, bildet die Berge zwar fälschlicherweise im Norden der Stadt ab. Hinsichtlich der Stadtgestalt ist er aber so genau und detailliert, dass man die gesamte Stadtbefestigung gut studieren kann. Ihr wichtigster Bestandteil war die mit Bastionen verstärkte Festung auf der Burghalde. Die Vorstadt östlich der Iller wurde durch fünf Türme und zwei Tore geschützt: das nach Süden gelegene Steinrinnen- oder Hafnertor und das nach Kaufbeuren führende Siechentor. Westlich des Flusses sind vier große Stadttore, fünf Türme und mehrere kleinere Durchlässe zu erkennen. Außer der Festung auf der Burghalde, die man schon während der Franzosenkriege in den 1790er Jahren geschleift hatte, war der Mauerring zu Beginn des 19. Jahrhunderts noch völlig intakt.

Der Abriss der Stadttore

Das Klostertor war das erste Tor der Reichsstadt, das der Spitzhacke zum Opfer fiel. Es stand keine 50 Meter von der Südostecke der stiftstädtischen Residenz entfernt. Es war durch eine zweite Toranlage jenseits des Stadtgrabens geschützt und neben dem Fischertor die am stärksten befestigte Toranlage der Reichsstadt. Ihre Beseitigung im Jahre 1811 sollte ein symbolischer Akt sein, denn mit ihm wurde das wichtigste Bollwerk der Altstadt gegen die Neustadt niedergelegt. Doch in Jahrhunderten gewachsene Mentalitäten lassen sich nicht von heute auf morgen niederreißen. Es dauerte noch fast einhundert Jahre, bis sich die

Oben
Die Burghalde um 1880

Mitte links
Bis zum Ende des 19. Jahrhunderts war die Gerberstraße vom Residenzplatz aus nur durch eine schmale Gasse zugänglich.

Mitte rechts
Das Walch'sche Haus mit den Kleinen Ständen wurde 1898 abgebrochen.

Unten
Anstelle des Walch'schen Hauses entstand 1899 dieses großstädtische Wohn- und Geschäftshaus.

Einwohner Kemptens als Bürger einer einzigen Stadt fühlten. Die gegenseitige Abschottung von Alt- und Neustädtern ist an der Bebauung dieses Ortes noch kurz vor 1900 erkennbar.

Die Gerberstraße war an ihrem oberen Ende bis Mitte der 1890er Jahre durch mehrere Gebäude versperrt. In diesen betrieben das Bankhaus Heinzelmann & Dobler, der Friseur Singhofen und Buchbinder Lorenz ihre Geschäfte. Sie war nur mittels einer schmalen Gasse vom Residenzplatz aus zugänglich. In dieser befand sich das vom Mühlkanal gespeiste Gesundheitsbrünnele, wo die Anwohner ihr Wasser holen konnten. Auf dem Grundstück zwischen Fischer- und Königsstraße standen das unansehnliche Walch'sche Haus samt Nebengebäuden und die »Kleinen Stände«. Erst im Jahr 1898 kaufte Uhrmacher Bachschmid dieses Gelände für 100 000 Mark und ließ es im folgenden Jahr mit einem repräsentativen Wohn- und Geschäftshaus bebauen.

Östlich des Klostertores stand der Malzmühlenturm. Zwischen ihm und dem Illertor gab es mehrere kleine Durchlässe zum Fluss, wo sich verschiedene Gewerbe wie die Gerber angesiedelt hatten.

Oben
Ansicht des Metzgertores von der Bäckerstraße aus

Unten links
Ansicht des Metzgertores von Osten

Unten rechts
Blick in die Burgstraße am Anfang des 20. Jahrhunderts

Das Iller- oder Metzgertor an der Illerbrücke wurde als letztes der Stadttore erst im Jahr 1876 beseitigt. Die Stadt hatte es um 18 044 Mark erstanden, um den Zugang von der Brücke in die Burg- und Bäckerstraße zu verbreitern. Das Metzgertor bezog seinen Namen durch die Nähe zur nördlich an die Illerbrücke anschließenden Stadtmetzgerei. Es besaß ein äußeres Brückentor und ein inneres Haupttor, über dem sich der sogenannte Kaiserturm erhob. Dieser zeigte auf seiner Außenseite mehrere Kaiserbilder und den alten Welfischen Löwen. Etwas weiter südlich schützte das Schwärzlinstor das unterhalb der Burghalde gelegene Weberviertel.

Das nach Süden gerichtete Waisentor ermöglichte den Zugang von der Vogt-

straße zum protestantischen Friedhof. Es war östlich von der Burghalde und westlich von der starken Bastion des Fischertores auf dem »Sauberg« – dem späteren Freudenberg – flankiert und selbst nur wenig befestigt. Nachdem bereits seitlich des Tores eine Zufahrt in die Stadt durchgebrochen worden war, fiel es 1865 der Spitzhacke zum Opfer.

Das Fischertor am südlichen Ende der Fischerstraße fiel ein Jahr später. Seine Bastion war schon früher abgebrochen worden; mit den gewonnenen Steinen füllte man den Stadtgraben am Freudenberg auf. Eine Jahrhunderte alte Linde vor dem Tor war ein beliebter Treffpunkt der Kemptner gewesen, wo an Sommerabenden musiziert worden war.

Von der ehemaligen Stadtmauer Kemptens standen am Ende des 19. Jahrhunderts nur noch unbedeutende Reste, hauptsächlich dort, wo Häuser direkt an die Stadtmauer gebaut worden waren. Sämtliche Türme waren restlos abgetragen worden.

Oben
Das Waisentor
vor dem Abbruch 1865

Unten links
Das Waisentor mit der neuen
Promenade am Freudenberg

Unten rechts
Vor dem Fischertor stand
eine alte Linde.

Die Anlage der Freitreppe

Oben
Das Gebäude M 38 ragte weit in die Wegegabelung Rathausstraße – Fischer- und Klostersteige hinein.

Unten
Das Areal der Freitreppe während des Abbruchs der Häuser M 38 und M 29

Die Anlage der Freitreppe im Jahr 1903 war eines der wichtigsten Bauprojekte der Stadt Kempten zu Beginn des 20. Jahrhunderts. Sie war wegen des zunehmenden Verkehrs notwendig geworden und diente erst in zweiter Linie der Verschönerung der Stadt. Zwei große Häuser mussten für die Freitreppe abgebrochen werden. Doch kam durch diese Maßnahme nicht nur Licht und Luft in einen einst muffigen Winkel der Altstadt. Kempten erhielt dadurch eines seiner schönsten Postkartenmotive.

Ursprünglich war vom Magistrat nur beabsichtigt gewesen, das weit in die Straße ragende Gebäude M 38 zwischen Kloster- und Fischersteige zu beseitigen. Es stellte an dieser wichtigen Wegegabelung ein Hindernis dar, das den Verkehrsfluss störte und Unfälle provozierte. Der Ankauf dieses Hauses kostete die Stadt 46 021 Mark, weitere 3000 Mark mussten von den Anrainern aufgebracht werden. Die Straßenarbeiten beliefen sich auf 802 Mark. Die verbleibende Restfläche erwies sich jedoch für eine Neubebauung als zu klein und zudem von ungünstiger Form. Da deren ordnungsgemäße Überbauung erhebliche Schwierigkeiten verursacht hätte, kam die Idee eines Durchbruchs zur Fischerstraße auf.

Dieser war aber nicht unumstritten. Insbesondere die neustädtischen Ratsherren waren aus Kostengründen ge-

gen diese städtebauliche Maßnahme. Denn der Ankauf des Hauses M 29 in der Fischerstraße kostete die Stadt weitere 2032 Mark – den Großteil von 18 000 Mark brachten Privatleute auf. Zudem mussten 22 000 Mark Baukredit für die Anlage der Treppe aufgenommen werden. In der »Allgäuer Zeitung« vom 29. Juli 1902 veröffentlichten die Vertreter der Neustadt eine Erklärung, in der sie gegen diese geplante »Geldverschwendung« wetterten: »Mehr als ein Jahrzehnt mussten wir Anträge stellen und petitionieren, bis man endlich 5000 Mark aufwenden konnte, um den Kirchberg in der Neustadt in einen einigermaßen annehmbaren Zustand zu versetzen; will man aber in der Altstadt überflüssige Durchbrüche schaffen, oder Häuserstöcke niederreißen, oder kostspielige Treppen bauen, so fehlt es niemals an den nötigen Mitteln!«.

Glücklicherweise setzte sich die Vernunft gegen das Kirchturmdenken der Neustädter durch. Der entsprechende Magistratsbeschluss vom 28. Dezember 1901 wurde mit 20 gegen 14 Stimmen angenommen. Die Königlich-bayrische Regierung genehmigte die erforderlichen Kreditaufnahmen. Die Stadt ersuchte den bekannten Architekten Professor Fischer in Stuttgart um die Erstellung eines Gutachtens für die Gestaltung der Treppenanlage. Das Angebot des Kemptner Baumeisters Menninger, den Abbruch der beiden Häuser gegen Überlassung alles anfallenden Materials zu besorgen, nahm die Stadt dankend an.

Die zwei zum Abbruch bestimmten Häuser waren bis zum Sommer 1902 entmietet. Die Freitreppe wurde im Jahr 1903 angelegt, blieb aber bis ins Jahr 1905 hinein Baustelle. Denn die Eigentümer der angrenzenden Häuser kamen ihrer Verpflichtung, die ehemaligen Brandmauern in ansprechende Fassaden zu verwandeln, nur zögerlich nach.

Durch die Freitreppe kam den Kemptnern die architektonische Schönheit des »Schlößle« erst richtig zu Bewusstsein. Um dieses städtebauliche Schmuckstück auch abends zur Geltung zu bringen, wurden an der Freitreppe einige der ersten elektrischen Straßenlampen Kemptens montiert. Dies kostete den Stadtsäckel nochmals 1348 Mark.

Oben
Das Gebäude M 38 vom Rathaus-Flatz aus gesehen

Unten
Die Klostersteige zu Beginn des 20. Jahrhunderts

Die Schwaigwiese

Oben
Die Schwaigwiese im 18. Jahrhundert. Sie lag zwischen der von Bäumen gesäumten Salzstraße mit dem Salzstadel und der Reichsstadt, die rechts im Bild zu sehen ist.

Unten
Der Platz vor dem Lyzeum mit dem Kriegerdenkmal war einer der beliebtesten Versammlungsplätze der Stadt.

Die Schwaigwiese zwischen der Salzstraße und dem westlichen Teil der altstädtischen Befestigung war in früheren Jahrhunderten eine Pufferzone zwischen der Reichs- und der Stiftstadt gewesen. Nach der Vereinigung der beiden Kempten diente sie jahrzehntelang der Garnison und der 1869 aufgelösten Bürgerwehr als Schieß- und Übungsplatz. Sie war etwa fünfzehn bayrische Tagwerke groß. Eine schöne Ahornallee auf dem alten Stadtwall, der früher »Auf'm Grabe« genannt worden war, begrenzte sie im Osten. Hier wurde – etwas aus der Achse der Bodmannstraße gerückt – von 1853 bis 1854 die Realschule, das spätere Lyzeum erbaut.

1874 konnte die Stadt die Wiese vom bayrischen Militär erwerben. Der Geschosslärm war den Bewohnern der Stadt nicht mehr länger zuzumuten. Als Ersatz bot die Stadt dem Ersten Jägerregiment ein etwa 91 bayrische Tagwerke großes Gelände in der Riederau jenseits der Iller zum Tausch an. Doch es dauerte noch mehr als zwölf Jahre, bis über die Ausgestaltung und zukünftige Nutzung der Schwaigwiese endgültig entschieden war. Durch den neuen Bahnhof und die Bebauung des Westends rückte dieses Areal in die Mitte der Stadt. Eine entsprechende Gestaltung dieses als Viehmarkt und Spielplatz genutzten Geländes erschien immer dringlicher. Erdaushub von der Baustelle des Bahnhofs wurde ab 1886 an der Promenade und der »Niederung« der Königstraße abgeladen.

Viehmarkt oder Park?

Im Jahr 1887 tobte in Kempten ein erbitterter Streit darüber, wie die immer noch brachliegende Fläche der Schwaigwiese zukünftig genutzt werden solle. Das Areal konnte bebaut, als Park gestaltet oder als städtischer Viehmarkt beibehalten werden. Viele Bürger und Stadträte glaubten, dass dieser zentral gelegene Ort am besten den Bauern und ihrem Handel mit Kühen und Schweinen zu belassen sei. Bürgermeister Adolf Horchler setzte sich nach langen Debatten schließlich durch: Der Viehmarkt sollte an einem anderen Ort angesiedelt werden, nämlich verkehrsgünstig an der Kotterner Straße in der Nähe des Bahnhofes – am Platz der 1927 von Otto Heydecker erbauten Tierzuchthalle.

Am 15. September 1887 beschloss der Magistrat nach langen Debatten die auch heute noch bestehende Nutzung und die Straßenführungen mit der verlängerten Bodmanstraße als Ost-Westachse. Eine auch in Erwägung gezogene Bebauung der ganzen Schwaigwiese mit Wohnhäusern wurde zugunsten einer Grünanlage im englischen Stil und eines großen Plat-

Oben
So sah die heutige Straße »Am Stadtpark« bis 1886 aus.

Mitte
Die Bebauung an der heutigen Straße »Am Stadtpark« von der Salzstraße aus gesehen

Unten
So sah die heutige »Horchlerstraße« bis 1886 aus.

zes zur Veranstaltung von Paraden, Versammlungen und Märkten verworfen.

1890 begann die Randbebauung an der Sedan- und Salzstraße mit repräsentativen Stadtvillen. Der Begriff »Millionenviertel«, den die Kemptner Zeitungen für diese wenigen Häuser wegen ihrer reichen Bauherren einzubürgern versuchten, setzte sich nicht durch. Als Bauweise wurde hier ein Mittelding zwischen offener und geschlossener Bebauung gewählt: Abgesehen von den Eckgebäuden sollten jeweils zwei Wohneinheiten in einem Gebäude zusammengelegt werden. Auch die westlich und südlich angrenzenden Straßenzüge erhielten keine Blockbebauung. Jedes neue Haus stand für sich und verfügte meist über einen Grünstreifen oder kleinen Garten.

Von 1891 bis 1893 legte Stadtgärtner Senn den Park im englischen Landschaftsstil an. Den klassizistischen Pavillon im Stadtpark stiftete der Mäzen Christian Marko Calgéer.

Sowohl an der Salzstraße wie an der ehemaligen Stadtmauer mussten einige Gebäude abgerissen werden, um die heutige Verbindung »Am Stadtpark« – »Horchlerstraße« herzustellen.

Der Grünten von Süden gesehen im Jahr 1937

Die Anfänge des Tourismus im Allgäu

Der Tourismus ist neben der Milchwirtschaft die zweite wichtige Säule der Allgäuer Wirtschaft. Die zugleich groß- und kleinräumige Landschaft des Allgäus mit ihren vielen Höhen und grandiosen Ausblicken einerseits, den vielen Tälern, Senken und Einöden andererseits bietet dem Touristen eine Vielzahl von Sport- und Erholungsmöglichkeiten. Der Aufbau einer entsprechenden Infrastruktur mit Wanderwegen, Skipisten und Übernachtungsmöglichkeiten begann Mitte des 19. Jahrhunderts und zog sich über Jahrzehnte hin.

Für die Schönheit der Bergwelt hatten die Menschen lange keinen Sinn. Bekanntlich jagten dem großen Nürnberger Künstler Albrecht Dürer (1471 bis 1528), der im Jahr 1494 zu seiner ersten Italienreise aufbrach, die engen Täler und hohen Berge Tirols nur Angst und unangenehme Schauder ein. Die oftmals in Wolken gehüllten Gipfel galten als Sitz der Götter und höheren Mächte, deren Ersteigung einem Sakrileg glich. Erst im 18. Jahrhundert wurden die Alpen von Reisenden in ihrer Schönheit erkannt und zu einem Reiseziel per se. Die Schweizer waren die ersten, die den Alpintourismus als Einnahmequelle erkannten und nutzten. Ihre Gäste waren damals vor allem reich gewordene Engländer, die auf ihrer Bildungsreise nach Italien die Eidgenossenschaft durchquerten.

Oben
Blick von Sonthofen in Richtung Schwarzenberg

Unten
Blick vom Weitnauer Tal nach Süden zum Grünten

Der touristischen Erschließung der Allgäuer Berge ging ihre wissenschaftliche Erkundung voraus. Botaniker, Geologen und Vermessungstechniker durchstreiften die Bergwelt und machten ihre Forschungen der Öffentlichkeit zugänglich. Der Arzt Dr. Karrer aus Immenstadt legte im Jahr 1832 einen Bericht über seine Erforschung der Sturmannshöhle im Schwarzenberg bei Obermaiselstein vor. Carl W. Gümbel publizierte 1861 eine »Geognostische Beschreibung des bayerischen Alpengebirges«.

Die Bewohner der Allgäuer Bergtäler hatten bis in die zweite Hälfte des 19. Jahrhunderts hinein wenig mit den Höhen um sie herum im Sinn. Der Alpinschriftsteller Hermann von Barth äußerte über das Verhältnis der Bergbauern zu den sie umgebenden Gipfeln 1869 Folgendes: »An Ort und Stelle erfährt man im Allgäu gar nichts, was sich für Gebirgswanderungen anwenden ließe. Ein paar Fremdenführer befinden sich in Oberstdorf, wissen aber außer dem Wege auf die Mädelegabel äußerst wenig. Die Gebirgsbewohner selbst, die Sennen und Hirten, überragen die gleichen Bewohner des bayrischen Gebirges an Intelligenz allerdings bedeutend; aber ihr Witz reicht nicht über ihre Kühe und Weideplätze hinaus. Eine Frage nach den Hochzinnen der kahlen Felsgebirge wird mit dem einfachen Bescheide abgefertigt: ›Da geht keine Kuh mehr hin!‹ und es ist nicht Ausnahme, sondern nahezu Regel, dass der Senne oder Hirte den Namen des Berggipfels nicht zu nennen weiß, an dessen Abhängen seine Alpe liegt.«

Oben
Soldaten bei einem Ausflug ins Gebirge an Pfingsten 1910

Unten
Anzeige in der »Allgäuer Zeitung« aus dem Jahr 1895

Mögen diese herablassenden Worte auch übertrieben sein: Tatsache ist, dass dem Wanderer zu dieser Zeit im Allgäu so gut wie keine gedruckten Führer, ausgeschilderten Wege oder Übernachtungsmöglichkeiten zur Verfügung standen. Erst weitsichtige Männer wie Carl Hirnbein machten sich daran, das Allgäu wenigstens punktuell für den Tourismus zu erschließen. Ein systematischer Ausbau von Wegen und Aufbau von Hütten begann erst mit der Gründung des Deutschen Alpenvereines im Jahr 1869. Vielfach ging aber die Erschließung touristischer Attraktionen von lokalen Initiativen aus. So begannen 1904 einige Männer aus Obermaiselstein, die Sturmannshöhle – die längste Höhle des Allgäus – für Besucher zugänglich zu machen. Kurz vor deren Eröffnung war am 4. Juli 1905 der Weg durch die Breitachklamm bei Oberstdorf für die Öffentlichkeit frei gegeben worden.

Der Anschluss des Allgäus an das internationale Eisenbahnnetz bildete eine wichtige Voraussetzung für den Tourismus.

Das erste Berghotel auf dem Grünten

Der Grünten ist ein der Allgäuer Bergkette vorgelagerter Bergrücken, dessen markante Silhouette vom ganzen Oberallgäu aus sichtbar ist. Er ist 1738 Meter hoch und wird wegen seiner exponierten Lage auch als »Wächter des Allgäus« bezeichnet.

Der Grünten gehört zu den wenigen Allgäuer Bergen, der nachweislich bereits in früheren Jahrhunderten von Reisenden

bestiegen worden ist. Schon Kaiser Maximilian I. (1459 bis 1519), der als der »letzte Ritter« in die Geschichte eingegangen ist, soll ihn auf der Jagd erklommen haben. Überliefert ist auch, dass sich der Augsburger Fürstbischof Clemens Wenzeslaus im Jahr 1773 in einem gepolsterten Tragsessel auf den Gipfel befördern ließ. Über 50 einheimische Bauern mussten sich damals für die Bequemlichkeit des hohen Herren abplagen.

Das erste Allgäuer Berghotel

Carl Hirnbein war nicht nur ein Pionier der Allgäuer Milchwirtschaft, sondern auch des Tourismus. Der geschäftstüchtige und umtriebige Kaufmann hatte auf seinen Reisen in die Schweiz erkannt, welch wichtige Rolle der Tourismus für das wirtschaftliche Leben des Alpenlandes spielt. Dort hatte sich bereits eine speziell für Bergtouristen angelegte Infrastruktur mit Hütten, Hotels und Wanderwegen entwickelt. Seit Anfang

Mitte
Das Grüntenhaus in 1535 Meter Höhe war das erste Allgäuer Berghotel. Stahlstich von I. Riegel

Unten
Der Grünten von Wertach aus gesehen

Oben
Der Stahlstich von Riegel zeigt den Grünten mit dem Ort Burgberg

Unten
Die Berghütte Almagast nahe Immenstadt wurde ebenfalls von Carl Hirnbein gegründet.

der 1850er Jahre begann Hirnbein, diese auch im Allgäu aufzubauen.

Aus mehreren Gründen wählte Carl Hirnbein den Grünten aus, um dort das erste Berghotel des Allgäus errichten zu lassen. Erstens verfügte er auf dem Berg bereits über Grundbesitz. Im Jahr 1852 tauschte er eine seiner dortigen Waldparzellen gegen die Alpe Gund in der Grüntenmulde und die Alpfläche Schartenwand auf der Burgberger Seite des Grünten. Zweitens war der leicht besteigbare Grünten relativ gut von den gerade in Betrieb genommenen Bahnhöfen in Kempten beziehungsweise Immenstadt zu erreichen. Zudem hatte man von seinem Gipfel einen wunderbaren Rundblick auf die Allgäuer Berge und das Alpenvorland.

Hirnbein beauftragte einen Kemptner Architekten mit der Planung eines »Wirtschaftshauses im Gebirgsstyle«. Sein erstes Hotel sollte sich architektonisch in die lokale Tradition einfügen und zugleich Sennerei und Hotel in Einem sein. Im Mai 1853 begannen die Bauarbeiten in 1535 Meter Höhe. Ein Großteil des Baumaterials musste mit Eseln und Pferden von Burgberg aus zur Baustelle hoch transportiert werden. Ein gutes Jahr später war das Gebäude mit insgesamt 30 Räumen bereits fertig. Im Vergleich mit dem Komfort der gleichzeitigen Luxusherbergen in der Schweiz war seine Einrichtung durchaus bescheiden. Doch bot es für die besser betuchten Touristen neun Fremdenzimmer und einen Speisesaal mit einer anspruchsvollen Küche und Weinkarte. Gäste mit schmälerem Geldbeutel konnten in einem Schlafsaal auf dem Dachboden übernachten. Ein Teil des Gebäudes war wie eine Alphütte eingerichtet und der Käseherstellung vorbehalten. Durch das Angebot einer Molkekur verstand es Hirnbein, die zwei unterschiedlichen Nutzungen des Grüntenhauses harmonisch miteinander zu verbinden.

Um seinen Gästen den Aufstieg zum Grüntenhaus zu erleichtern, ließ Hirnbein den bestehenden Pfad von Burgberg aus auf einer Gesamtlänge von über drei Kilometern verbessern und auf über einen Meter verbreitern. Seine »Grüntenalpe« sollte auch im Sattel gefahrlos zu erreichen sein.

Der umsichtige Hirnbein war sich der Notwendigkeit eines gezielten »Marketing« für den Geschäftserfolg bewusst. Er begnügte sich nicht damit, Anzeigen in regionalen Blättern wie der »Kemptner Zeitung« zu schalten, sondern warb auch in norddeutschen Zeitungen wie dem »Magdeburger Generalanzeiger« um Gäste für seine Herberge.

Prinzregent Luitpold

Bis 1800 hatten die Allgäuer mit den Bayern genauso wenig am Hut wie mit den Tirolern oder Württembergern. Die Angliederung an das 1806 zum Königreich erhobene Bayern verlief im Allgäu – anders als im habsburgischen Tirol – ohne offenen Widerstand. Dennoch müht man sich in München bis heute vergeblich, aus den schwäbischen Allgäuern überzeugte Bayern zu machen.

Ein Sympathieträger, der im Dienste Bayerns um die Herzen der Allgäuer warb, war Prinzregent Luitpold. Dieser war 1821 als fünftes Kind des bayrischen Königs Ludwig I. und der Prinzessin Therese von Sachsen-Hildburghausen geboren und galt als Lieblingssohn seines Vaters.

Luitpolds Neffe, der Märchenkönig Ludwig II. hatte bereits das Ost-Allgäu als idealen Bauplatz für seine Schlösser entdeckt. Als Ludwig II. 1886 entmündigt worden war, sollte diesem dessen jüngerer Bruder Otto I. auf den Thron folgen. Da Otto schwachsinnig war und durch peinliche Auftritte dem Ansehen der Monarchie schadete, ernannte man dessen Onkel Luitpold zum Prinzregenten und Verweser des Königreiches Bayern.

Wie viele andere seiner adligen Standesgenossen war Luitpold ein begeisterter Jäger. Er hielt sich lieber in Bayerns Wäldern als in dessen Amtsstuben auf. Im Laufe des Jahres zog er mit seiner kleinen Jagdgesellschaft von einem seiner bayrischen Jagdreviere zum nächsten. Alljährlich im September verweilte er in der Oberstdorfer Gegend, die er zu seiner offiziellen Hofjagd ernannte. Im Hintersteiner Tal besaß er ein Jagdhaus und eine Jagdhütte.

Der Prinzregent und das Allgäu

Die häufigen Aufenthalte des Prinzregenten im Allgäu zogen viele Neugierige und Sommerfrischler hierher. Luitpold wurde zu einem Schrittmacher des Allgäuer Jagdtourismus und Fremdenverkehrs. Bevor er Ende September zurück nach München fuhr, feierte er vor seinem Jagdhaus eine Bergmesse, die nicht nur von den Honoratioren der Umgebung,

Oben
Prinzregent Luitpold, gesehen von dem preußischen Historienmaler Anton von Werner (1843 bis 1915).

Unten
Prinzregent Luitpold, gesehen von dem österreichischen Historienmaler Max von Defregger (1835 bis 1921).

Oben
Die Geweihe von einigen Hirschen, die Luitpold erlegte, befinden sich im Heimatmuseum von Hindelang.

Unten
Das Hintersteiner Tal, von Hindelang aus gesehen

sondern auch von vielen Fremden besucht wurde. Er verteilte an seine Allgäuer Jagdtreiber pro Jahr ein Dutzend kurze Lederhosen, die er aus Oberbayern mitgebracht hatte. Unter Heimatforschern ist bis heute umstritten, ob er durch diese Geschenke zur Bajuwarisierung der Allgäuer Männertracht beigetragen hat.

Den Allgäuer Zeitungen war das Jagdglück des Prinzregenten immer eine Notiz wert. Da er im Winter regelmäßige Fütterungen für das Gams- und Rotwild veranlasste, konnten ihm seine Jagdhelfer meist eine ansehnliche Menge Wild vor die Flinte treiben. So erlegte seine Jagdgesellschaft Ende September 1898 innerhalb von zwei Tagen allein 26 Hirsche, wovon Luitpold insgesamt acht, seine Königliche Hoheit Prinz Ludwig vier Hirsche zur Strecke brachten. Durch seine Leutseligkeit und eine Vielzahl von Gnadengeschenken für in Not geratene Bürger wusste sich der Prinzregent bei den Allgäuern beliebt zu machen. So ließ er ab März 1903 jährlich an je fünf Kinder bedürftiger, in den Gemeinden Oberstdorf und Hindelang wohnhafter Eltern je 50 Mark in Form eines Sparkassenbuches verteilen. Im September 1904 schenkte er einer Witwe aus Hegge, deren Mann beim Baden in der Iller ums Leben gekommen war, 50 Mark.

Auf der Rückfahrt von Sonthofen nach München hielt sich Luitpold meist nur kurz am Kemptner Bahnhof auf, um sich vom Bürgermeister und einigen Stadträten die Honneurs machen zu lassen.

Der Geburtstag Luitpolds, der Prinzregententag am 12. März, wurde in allen bayrischen Garnisonsstädten und folglich auch in Kempten jedes Jahr feierlich begangen. Schon am Vorabend versammelte sich auf der Terrasse am Kriegerdenkmal eine große Menschenmenge, um der Serenade der Bataillonskapelle zu lauschen. Am Festtag selbst wurden die Kemptner bereits um sechs Uhr früh durch Kanonendonner und Militärmusik aus den Betten geschreckt. Beim Tedeum und bei Sonnenuntergang wurde mit Kanonenschüssen salutiert, die ganze Stadt trug reichen Fahnenschmuck. In den Kirchen beider Konfessionen hielt man Festgottesdienste ab. Die Mannschaften des Kemptner Bataillons erhielten eine bessere Verpflegung, die Offiziere feierten den Tag im Kasino.

Als Luitpold am 12. Dezember 1912 starb, ordnete man in ganz Bayern eine Woche lang Staatstrauer an.

Ein Gedicht, das Franz Xaver Offner aus Kempten anlässlich des Todes von Luitpold verfasste, dürfte vielen Allgäuern aus dem Herzen gesprochen haben:

»Nun tragen sie auch ihn zur Ruh'
der Fürsten Nestor, ihn, den Patriarchen.
Der Künstler edelsten Mäzen,
den Väterlichsten unter den Monarchen.

Nun tragen sie auch ihn zur Ruh'
der als ein Mann des Volks durchs Volk geschritten.
Der Armen und der Kinder gütigen Freund,
den schlichten Waidmann in der Jäger Mitten.

So lang des Allgäus grünes Alpenland
der Berge graue Häupter überragen.
So lang wird Treue, Lieb und Dankbarkeit
von unsrem lieben Prinzregenten sagen.

So tragt den gütigen Herrn zur Ruh'
und lasset trauernd alle Glocken schallen!
Im Allgäu wir, es trauern wir
am meisten von den treuen Bayern allen ...«

Schon wenige Jahre später wurde den Menschen bewusst, dass die Prinzregentenzeit für Bayern ein Goldenes Zeitalter gewesen war.

Luitpold hinterließ im Allgäu einige architektonische Spuren. So spendierte er das Grundstück für das nach ihm benannten Prinz Luitpold-Haus unterhalb des »Hochvogel« in 1846 Meter Höhe. Es war eines der ersten speziell für Wanderer bestimmten Berghütten des Allgäus.

Oben
Der Prinzregent bei einem seiner letzten Aufenthalte im Allgäu

Mitte
Das Prinz Luitpold-Bad in Bad Oberdorf

Unten
In Kempten wurde der Geburtstag des Prinzregenten jedes Jahr groß gefeiert.

Der Veteranen-, Krieger- und Allgem. Militär-Verein, sowie die freien Vereinigungen gleicher Truppenteile der Stadt Kempten feiern kommenden Samstag den 11. März im Colosseum gemeinsam das

Allerhöchste 84. Geburtsfest Sr. K. Hoheit des Prinzregenten,

Protektor des bayer. Vet.-, Kr. und Kampfgen.-Bundes, unter Mitwirkung der vollständigen Bataillons-Musik.

Hiezu werden alle ehemaligen Soldaten, welche einer der obigen Korporationen angehören, sowie die Mitglieder auswärtiger Mil.-Vereine kameradschaftlichst eingeladen und wird zahlreiches Erscheinen erwartet. Vereinszeichen sind **unbedingt** zu tragen.

Saaleröffnung 8, Beginn 9 Uhr abends. 1025

In Treue fest! **Der Bezirksobmann.**

Der Bergführer Johann Baptist Schraudolph

Wer noch nie auf eigenen Füßen und mit eigenem Schweiß einen Berggipfel erklommen hat, kann das Gefühl, das den Bergwanderer dort oben überkommt, kaum nachvollziehen. Es ist nicht nur der weite Blick und das Nahe-an-den-Wolken-Sein. Vielmehr wird der Wanderer für seine Mühen durch ein ganz bestimmtes Gefühl der Freiheit erfüllt: Alles, was einen im Tal noch bedrückte, das geistige und emotionale Alltagsgepäck, bleibt unten zurück und erscheint auf dem Berg klein und bedeutungslos.

Oben
Porträtfoto von Johann Baptist Schraudolph

Unten
Die Mädelegabel

Bis um 1850 waren ausgebaute und markierte Wege in den Allgäuer Bergen noch unbekannt. Viele Berggipfel waren noch nicht erklommen; zum Beispiel war der »Hochvogel« nachweislich 1832 zum ersten Mal bestiegen worden. Mit dem ersten touristischen Führer, Karrers »Wegweiser für Wanderungen im Allgäu«, erschienen im Jahr 1847, kam der Fremde nicht allzu weit. Touristen, die in die Berge wollten, taten gut daran, sich einen bezahlten Bergführer zu nehmen. Aber nicht immer wusste man, wieweit man dem angeheuerten Führer trauen konnte. Diese Unsicherheit löste sich erst auf, als der 1869 in München gegründete Deutsche Alpenverein damit begann, Bergführer auf ihre Tüchtigkeit zu überprüfen. Der erste, der vom Alpenverein als Bergführer autorisiert wurde, war der 1826 in Einödsbach geborene Johann Baptist Schraudolph.

Die Leidenschaft, auf die Berggipfel zu klettern, war schon in Schraudolphs Kindheit geweckt worden. Als Zehnjähriger soll er eines Tages mit einem Vetter über den Ferner gegangen sein, um verlorene Schafe zu suchen. Auf einem Gipfel der Mädelegabel entdeckte er eine Metallstange, die wahrscheinlich im Jahr zuvor bei Vermessungsarbeiten vergessen worden war. Diese verduzte den Knaben. Dieser ungewöhnliche Fund scheint bei ihm zu einer Art »Erweckungserlebnis«

für die Schönheit der Bergwelt geführt zu haben.

Nachdem Schraudolph von 1848 an sechs Jahre lang bei zwei Königlich-Bayrischen Infanterie-Regimentern gedient hatte, kehrte er dem Militär den Rücken und ins Allgäu zurück. Der zunehmende Tourismus bot neue Arbeitschancen, und Schraudolph begann, sich fortan als Bergführer zu verdingen.

Von Schraudolph haben sich drei Führerbücher erhalten, in die seine Kunden Lob und Tadel eintragen konnten. Sie geben Auskunft von seinen Touren und seinen Gästen. Schraudolph hat fast nur die Berge in der Umgebung von Einödsbach und Oberstdorf bestiegen. Sein »Hausberg« war die 2646 Meter hohe Mädelegabel, die er nachweislich 416-mal erkletterte, bei Bedarf und sicheren Schneeverhältnissen auch im Winter. Fast 50-mal bestieg er das Hohe Licht, 20-mal war er auf dem Biberkopf, der Trettach, dem Krottenkopf und dem Widderstein.

Der bekannte Bergsteiger Theodor Wundt notierte in Schraudolphs Führerbuch: »Schraudolph hat mich am 9. April 1887 auf die Mädelegabel und den Bodkar, am 10. April 1887 auf die Hochfrottspitze und am 11. April auf den Wildkundskopf mit bekannter Schneid und Umsicht geführt.«

Oberlehrer Dietzmann aus Immenstadt schrieb über ihn: »Dieser Schraudolph besaß die hervorragendste Bergführertugend, die Einfühlungsgabe. Schraudolph konnte sich in das Idiom, das eigentümliche Wesen jedes seiner Schützlinge einfühlen, ohne sich aufzugeben. Sein vorsichtiger Ordnungssinn und seine Entschiedenheit als Führer blieben unter allen Umständen fest – und jedem, auch dem Philosophen und Naturforscher, wußte er mit seinem urwüchsigen Humor

Unten
Oberstdorf um 1900

Oben
Glaubt man dem Karikaturisten Adolf Hengeler, so galt des Dichters Wort »Über allen Gipfeln ist Ruh« schon um 1900 nicht mehr.

zu begegnen. Er parierte gelehrte Phrasen und Überstiegenheiten mit seinem gesunden Naturwitz. Wen er führte, dem war er Gast und Schutzbefohlener, und auf jeden ging Schraudolphs Sicherheit – wie ein unsichtbares Fluidum – über, das war sein zweites Großes.«
Schraudolph war von kleinem und untersetztem Wuchs. Er hatte einen markanten Kopf mit blauen Augen, blonden Haaren und einen rotblonden Knebelbart. Er war für seinen Humor bekannt und besaß eine Schlagfertigkeit, die man bei Allgäuern eher selten findet. Touristen, die über die Mühen des Bergsteigens jammerten, entgegnete er: »s'gitt kuin Bearg, dea öbe goht!« Und auf die lästige Frage nach dem Wetter bekam man zur Antwort: »Dös wirscht bigott moan schu sea!«
Auf seinen Bergtouren lehnte Schraudolph den Genuss von Alkohol strikt ab. Doch unten im Tal scheint er sich häufig und lange in den Gasthäusern herum getrieben zu haben. Viele Anekdoten sind über ihn im Umlauf. So soll Schraudolph einmal nach durchzechter Nacht in angeheitertem Zustand die Kirche in Oberstdorf passiert haben. Dabei fiel es ihm urplötzlich ein, in die Beichte zu gehen. Der Pfarrer, dem das getrübte Bewusstsein seines Beichtkindes nicht lange verborgen blieb, ermahnte ihn, wohl besser am nächsten Tage wieder zu kommen. Worauf er zur Antwort bekam: »Nix, nix, huit bin i do!«
Aus gesundheitlichen Gründen beendete Schraudolph 1898 seine Führertätigkeit. Hoch betagt verstarb er im März 1908 in Einödsbach.

Die Anfänge der Eisenbahn im Allgäu

Im Jahr 1837 war die erste deutsche Bahnlinie zwischen Nürnberg und Fürth eröffnet worden. Die Strecke war zwar nur ein paar Kilometer lang, aber doch der Anfang eines sich innerhalb weniger Jahrzehnte rasant entwickelnden nationalen Eisenbahnnetzes.

Die Anbindung des Oberallgäus an dieses Netz war eine wichtige Voraussetzung für die Entwicklung des Fremdenverkehrs. Mit der Bahn wurde es möglich, Touristen innerhalb weniger Stunden aus den großen Städten nach Immenstadt oder Sonthofen zu bringen. Niemand wollte es nunmehr auf sich nehmen, stunden- und tagelang in einer Postkutsche auf holprigen Straßen zu verbringen, um ein weiter entferntes Ziel zu erreichen. Die Eisenbahn revolutionierte den Waren- und Personenverkehr, und wer das nicht frühzeitig begriffen hatte, blieb für lange im Abseits.

In Kempten hatte es schon in den späten 1830er Jahren erste private Bemühungen gegeben, die Stadt an das sich gerade erst entwickelnde Eisenbahnnetz und dadurch an den Rest der Welt anzuschließen. Aber erst durch die vom Bayrischen Staat gebaute Ludwigs-Süd-Nord-Bahn, die quer durch Bayern von Hof nach Lindau führte, wurden die Allgäuer Bahnträume Realität. Am 1. April 1852 eröffnete man die Strecke Kaufbeuren – Kempten, wodurch die Allgäu-Metropole mit Augsburg und München verbunden war. Schon ein gutes Jahr später, am 1. Mai 1853 konnte der Bahnhof in Immenstadt eingeweiht werden. Statt sechs Stunden in der Postkutsche war der Ort nun innerhalb von 50 Minuten von Kempten aus erreichbar. 1863 konnte man die privat finanzierte Bahnlinie Ulm – Kempten eröffnen, 1873 war diese bis Sonthofen verlängert.

Unten
Das erste Bahnhofsgebäude in Kempten sah wie ein Wohnhaus mit angebauten Remisen aus.

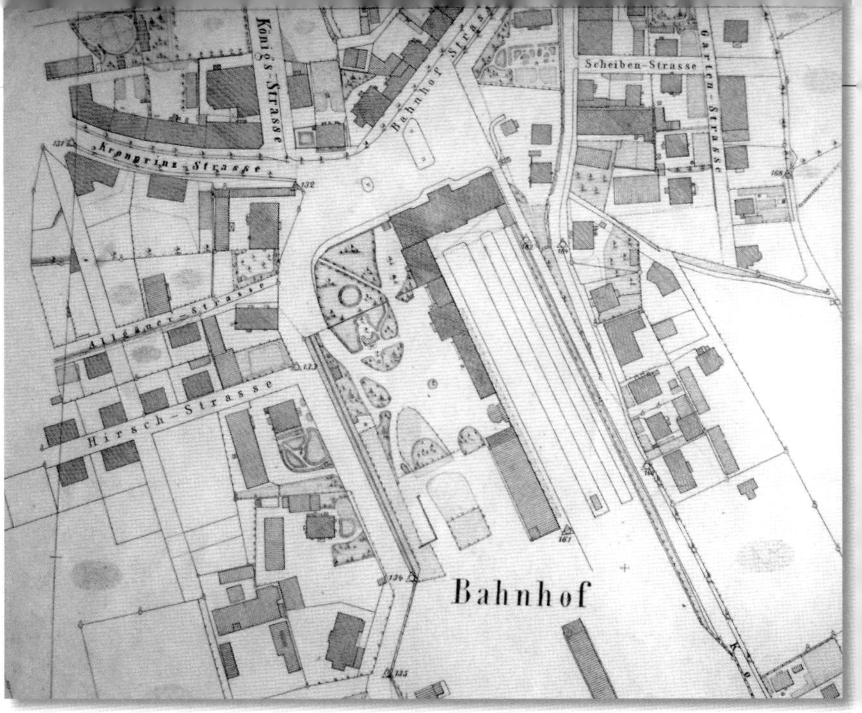

Königl. Bayer. Staats-Eisenbahnen.

Bekanntmachung.

Es wird hiemit bekannt gegeben, daß vom nächsten
Samstag, den 10. ds. Mts. ab
die Billeten- und Gepäckexpedition, sowie die Wartsäle mit den Restaurationen im hiesigen neuen Bahnhofhauptgebäude für den Personenverkehr eröffnet werden.
Kempten, den 7. November 1888.

Kgl. Oberbahnamt.

Oben
Der Lageplan des »Alten Bahnhofs« in Kempten

Mitte
Bekanntmachung über die Eröffnung des Bahnhofes im November 1888

Die Weiterführung der Linie von Sonthofen nach Oberstdorf hemmten Naturkatastrophen wie das Hochwasser im Dezember 1887. Denn in der Nähe von Fischen war ein Damm gebrochen, wodurch die Iller plötzlich einen anderen Verlauf genommen hatte. Die geplante Eisenbahnbrücke war überflüssig geworden und hätte ihren Bogen über völlig trockenes Terrain gespannt. Neuplanungen und entsprechende Verzögerungen waren die Folge. Anfang August 1888 war es dann soweit. Der Eröffnungszug mit Festgästen benötigte von Sonthofen bis Oberstdorf eine Stunde und zehn Minuten. Der Ort hatte sein Festgewand angelegt; die Straßen waren beflaggt, die Häuser mit Fahnen und Festons geschmückt. Es regnete in Strömen.

Hoch fliegende Pläne, Kempten mittels einer Fernbahnlinie auch nach Südosten hin in Richtung Tirol und Italien zu verbinden, realisierten sich nicht. Dagegen wurde die Stadt noch durch zwei weitere Regionalstrecken mit dem Umland verbunden: 1895 mit Pfronten-Ried, 1909 mit Isny.

Die schwierige topografische Lage Kemptens zwang den Stadtvätern eine schwierige Entscheidung ab: ein Durchgangsbahnhof wäre nur weit außerhalb der Stadt möglich gewesen. Deshalb entschied man sich für einen nahe am Zentrum gelegenen Kopfbahnhof, was für Kempten noch einige Ärgernisse im Gefolge haben sollte. Denn das Einbiegen in den Sackbahnhof kostete Zeit, die die Bahnverwaltung seit der Vollendung der zwei Brücken bei Sankt Mang 1906 zumindest den Eilzügen nicht mehr einräumen wollte.

Die Einweihung des ersten Bahnhofgebäudes in Kempten

Die Einweihung des ersten Bahnhofgebäudes am 1. April 1852 war ein großes Ereignis für Kempten. Man wusste es entsprechend zu feiern. Bereits um 6 Uhr

Oben
Der »Alte Bahnhof« in Kempten wurde im November 1888 eingeweiht

Unten
Aufruf zum Protest gegen den Beschluss der Reichsbahn im Jahr 1926, Schnellzüge nur noch in Hegge und nicht mehr am Kemptner Hauptbahnhof halten zu lassen.

morgens sollte die Bevölkerung durch eine Tag-Reveille der Landwehr geweckt werden. Nach 8 Uhr beschenkte man die beim Armenpflegschaftsrat verzeichneten Bedürftigen der Stadt im Magistratslokal mit Brot- und Geldgaben. Gegen 10 Uhr bewegte sich die Landwehr mit klingendem Spiel in Richtung Bahnhof, wo sich in einem kleinen Saal die Vertreter der Königlich-Bayrischen Behörden, der Magistrat und die Honoratioren der Stadt versammelt hatten. Als sich die Bahn von Lenzfried her der Stadt näherte, wurden auf der Burghalde und am Bahnhof große bayrische Fahnen hochgezogen. Geschützdonner und Blasmusik begrüßten die Anreisenden. Als der Zug die Ehrenpforte am Bahngelände passierte, begann die Landwehr einen Festmarsch zu spielen. Mit einer kurzen Ansprache hieß man die Ehrengäste willkommen. Danach trugen Chöre ihre Festlieder vor.

Die Fest- und Ehrengäste musste man in Equipagen zu den Gasthöfen »Zur Post« und »Zur Krone« kutschieren, wo ein opulentes Festmahl auf diese wartete. Denn das erste Bahnhofsgebäude in Kempten glich einer Dorfstation und war für festliche Empfänge nicht ausgerichtet.

Protest-Versammlung
im Parkrestaurant am Freitag, den 17. Sept., 1926 abends 8 Uhr
Kempten im Allgäu „bei Hegge“
Referent: Herr Justizrat Dr. Hans Stölzle, Kempten; Korreferent: Herr 2. Bürgerm. Schraudy, Kempten.
Die unterfertigten Vereine rufen die gesamte Bevölkerung Kemptens und Umgebung auf zum Proteste gegen das Nichteinfahren der Schnellzüge in den Bahnhof Kempten und die dadurch herbeigeführte schwere wirtschaftliche Schädigung Kemptens und des Allgäus. Erscheint in Massen!
Kempten im Allgäu, 15. September 1926
Bürgerverein: Justizrat Dr. Stölzle
Deutsch-Oesterreichischer Alpenverein, Sektion Kempten: Prof. Janson
Fremdenverkehrsverein: 2. Bürgermeister Schraudy
Gewerbeverein: Gewerberat Geißler
Handelsgremium: Kirchner
Handelsschutz- und Rabattsparverein: Karl Anhegger
Grund- und Hausbesitzerverein: Müller.
20548

Das Gebäude war klein und ohne jeden repräsentativen Anspruch. Es lag seitwärts des Schienenkörpers und hatte nur einen Bahnsteig, sodass die Reisenden gezwungen waren, über die Gleise zu schreiten, um zu den Zügen zu gelangen.

Der »Alte Bahnhof« in Kempten

Erst im Jahr 1888 bekam Kempten ein Bahnhofsgebäude, das der Stadt würdig war. Es wurde ungefähr 150 Meter nordöstlich des nun zu einem Betriebsgebäude degradierten ersten Bahnhofes errichtet. Das leicht abfallende Gelände war durch Aushub terrassiert worden. Der Vorplatz lag etwas tiefer als die Bahnanlagen. Die Abstufung wurde nicht durch eine dem Gebäude vorgelagerte Treppe betont, sondern durch das Gebäude kaschiert. Es lag quer zur Mündung des Schienenstranges und verfügte über drei zur Gänze überdachte Längsbahnsteige; jeder Zug konnte nun ohne Stolpern und Regenschirm erreicht werden.

Das in die Breite entwickelte Bahnhofsgebäude war im Renaissance-Stil gehalten. Es wurde durch zwei Seitenrisalite und einen etwas niedrigeren Mittelbau gegliedert. Es enthielt alle Räumlichkeiten, die ein städtischer Bahnhof für den Empfang hoher Gäste benötigte. Durch die drei zentral gelegenen Eingänge kam man zuerst in eine Vorhalle, wo links die Kartenschalter und rechts der Gepäckraum lagen. Über eine Treppe gelangte man gerade aus auf den Bahnsteig, während von einem Absatz aus links und rechts zwei breite Treppen abgingen. Diese mündeten in eine obere Vorhalle, in deren Mitte zwei Säulen aus italienischem Marmor standen. Pilaster aus Stuckmarmor gliederten die Wandflächen und verliehen dem hell beleuchteten Raum einen vornehmen Charakter. Seitlich dieser Halle waren drei Wartesäle angeordnet, die je nach Klasse unterschiedlich reich dekoriert waren. Neben dem Wartesaal Erster Klasse war für fürstliche Personen ein Vorzimmer mit zwei kleineren Kabinetten sowie ein größerer Wartesaal reserviert. Für die Stuckarbeiten im Inneren des Gebäudes war der Bildhauer Hauer aus München engagiert worden. Durch einen »Centralheizungsapparat neuester Construction« konnte der Bahnhof mit heißem Wasser erwärmt werden.

Am 10. November 1888 konnte das Bahnhofsgebäude von den neugierigen Kemptnern erstmals bestaunt werden.

Unten
Die neuen Eisenbahnbrücken bei Sankt Mang um 1910

Die Bahnbrücken

Das hügelige Gelände um Kempten und insbesondere das Illertal, das südlich der Rosenau fast 40 Meter tief und mehr als 140 Meter breit ist, machte für die Eisenbahn den Bau einer großen Brücke notwendig. Die erste, 1850 bei Sankt Mang errichtete, war zum Teil noch aus Holz. Am Ende des 19. Jahrhunderts genügte diese dem wachsenden Verkehr und den immer schneller und schwerer werdenden Zügen nicht mehr. Deshalb begann man 1905, südlich dieser alten Brücke zwei neue zu bauen. Diese waren eine Meisterleistung der Ingenieurskunst und wurden auch in überregionalen Fachzeitschriften wie der »Deutschen Bauzeitung« besprochen.

Die Oberleitung des Brückenbaus wurde dem Königlichen Generaldirektor Endres übertragen. Die Kemptner Beton- und Wasserbaufirma »Alfred Kunz & Cie« führte den Bau mit Hilfe von mehreren Spezialfirmen aus ganz Deutschland aus.

Die nur wenige Meter neben der alten Brücke gebaute »Bahnbrücke Zwei« sollte die Züge in den Kemptner Sackbahnhof leiten. Sie war viergleisig und 17 Meter breit. Die südlichste der Bahnbrücken – Nummer Drei – war für den Umgehungsverkehr bestimmt und trug lediglich zwei Gleise auf einer Breite von neun Metern. Viele Züge fuhren nach ihrer Vollendung im Jahr 1906 den Kemptner Hauptbahnhof gar nicht mehr an und hielten nur noch in Hegge.

Beide Bahnbrücken überspannen das Illertal auf jeweils vier Bögen mit einer Gesamtlänge von über 130 Metern. Der größte Bogen hat jeweils eine Spannweite von 65 Metern. Zwischen dessen rechtem Bogenwiderlager und dem fast senkrecht abfallenden östlichen Felsufer reiht sich ein weiterer Bogen von etwa 20 Meter Spannweite. Die Verbindung des westlichen Hauptbogenwiderlagers mit dem Uferrand wird durch zwei Bögen mit jeweils 20 Metern Spannweite hergestellt.

Oben
Die alte Eisenbahn-Illerbrücke bei Kempten: Lithographie von E. Emminger nach 1853

Unten
Auch das Tal der Leubas zwischen Heising und Ursulasried machte für die Bahnstrecke Ulm–Kempten einen größeren Brückenbau notwendig.

Selbstporträt Lochbihlers um 1840

Ernst und heiter – Zwei Allgäuer Künstler

Als Land der Künstler hat das Allgäu kaum reden von sich gemacht. Weit entfernt von allen Großstädten, gab es hier keine Künstlerkolonien wie im benachbarten Oberbayern. Die Maler und Bildschnitzer lebten im Allgäu in früheren Jahrhunderten mehr oder weniger isoliert. Viele wanderten ab und suchten ihr Glück beziehungsweise ihr Auskommen in der Fremde. Deshalb sind einige von ihnen selbst im Allgäu kaum bekannt. Zwei der besten von ihnen seien hier vorgestellt.

Der Ernste: Franz Sales Lochbihler

Franz Sales Lochbihler war einer der talentiertesten Maler, die das Allgäu hervorgebracht hat. Dennoch gibt es bis heute weder eine umfassende Biografie über ihn noch einen halbwegs vollständigen Werkkatalog.

Die Kunst war dem am 29. Januar 1777 in Wertach geborenen Franz Sales nicht in die Wiege gelegt worden. Sein Vater war Wagner in Wertach, seine Mutter stammte ebenfalls aus einer Wagnerfamilie, und so schien das Schicksal von Franz Sales als einzigem Sohn der Familie schon bei seiner Geburt vorherbestimmt. Dennoch gelang es ihm durch eine ungeheure Zähigkeit und Ausdauer, seinen Willen und sein Talent zum Künstlerberuf gegen alle familiären Widerstände durchzusetzen. Dank einer in Bruchstücken erhaltenen Selbstbiografie sind wir zumindest über einige Phasen seines Lebens gut unterrichtet.

Oben
Das Thema dieser Genreszene ist nicht bekannt.

Unten
Dieses Bildnis der bayrischen Prinzessin Hildegard Luise Charlotte (1825 bis 1864) stellt den hohen Rang Lochbihlers als Porträtist unter Beweis.

Schon früh begann der Knabe aus eigenem Antrieb, die wenigen Bilder, die in Wertach damals aufzutreiben waren, nachzuzeichnen. Es waren vor allem Kupferstiche bekannter zeitgenössischer Militärs. Der Bauinspektor und Schlossverwalter Eberle aus Oberdorf wurde auf der Durchreise in einem Wertacher Gasthaus auf die Bilder des jungen Franz Sales aufmerksam. Mit dem Einverständnis des Vaters vermittelte Eberle dem jungen Lochbihler eine erste Ausbildung bei seinem Bruder, dem Maler Johann Nepomuk Eberle in Markt Oberdorf. Als dieser nach einigen Jahren nach Augsburg zog, folgte ihm dessen Schüler Franz Sales dorthin. In Augsburg perfektionierte dieser seine Kunst im Anfertigen von Miniaturporträts und verdiente sich so seine ersten Taler.

Nach seinem Aufenthalt in Augsburg scheint Lochbihler das Leben eines Wanderkünstlers geführt zu haben. Auf der Suche nach Aufträgen reiste er von Schloss zu Schloss und von Hof zu Hof. Schließlich landete er um 1800 in Budapest. Dort konnte er ein Jahrzehnt lang von der Anfertigung von Porträts und Altarbildern gut leben und heiratete. Bekannt ist, dass er im Bibliothekssaal des dortigen Gerwiten-Ordens eine sechs Quadratmeter große »Kreuzabnahme« und ein Porträt des Bischofs von Erlau malte.

Als die napoleonischen Truppen 1809 bis nach Wien vordrangen und den Krieg weit in die habsburgischen Kernlande trugen, entschloss sich Lochbihler, die Rückreise in die Heimat anzutreten.

In München lernte Lochbihler den Landschaftsmaler Johann Georg von

Unten
In diesem typischen Biedermeier-Interieur stellte sich der Maler in seiner Kemptner Wohnung mit seiner Frau, seiner Schwägerin und deren zwei Kindern dar.

Dillis (1759 bis 1841) kennen, der ihm Zutritt zum Hof des Königs und zu einigen Aufträgen verschaffte. Die Hoffnung, eine Festanstellung als Königlicher Galeriedirektor zu bekommen, zerschlug sich durch den Tod des Königs Max Joseph im Jahr 1825. Der neue bayrische König Ludwig I. zog für diese Stellung den weltgewandten Düsseldorfer Maler Peter Cornelius (1783 bis 1867) vor. Cornelius war ein herausragender Vertreter der Künstlergruppe »Die Nazarener« und übte auf die deutsche Malerei des 19. Jahrhunderts einen starken Einfluss aus. Die Aussicht, bei der Ausmalung der im Bau befindlichen neuen Residenz in München Beschäftigung zu finden, erfüllte sich für Lochbihler nicht.

Zurück im Allgäu

Schon im Jahr 1811 hatte sich Lochbihler bei einem längeren Aufenthalt in Kempten eine rheumatische Augenkrankheit zugezogen. Allmählich erblindete sein rechtes Auge und es schien ihm ratsam, sich zur Alterssicherung ein Haus zu kaufen. Lochbihler ließ sich in Kempten nieder, wo zu dieser Zeit nur der Blumen- und Landschaftsmaler Ludwig Weiss (1768 bis 1843) tätig war. Dennoch konnte Lochbihler von Aufträgen aus der Stadt allein nicht existieren. Immer wieder musste er nach München reisen, um dort Geld zu verdienen. Im Jahr 1827 pachtete er von der Stadt Kempten das städtische Theater. Doch scheint er sich beim Umbau des alten Gebäudes übernommen zu haben. Bereits drei Jahre später gab Lochbihler seine Ambitionen, als Theaterunternehmer sein Geld zu verdienen, wieder auf. Der Pachtvertrag wurde vorzeitig aufgelöst. Ein von Lochbihler gemalter Theatervorhang mit den Musen als Thema hat sich bis heute erhalten.

Oben
Die Schlacht auf dem Lechfeld im Jahr 955 machte den Raubüberfällen der Ungarn nach Deutschland ein Ende. Im Zentrum des Bildes sind Kaiser Otto I. und Bischof Ulrich von Augsburg zu erkennen.

Das Fazit, das Lochbihler über sein Leben zog, klingt resigniert: »Ich habe 38 Altarbilder und einige andere große Bilder und viele Porträts und kleinere Bilder gemalt, war immer tätig. Aber ich hatte nicht das Glück, ein vermögender Mann zu werden, sondern musste zufrieden sein, dass ich mein Leben ohne Mangel und Not durchbringen konnte. Ich danke zwar Gott für dieses, aber dem Glück habe ich nichts zu verdanken. Ich weiß, was ich leisten konnte und sah, was andere leisteten und wie sie bezahlt wurden. Ich konnte aber auch nicht betteln und bei den Großen zudringlich sein. Auch habe ich meinen Eltern beinahe nichts gekostet und mein Vater hat mir einen Kronenthaler gegeben, als ich in die Welt hinaus bin.«

Oben
Detail aus dem Gemälde
»Die Schlacht auf dem Lechfeld«

Unten
Detail aus dem Gemälde
»Hermann und Thusnelda«

Lochbihlers Ouevre scheint in ganz Europa verstreut, doch im Wertacher Heimatmuseum haben sich einige sehenswerte Werke von ihm angesammelt. Sie geben Zeugnis von der großen Qualität und erstaunlichen Vielseitigkeit des Allgäuer Malers.

Alles Kunst?

Im Zeitalter des Klassizismus – zu Lochbihlers Lebenszeit – war noch nicht »Alles Kunst« und der Rest der Willkür der einzelnen Kunstexperten überlassen. Die Maler waren häufig spezialisiert und fertigten nur Porträts oder nur Landschaften an. Im Bereich der Malerei gab es eine strenge Hierarchie der Gattungen. Die Historienmalerei galt als das schwierigste und angesehenste Fach, denn sie umfasste zugleich auch die »niederen Gattungen«, nämlich das Porträt, das Genre-Bild, die Landschaft und das Stilleben. Ein Historienmaler musste Alles, das heißt Gesichter, Figuren, Tiere, Landschaften und Gegenstände malen können. Zudem setzte die Historienmalerei eine gewisse Bildung voraus, ohne die der Maler keine historischen Themen komponieren konnte. Lochbihler glänzte nicht nur als Porträtist, sondern insbesondere in seiner Kemptner Zeit auch als Historienmaler. Hier scheinen ihm Motive aus der vaterländischen Geschichte interessanter gewesen zu sein als die antike oder religiöse Historie. Vermutlich wollte er sich durch diese Gemälde dem bayrischen König Ludwig I. empfehlen, der für seine Münchner Prestigebauten viele Bilder mit Themen aus der deutschen und bayrischen Geschichte in Auftrag gab.

Lochbihlers Themenspektrum reicht von der deutschen Frühgeschichte bis zum Mittelalter. Auch Episoden aus der Allgäuer Geschichte finden sich in seinem Werk, wie das Bild »Heinrich der Kempter« beweist. Sein Gemälde »Hermann und Thusnelda« zeigt den Cherusker-Fürsten Arminius, der im Jahr 9 n.Chr. drei römische Legionen im Teutoburger Wald vernichtet hatte. Das Bild »Die Schlacht auf dem Lechfeld« stellt die erste gemeinsame Abwehrschlacht der Bayern, Schwaben, Franken und Sachsen gegen die Ungarn im Jahr 955 vor den Toren Augsburgs dar.

Im Jahr 1854 starb Lochbihler in Kempten.

Der Heitere – Adolf Hengeler

Allgäuer Humor vom Feinsten verdanken wir dem am 11. Februar 1863 in Kempten geborenen Karikaturisten und Maler Adolf Hengeler. Er gehörte um 1900 zu den bekanntesten Zeichnern der Münchner Schule.

Da der junge Adolf in der Schule nur mäßig erfolgreich war, schickte ihn sein Vater mit 15 Jahren in die Lehre beim Lithografen Ludwig Markmiller, der in Kempten gegenüber der Gaststätte »Stadt Hamburg« eine Steindruckerei betrieb. Die Lehre bei Markmiller lässt auf bestimmte Neigungen und Berufswünsche des jungen Hengeler schließen. Der Steindruck war Ende des 18. Jahrhunderts von Aloys Senefelder (1771 bis 1834) erfunden worden. Dieses Flachdruckverfahren ermöglicht es, mit Hilfe eines Fettstiftes Zeichnungen auf eine speziell bearbeitete Steinplatte aus Solnhofener Kalkschiefer aufzutragen. Die Grafiker mussten fortan ihre Ideen nicht mehr mühselig in eine Stahlplatte ritzen oder in einen Holzstock schneiden. Vielmehr konnten sie ihre Einfälle nun schnell und mühelos auf die Steinplatte zeichnen. Zudem ließen sich mit Hilfe der Lithografie ohne Qualitätsverlust tausende von Abzügen herstellen. Sehr bald war diese neue Technik von englischen und französischen Karikaturisten als geeignetes Mittel zur Illustration von Massenmedien wie Zeitungen und Flugblättern entdeckt worden.

Nach seiner Lehrzeit in Kempten ging Hengeler 1881 nach München und besuchte dort die Kunstgewerbeschule. Sein Lehrer Wilhelm Barth entdeckte sein Talent und förderte dieses. 1885 wechselte Hengeler auf die Kunstakademie. Er arbeitete zuerst in der Klasse des Kupferstechers Johann Leonhard Raab. Danach studierte er noch zwei Jahre lang Malerei bei Wilhelm von Diez.

Berühmt wurde Hengeler aber vor allem durch seine Karikaturen. Diese erschienen seit 1884 in den zwei bekanntesten bayrischen Spaßblättern, nämlich in den »Fliegenden Blättern« und in den »Münchner Bilderbögen«. Hengeler war über einen Zeitraum von 30 Jahren sehr fleißig und produktiv; rund 5000 grafische Arbeiten sind von ihm bekannt.

Oben
Porträtfoto von Adolf Hengeler

Unten
Anzeige der Firma Markmiller in der »Allgäuer Zeitung«

Schon eine seiner frühesten Auftragsarbeiten, eine 1884 gefertigte Abonnement-Werbung für die »Allgäuer Zeitung«, lässt einige Merkmale von Hengelers spezifischem Gestaltungswillen erkennen. Obwohl das Blatt mit einer Fülle von Figuren, Schriften und Gegenständen angefüllt ist, besitzt es einen klaren Aufbau. Links sind die Macher der Zeitung dargestellt: oben der Chefredakteur mit erhobenem Zeigefinger; links unterhalb von diesem ein Drucker, der aus einem großen Tintenfass Druckerschwärze auf den Prägestock gießt. Rechts von diesem schüttelt ein Redakteur den geistigen Inhalt des Blattes – Politik, Handel, Neuestes – aus seinem Ärmel. Rechts oben sind mehrere in ihre Lektüre versunkene Leser abgebildet, schrullige Typen allesamt, die mit Humor, Fantasie und viel Liebe zum Detail dargestellt sind.

Unten
In der Familienzeitschrift »Gartenlaube« wurden 1894 die Mitarbeiter der »Fliegenden Blätter« vorgestellt. Hengeler findet sich oben rechts in einer Reihe mit Wilhelm Busch.

Oben
Abonnementswerbung in der »Allgäuer Zeitung« 1887

Unten
»Erleuchtung«: Diese Lithografie zeigt die fantastische Seite von Adolf Hengeler.

1889 heiratete Hengeler eine Tochter des Münchner Goldschmieds und Hofjuweliers Adam Hausinger. 1902 erfolgte seine Ernennung zum Titularprofessor an der Münchner Akademie, 1912 erhielt er schließlich eine Professur. Seit 1914 begannen ihn gesundheitliche Probleme zu plagen, die seinen Schaffensdrang immer mehr hemmten.

Obwohl der Künstler den Großteil seines Lebens in München verbrachte, lassen viele seiner witzigen und zugleich kritischen Zeichnungen Hengelers Herkunft aus dem Allgäu klar erkennen.

Wie Wilhelm Busch zeichnete auch Hengeler Bildgeschichten. Allerdings sind die von Hengeler wesentlich kür-

Alle Bilder
»Bungee Jumping« oder »Der kalkulierte Sprung in den Abgrund« scheint eine Allgäuer Erfindung zu sein. Zumindest hatte Hengeler schon 1897 erkannt, dass sich mit der Sensationslust gelangweilter Großstädter gutes Geld machen lässt. Großer Investitionen bedurften die Seilwinde und deren Verankerung nicht, und das Handschmalz gab man gerne dazu. Den durch einen Absturz ausgelösten Adrenalin-Stoß gab es damals bereits für zwei Mark. Bereitwillig lassen sich zwei Touristen von zwei Bergbewohnern einen breiten Gürtel um die Hüfte legen, an dem ein sicherndes Seil befestigt ist. Per Fußtritt geht es ganz nach Wunsch bis zu 300 Meter tief in den Abgrund. Nach einer Weile in luftiger Höhe werden die Touristen wieder per Seilwinde zu ihrem Ausgangspunkt zurückgeholt. Völlig erschöpft, doch wohlbehalten zahlen sie gerne den vereinbarten Preis.

zer, ohne kommentierenden Text und ohne erhobenen Zeigefinger. Mit sicherem Strich gelang es ihm, das Komische von Typen und Situationen zu erfassen. Zu seinen Lieblingsthemen gehörten das »Leben der Alten Rittersleut«, die Exotik der Kolonialvölker und die gegensätzlichen Charaktere von Süddeutschen und Preußen.

Hengeler stellte mehrmals im Kemptner Kunstverein aus, dem seit 1902 zwei Ausstellungsräume in der Sutt-Schule zur Verfügung standen. Zu seinem 60. Geburtstag ehrte ihn seine Heimatstadt mit einer großen Ausstellung. Hengeler starb am 3. Dezember 1927 in München. Der von Alfred Weitnauer 1963 herausgegebene Katalog »Heitere Visionen« hält die Erinnerung an seinen zeitlosen Witz wach.

Bergradfahren

Eine Fachzeitschrift für Radfahrer gab ihren Lesern 1902 folgende Tipps für das Radeln in bergigem Gelände: »Es ist für den Anfänger total verkehrt, eine größere Steigung halbwegs im Renntempo nehmen zu wollen. Für ihn gilt so recht das Wort: ›Eile mit Weile!‹ Die Abschätzung des Kraftverbrauches bei Überwindung von Steigungen soll natürlich auch geübt sein. Von wesentlicher Bedeutung für die Technik des Bergfahrens ist auch der Sitz auf der Maschine. Größere Steigungen mit nach oben gebogener Lenkstange und damit bedingter gerader Haltung zu nehmen ist ein Unding. Das Gegenteil, die Nase auf der Lenkstange ist wegen des Druckes auf die inneren Organe des Bauches ebenfalls nicht zu empfehlen. Eine mäßig gebeugte Haltung des Oberkörpers vermeidet den Übelstand der letztgenannten Fahrweise, ohne den Vorteil derselben, eine größere Kraftentwicklung auf die Pedale aufzuheben.

Sehr von Vorteil für Anfänger ist ferner beim Bergfahren die Führung. Freilich muss der Schrittmacher sein Tempo dem Können des Neulings anpassen und sich durch wiederholtes Umsehen überzeugen, ob er die Fahrt zu verlangsamen hat. Für die Überwindung sehr schwieriger Steigungen dürfte abwechselnde Führung das einzige Mittel sein. Nicht immer aber ist man in der Lage, sich durch einen Begleiter die »Bergarbeit« erleichtern zu können. Da übt es denn häufig einen wenig ermutigenden Einfluss auf den Radler aus, wenn plötzlich vor seinen Blicken ein steiler, langer Berg auftaucht. Der lähmende Eindruck beim Anblick eines solchen wird umso stärker, je mehr der Fahrer ermüdet ist. In diesem Falle ist es sehr zweckmäßig, wenn man die Augen beständig wenige Meter vor sich auf den Erdboden richtet und die Pedaltritte, etwa von zwanzig zu zwanzig, zählt. Dadurch schützt man sich vor dem entmutigenden Gesamtüberblick des Berges und bezwingt das Ganze, indem man die einzelnen Teile überwindet.«

Unten
Auch das Gebirgsrad – neudeutsch Mountainbike – ist eine Allgäuer Erfindung. Wer abseits der Wege über Stock und Stein den Berg hinan fahren wollte, kam mit Rädern aus Holz oder Metall nicht allzu weit. 1897 ersann Adolf Hengeler ein Veloziped, das dem schwierigen Gelände in den Bergen bestens angepasst war, sich in dieser Variante allerdings nicht durchsetzen konnte.

Am 30. Juni 1935 gab es einen gewaltigen Felssturz am »Hochvogel«.

Katastrophen

Das Allgäu ist eine Gegend, die relativ selten von Katastrophen betroffen wird. Lediglich die Iller sorgt in manchen Jahren durch Hochwasser für einige Schäden; doch ist man auf diese »normalen« Überschwemmungen entsprechend eingerichtet. Dennoch kam es auch im Allgäu alle paar Jahrzehnte zu größeren unvorhersehbaren Unglücken mit verheerenden Folgen. Manche von ihnen waren allein der Natur anzulasten, manche waren von Menschen zumindest mit verursacht.

Bergstürze

Zwischen 1850 und 1950 berichten die Zeitungen relativ häufig davon, dass Bergsteiger in den Allgäuer Alpen tödlich abgestürzt sind. Meist waren diese durch Leichtsinn und Überschätzung der eigenen Kräfte, teils auch durch mangelhafte Ausrüstung selbst schuld an ihrem Unglück. Die Gefahr, in den Allgäuer Bergen durch einen Felssturz ums Leben zu kommen, ist dagegen relativ gering. Dennoch kamen solche in der Vergangenheit vor.

Überliefert ist, dass im Jahr 1872 ein riesiger Fels im Oytal abging und den auf der Jagd befindlichen Prinzregenten Luitpold in Gefahr brachte. Dreißig Jahre danach, im Juni 1902, stürzten sowohl von der Rotspitze im Retterschwangertal als auch vom Roßkopf im Hintersteinertal beträchtliche Felsmassen ab.

Wiederum 30 Jahre später, am 30. Juni 1935, ereignete sich ein gewaltiger Steinrutsch am Hochvogel. Er war vermutlich auf ein Erdbeben zurückzuführen, das drei Tage zuvor die Berge erschüttert hatte. Ein Augenzeuge, der zu diesem Zeitpunkt auf einer Bergtour unterwegs war, berichtete dem »Allgäuer Tagblatt«: »Als wir am vergangenen Sonntag über den Nordgrat des Großen Wilden dessen Gipfel und vor allem dessen Schneefeldern und Karen zustrebten, wurden wir bald auf eigentümliche Wölkchen in der Südwestwand des von hier aus so kühn dastehenden Hochvogels aufmerksam. Bald bemerkten wir auch die Ursache: von Zeit zu Zeit prasselten Steinschläge die Wand herunter, Wolken von Staub aufwirbelnd. Öfters rasteten wir beim Klettern, um die Vorgänge am ›spukenden‹ Hochvogel besser beobachten zu können. Dass wir dabei mit unseren schweren ›Muckeln‹ gemütlich ausruhen konnten, nahmen wir als Annehmlichkeit gern mit. Und als wir kurz vor dem Gipfelaufbau unseres Berges wieder solch ein nettes ›Schrapnell-Wölkchen‹ am Hochvogel beobachteten – es war so gegen halb 12 Uhr – entschloss ich mich zu einer Aufnahme. Ich nehme den Apparat zur Hand, stelle ein und beobachte noch eine Weile das Schrapnell-Wölkchen, ob's nicht – mir zuliebe – etwas größer werden möchte, da reißt es unsere Blicke mit Gewalt zum Hochvogel: ein starker Steinschlag hatte eingesetzt, gellend krachten kleinere Felsbrocken die Wand herunter und plötzlich – wir halten unwillkürlich den Atem an – neigen sich die riesigen gelben Platten von der Ausdehnung eines Einfamilienhauses von der Wand. Nur langsam und widerwillig beruhigt sich unser doch sonst so stiller und harmloser Hochvogel.«

Ein Teil des Felsgipfels war abgebrochen und mit einem ohrenbetäubenden Tosen und Krachen die ungefähr 500 Meter hohe Felswand hinab gestürzt. Glücklicherweise passierte der Felssturz auf der Seite des Berges, die nicht von Wanderern aufgesucht wird. Die ganze Südwestwand war in eine riesige schwefelgelbe Staubwolke gehüllt. Noch längere Zeit gingen in immer größeren Abständen Steinschläge ab.

Der große Brand von Wertach 1893

Es kommt nicht allzu häufig vor, dass es im Allgäu mehrere Wochen lang nicht regnet. Das saftige Grün der Wiesen und Wälder ist dem Überfluss an Wasser zu verdanken. Dennoch gab es immer wieder Trockenperioden, in denen die Wiesen nach Wasser dürsteten und die Iller zu einem leicht passierbaren Flüsschen verkümmerte.
Auch am 16. April 1893, dem zweiten Sonntag nach Ostern, war seit vier Wochen kein Regentropfen mehr gefallen. Es war ein wunderschöner Frühlingstag. Die Bewohner des kleinen Ortes Wertach am Ostabhang des Grünten waren gerade vom Kirchgang in ihre Häuser zurückgekehrt und freuten sich auf ihren Sonntagsbraten. Kurz vor 12 Uhr gellte in die friedliche Sonntagsstille plötzlich der Ruf: »Feuer«!

Verschreckt horchten die Leute auf und liefen vor ihre Häuser. Aus dem Lochbihler'schen Anwesen im oberen Teil des Marktes stieg eine Rauchsäule empor, und schon läutete die Alarmglocke Sturm. Die Männer eilten zum Feuerwehrhaus, um den Löschwagen und ihre Leitern zum Brandherd zu bringen. Doch der Hof mit dem Hausnamen »Bei Peters' Joseph«

Oben
Ein typisches Wertacher Bauernhaus vor dem Brand

Unten
Der Holzschnitt zeigt Wertach vor dem Brand

brannte bereits lichterloh. Deshalb machte sich die Feuerwehr daran, die umliegenden Gehöfte und Scheunen zu sichern. Doch der laue Südwestwind entwickelte sich urplötzlich zum Sturm und peitschte in die prasselnden Flammen. Funken und Glut stieben empor und wurden von der rasch wechselnden Lohe in alle Richtungen getragen. Ein Funkenregen ging auf das Dorf nieder. Die ausgedörrten Holzschindeln der benachbarten Dächer fingen sofort Feuer. Rasend schnell weitete sich der Brand von Haus zu Haus zu einem Inferno aus. Jeder Löschversuch wurde unmöglich.

Panik machte sich breit, und ein jeder eilte zum eigenen Heim, um die Kinder und dann das Vieh in Sicherheit zu bringen. Hastig wurde alles ergriffen und nach draußen getragen, doch schon brannte der halbe Ort. Schwarze Rauchschwaden quollen empor und verdunkelten die Sonne. Qualm und Gase vergifteten die Luft und erschwerten das Atmen. Unsinnigste Taten kam vor, doch einige behielten die Nerven. Dem Postexpediteur Marcell Bögle gelang es unter Einsatz seines Lebens, das gesamte Postgut in Sicherheit zu bringen. Auch die Telegrafenleitung konnte mit Hilfe eines Mechanikers abmontiert und in das Haus der Witwe Hengge verlegt werden; nach eineinhalb Stunden war die Verbindung nach Kempten bereits wieder hergestellt.

Aus allen Orten der Umgebung eilten die Feuerwehren heran. Aber die rasende Hitze hinderte jeden Löschversuch. Gegen 13.30 Uhr standen 120 Häuser, Stadel und Remisen in voller Glut. Nun fing auch noch die Kirche Sankt Ulrich Feuer. Einige Mutige rannten in das Gotteshaus und konnten die Monstranz, Kelche, Paramente und einige Bilder in Sicherheit bringen. Den Feuerwehrleuten aus Petersthal gelang es, den durch einen gedeckten Gang mit der Kirche verbundenen Pfarrhof und das Schulhaus zu retten; das Kaplanhaus und die Kirche selbst aber wurden ein Opfer der Flammen.

Den Wertachern blieb nichts anderes übrig, als aus sicherem Abstand das Abbrennen ihres Dorfes gleich einer einzigen Fackel zu beobachten. Die bis aus Immenstadt und Sonthofen herbei geeilten Wehren mühten sich, noch unversehrte Gebäude in der Umgebung zu sichern. Doch brannten in Richtung Nesselwang noch einige Scheunen durch Flugfeuer ab. Ein

Oben
Ein Blick über Wertach nach dem Brand

Unten
Spendenliste aus Kempten für die abgebrannten Wertacher

Für die armen Abgebrannten in Wertach

wurden uns übergeben:

Uebertrag	M. 22
Wenig, aber von Herzen	M. 1
J. Sch.	M. 3
A. S.	M. 5
J. W.	M. 10
K. S.	M. 10
Ungenannt	M. 1
Ungenannt	M. 5
Ungenannt	M. 1
Ungenannt	M. 3
Aus der Sparkasse Hermann's und seiner Geschwister	M. 2
Vertrau auf Gott	M. 3
Summa	M 66.

Weitere milde Gaben nimmt entgegen die
Die Expedition der „Allgäuer Zeitung."

Oben
Die Holzhäuser waren bis auf den Grund abgebrannt.

Unten
Anzeige für ein Wohltätigkeitskonzert in Kempten

Bauplan aus Wertach von 1833 und andere Dokumente wurden in die Luft getragen und stoben bis Roßhaupten und dem sechs Wegstunden entfernten Pfefferbichl.
Gegen Mitternacht wurden die auf den Anhöhen kauernden Bewohner nochmals von einer schweren Detonation aufgeschreckt: ein Teil des Kirchengewölbes war krachend zu Boden gestürzt.
Große Brände hatte es im Oberallgäu schon in früheren Zeiten gegeben, zum Beispiel in Oberstdorf 1865. Auch Wertach war schon mehrfach abgebrannt. In den Jahren 1530, 1853 und 1886 waren größere Feuer ausgebrochen. Nach dem letzten Brand waren einige der niedergebrannten Holzhäuser in Stein wieder aufgebaut worden. Doch hatte man aus Tradition die Dächer wieder mit Schindeln bedeckt. Auch die Kirche war erst wenige Jahre zuvor für 20 000 Mark restauriert worden.

Wohlthätigkeits-Konzert.

Der frühere freundliche Markt **Wertach** ist durch Brandunglück in einen Trümmerhaufen verwandelt worden. 700 Menschen sind obdachlos; die Mehrzahl davon hat fast gar nichts als das nackte Leben retten können. Wenn also Hilfe irgendwo nothwendig ist, so ist es hier in reichlichem Maße der Fall.

Der Ausschuß des Allgemeinen Militär-Vereins Kempten

hat deßhalb beschlossen, zum Besten der Abgebrannten von Wertach am
Samstag, den 22. April, abends 8 Uhr, im Colosseum

ein Wohlthätigkeits-Konzert

zu veranstalten, **gegeben von der Vereinskapelle, den Sängern des Vereins, sowie unter Mitwirkung einiger Damen,** welche Zitherpiècen zum Vortrag bringen.

Eintritt 30 Pfg.

ohne dem Wohlthätigkeitssinn Schranken zu setzen.
An die gesammte Einwohnerschaft Kemptens ergeht hiemit im Interesse der edlen Sache Einladung zu recht zahlreichem Erscheinen.
Die Vereinsmitglieder erscheinen mit Vereinszeichen.

Der Ausschuß.

Wertach nach dem Brand

Am Tag nach dem Großbrand bot Wertach dem Ankommenden ein schreckliches Bild: »Aus rauchenden Schutthaufen ragen Schornsteine gleich kahlen Schiffsmasten hervor; Öfen, Kochherde, Backöfen, zerknitterte Dachbleche, Tragbalken, Gitter und dergleichen mehr bilden ein geradezu fantastisches Durcheinander. Dazwischen starren verkohlte Bäume in die Luft, Brunnentröge wie ausgedörrte Dachsparren, Teile von hölzernen Gartenzäunen zu ihren Füßen. An einer Stelle, die man halbwegs noch als gewesenes Gartengrundstück deuten konnte, finden sich einige Rosenstöcke, die unversehrt geblieben sind. Sonst alles bis auf die Grundmauern niedergebrannt, vertilgt, dass buchstäblich kein Balken auf dem anderen liegt.«

Neben dem Pfarrhof und dem oberen Kaplanhaus, dem Vorsteherhaus und zwei Schulen blieben nur fünf oder sechs Häuser am Nordrand des Ortes verschont. Die Bewohner Wertachs waren obdachlos und mussten für längere Zeit bei Verwandten in der Umgebung Unterschlupf suchen. Einige Tage nach dem Brand versuchte ein Pfarrer bei einer Messe in der Filialkirche Sankt Sebastian die Wertacher zu trösten: »In meinen 45 Priesterjahren habe ich noch nie in solch einer traurigen Lage und in einer so schweren Stunde die Kanzel betreten wie heute. Ich sollte euch trösten, und bin selbst des Trostes bedürftig. Ja meine lieben Pfarrkinder, ihr trauert, aber ich bitte Euch, verliert den Mut nicht. Vertraut auf Gott ... Ihr habt viel verloren, aber nicht alles. Ihr habt noch eure Felder und eure Kinder!«

Die große Solidarität und Hilfsbereitschaft des ganzen Allgäus machten ihnen jedoch bald wieder Mut.

Die Hilfsmaßnahmen

Schnell war ein Hilfswerk organisiert. Kollekten und Konzerte wurden veranstaltet, um Geld für die Wertacher zu sammeln. Schon nach wenigen Tagen kam der Kemptner Oberbürgermeister Adolf Horchler persönlich nach Wertach und brachte 1000 Mark in Silber als Spende. Die Soldaten des Kemptner Jägerbataillons, die im Jahr zuvor in Wertach einquartiert gewesen waren und dort eine gute Bewirtung erfahren hatten, spendeten 160 Laibe Brot, auf die sie zugunsten der Abgebrannten verzichtet hatten. Allein in Immenstadt, wo im April 1844 selbst 28 Häuser ein Raub der Flammen geworden waren, wurden

3760 Mark und Kleidung gesammelt, in Burgberg 1073 Mark. Ein Konzert in Kempten am 6. Mai brachte 277 Mark und das Geld aus dem Bierverschleiß. Prinzregent Luitpold genehmigte am 1. Mai Kollekten in Ober- und Niederbayern sowie Mittelfranken.

Spätere Berechnungen ergaben, dass der Schaden »erheblich über 1,5 Millionen Mark« betragen habe. Rund 700 000 Mark ersetzte die Immobilienversicherung.

Am Sonntag nach dem Brand sollen mehr als 6000 Schaulustige zum Ort des Unglücks geströmt sein, und vieles wurde über den Brand und seine Ursachen gemunkelt: Zigeuner sollen acht Tage vorher den Brand vorausgesagt haben. Auch war die Rede davon, der unvorsichtige Umgang mit einer brennenden Zigarre sei Schuld an all dem Unheil gewesen ...

Oben
Beim Wiederaufbau waren auch italienische Gastarbeiter beschäftigt.

Unten
Noch jahrelang erinnerte der zerstörte Kirchturm an den Brand.

Das Jahrhundert-Hochwasser von 1910

Ein Großteil des Regens, der im Oberallgäu fällt, landet über viele Bäche in der Iller und wird über die Donau bis zum Schwarzen Meer geleitet. Drei Gebirgsflüsse fließen bei Fischen zur Iller zusammen, die in vielen Krümmungen und Windungen, doch in klarer Süd–Nordrichtung, das Oberallgäu in zwei ungefähr gleich große Hälften teilt.

Insbesondere im Frühsommer kommt es wegen der Schneeschmelze in den Bergen häufig zu Hochwasser im Illertal. Doch in manchen Jahren entwickelt sich dieses alljährliche Ereignis zu einer Katastrophe. Besonders in den Jahren 1852, 1870, 1901 und 1905 richtete die Iller große Schäden an. Das Hochwasser vom Juni 1910 übertraf aber alles Bisherige.

Schon seit Anfang Juni waren in vielen Teilen Deutschlands ungewöhnlich starke Regenfälle niedergegangen. Insbesondere im Voralpengebiet, im Hunsrück und in der Eifel hatten sie Hochwasser im Gefolge. Im Ahrtal stürzten elf Steinbrücken für Fußgänger ein; 40 Arbeiter ertranken, als ihre zwei Kantinen, die für den Bahnbau Remagen-Eifelgebiet errichtet worden waren, weggeschwemmt wurden. Das »Berliner Tagblatt« sprach von insgesamt 150 Toten in ganz Deutschland.

Im Allgäu und in Teilen Oberbayerns traf dieser warme Starkregen mit der jährlichen Schneeschmelze zusammen.

Oben
Das Hochwasser von 1901 bei der Illerbrücke in Kempten

Unten
Das Hochwasser von 1901 in Kempten

Das Hochwasser im Allgäu

Am 15. Juni meldete das »Allgäuer Tagblatt«: »Die Wildbäche sind zu reißenden Strömen geworden. Die Iller ist außerordentlich gestiegen. Ihr Pegelstand betrug heute früh 4,15 Meter. (Bei dem hohen Wasserstand von 1901 war die Pegelhöhe 3,95 Meter.) Die Lage im unteren Teil Kemptens und dessen Umgebung ist eine gefährliche. Über Nacht ist die Illervorstadt und das untere Viertel der Altstadt überflutet worden. Von der Illerbrücke in der Altstadt sieht man links und rechts auf einen See. Füssenerstraße, Kaufbeurerstraße, Illerstraße und Brennergasse sind völlig überschwemmt.

Im Seith'schen Sägewerk bei der Schwimmschule hat das Wasser unermesslichen Schaden angerichtet ... Die Spinnerei und Weberei Kottern musste den Betrieb einstellen, da bei dem hohen Wassergang die Turbinen nicht arbeiten können ... Die Mechanische Baumwoll-Spinnerei & Weberei Kempten musste ebenfalls den Betrieb einstellen ... Die Iselmühle bei Krugzell musste durch die Feuerwehr geräumt werden, ebenso die Einöde Thurn bei Krugzell. Der Wasserstand ist höher als wie anno 1870, denn das Wasser reicht schon bis zu der Käsküche, die an der Landstraße bei Krugzell liegt.«

In Kempten stellten sowohl das Gas- wie das E-Werk ihren Betrieb ein.

Fast schlimmer noch war das südliche Oberallgäu betroffen. Die Landschaft von Oberstdorf bis Immenstadt glich am 15. und 16. Juni einem See. Bei Sonthofen hatten Iller und Ostrach alle Wege und Wiesen überflutet. Die Ostrach erreichte einen Pegelstand von 1,45 Meter Höhe. Oberstdorf war vollständig vom Verkehr abgeschlossen und musste mehrere Tage ohne Trinkwasser und elektrisches Licht auskommen. Denn die Brücke bei der oberen Mühle war samt der Wasserleitung vollständig verschwunden. In der Breitachklamm vernichtete der wuchtige Anprall der angeschwemmten Holzteile 150 Meter Geländer. Die Dummelsmooser-Brücke war stark in Gefahr, weggerissen zu werden, ebenso das Gschwender'sche Sägwerk. Die starke Verbauungsmauer am sogenannten Schlief an der Strecke nach Birgsau, welche einige Jahre zuvor mit großen

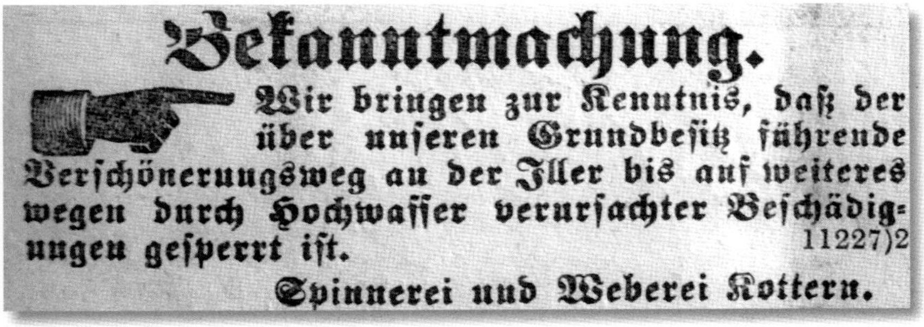

Bekanntmachung.

Wir bringen zur Kenntnis, daß der über unseren Grundbesitz führende Verschönerungsweg an der Iller bis auf weiteres wegen durch Hochwasser verursachter Beschädigungen gesperrt ist. 11227)2

Spinnerei und Weberei Kottern.

Mitte
Die überschwemmte Illerstraße in Kempten am 15. Juni 1910

Unten
Anzeige im »Allgäuer Tagblatt« im Juni 1910

Kosten erbaut worden war, verschwand vollständig. »Hunderte von Tagwerk der schönsten Wiesen sind völlig vermuhrt, sehr viele Grundbesitzer bekommen heuer nicht einen Zentner Heu von all ihren Wiesen, dazu noch der Verlust an weggeschwemmtem Boden!«

Das Herannahen des Hochwassers konnte zumindest in Kempten am Pegelstand der Iller frühzeitig abgelesen werden: am Montag, den 13. Juni 1910 betrug der Pegelstand am Abend 17 Zentimeter, am Dienstag früh 1,56 Meter, am Dienstag Abend bereits 2,85 Meter. Es regnete weiter, stündlich stieg das Wasser um bis zu acht Zentimeter. Am Mittwoch Nachmittag gegen 16 Uhr erreichte das Hochwasser seinen Höchststand von 4,5 Metern. Bis Donnerstag früh 7 Uhr war es bereits wieder auf 3,75 Meter gesunken.

Kempten nach der Flut

Nach dem Abflauen der Flut bot sich in Kempten ein schauerliches Bild: »Die Iller hatte Holzstämme, Brücken, Chaisen, Wagen, Schlitten, tausende von Heinzen und so weiter mitgeführt. Überall Schlamm und Sand auf den Straßen. Die Hausbewohner schöpfen das Wasser aus Wohnungen und Kellern. Vereinzelt erblickt man auch einmal so ein modernes Instrument wie eine Wasserpumpe. In der Kaufbeurerstraße hat das Wasser großen Schaden am Pflaster angerichtet, das gleich meterhoch ausgerissen und fort geschwemmt wurde. Es befinden sich große Löcher auf den Straßen, daneben Haufen von angeschwemmtem Kies ...«

Mehrere Brücken und Stege waren von der Iller und deren Nebenflüssen zerstört oder weggerissen worden. Die Unterzollbrücke bei Immenstadt wurde von den Wasserfluten in Weidach bei Kempten ans Land gesetzt. Die Ostrach hatte die Berghofer-Brücke ein- und den Tiefbacher-Steg fortgerissen. Das Wehr an der Greiffenmühle oberhalb Petersthal war von den Fluten »unter donnerartigem Krachen gesprengt« worden.

Mitte
Das Hochwasser in der Illerstraße in Kempten im Juni 1901

Unten
Das Hochwasser nördlich von Kempten im Juni 1910

In den Allgäuer Zeitungen war am 23. Juni 1910 folgender Aufruf zu lesen: »Ein großes Gebiet des Verwaltungsbezirkes Sonthofen ist durch eine Hochwasserkatastrophe heimgesucht worden in einer Ausdehnung und Schwere, wie sie seit Menschengedenken nicht erinnerlich ist.

Der verursachte Schaden lässt sich zurzeit noch keineswegs ganz übersehen, doch muss schon jetzt als sicher angesehen werden, dass die Schädigungen, welche Private, Gemeinden und Genossenschaften erlitten haben, den Betrag von einer Million weit überschreiten. Hilfe ist dringend nötig!«

Neben dem Oberallgäu war vor allem die Füssener Gegend betroffen. Die am meisten geschädigten Gemeinden im Kemptner Gebiet waren Martinszell, Sulzberg, Lauben, Krugzell und Altusried.

Eine neue Hiobsbotschaft aus dem Oberland.

mz Sonthofen, 24. Juni. Im Oytal ging Mittwoch Abend wieder ein wolkenbruchartiger Regen nieder. Die hiedurch der Trettach zugeführten Wassermassen rissen die [illegible] von der Mannschaft des Eisenbahnbataillons ausgeführten Sicherungsarbeiten wieder weg. Die Iller ist wieder im Steigen.

Oben
Einsturz der Kanalmauer des AÜW in Kempten im Juli 1957

Unten
Eine Woche nach dem Hochwasser von 1910 gab es erneut starken Regen.

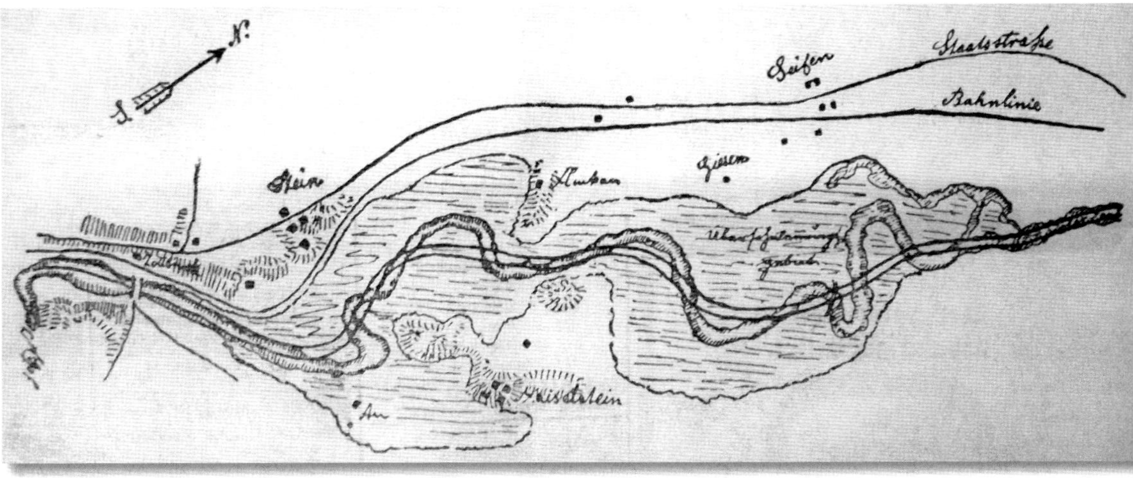

Bei der Illercorrection **Ried-Rauns** werden noch mehrere Arbeiter aufgenommen. Anmeldung beim Vorarbeiter in Rauns, Gemeinde Waltenhofen.

Kgl. Straßen- und Flußbauamt.

Zur Fortsetzung und Unterhaltung der **Illerbauten** zwischen Kempten und Schwarzenbach werden im Winter 1898/99 wiederum

Lieferungen von Faschinen und Pfahlholz

erforderlich. Anmeldungen wollen rechtzeitig beim unterfertigten Bauamt gemacht werden.

Für die Correctionsstrecke oberhalb der **Militärbrücke** wird solches Material schon bis **Mitte Oktober** nöthig.

Kempten, am 15. September 1898.

Kgl. Straßen- und Flußbauamt.

Stengler.

Oben
Plan der Illerkorrektion zwischen der Unterzollbrücke bei Stein und Thanners aus dem Jahr 1901

Mitte
Anzeige in der »Allgäuer Zeitung« aus dem Jahr 1898

Nicht das Hochwasser selbst, sondern die Beseitigung seiner Schäden forderte ein Todesopfer. Am Freitag sollte an der Stelle der weggerissenen Illerbrücke in Oberdorf nördlich von Immenstadt eine Notbrücke errichtet werden. Nach 18 Uhr steuerten vier Männer mit einem Kahn das dritte Joch mitten in der Iller an. Doch der Kahn traf schräg am Pfeiler an, sodass die Insassen auf eine Seite geworfen wurden. Der Kahn schlug um und die vier Männer fielen ins Wasser. Zwei von ihnen konnten sich am Joch anklammern und mit Seilen aus den Fluten gezogen werden. Ein Dritter rettete sich selbst ans Ufer. Den 34 Jahre alten Taglöhner Xaver Eberle aus Martinszell verschlangen die Fluten.

Obwohl es die städtischen Behörden von Kempten versäumt hatten, die Anwohner der Iller rechtzeitig zu warnen, weigerte sich die Stadt, den vom Hochwasser Geschädigten praktische Hilfe wie das Auspumpen der Keller zu gewähren. Bürgermeister Horchler vertrat den Standpunkt, dass Militär und Feuerwehr nur bei drohender gemeiner Gefahr eingesetzt werden könnten. Die Beseitigung von Schlamm und Reinigung von Wohnräumen sei eine Nacharbeit, die nicht von öffentlichen Organen erfüllt werde, sondern von den Privatleuten selbst durchgeführt werden müsse. Gegen die zahlreichen Spendensammlungen hatte er keine Einwände.

Anscheinend fragte damals niemand, ob nicht die vielen Iller-Korrektionen, die seit Mitte des 19. Jahrhunderts am Oberlauf des Flusses durchgeführt worden waren, zu der Häufung von extremen Hochwassern am Beginn des 20. Jahrhunderts beigetragen haben. Im Unterallgäu, wo die Iller ab Ferthofen die Grenze zwischen Bayern und Württemberg bildet, war es seit 1859 zu einer konsequent durchgeführten Zähmung und Begradigung der Iller gekommen. Doch im Oberallgäu war die Iller nur punktuell begradigt und eingedämmt worden. Eine Vielzahl von sogenannten »Altwassern« wie bei Lauben zeugt heute noch vom einstigen, vielfach gewundenen und mäandernden Lauf des Flusses.

Der Wiggensbacher Silberfund

Immer wieder werden wir durch archäologische Funde an den Glanz und die Katastrophen längst vergangener Zeiten erinnert.

In den 1880er Jahren fand ein Hütebub in der Nähe des Weilers Waldegg westlich von Wiggensbach auf einem ausgetretenen Pfad einige Silbermünzen. Als er an der Fundstelle weiter suchte und etwas im Erdreich scharrte, kamen weitere Münzen zum Vorschein. Schließlich erwies sich dieser Fund als einer der größten Schätze aus antiker Zeit, die im Allgäu je entdeckt worden sind.

Der Fundort liegt auf etwa halber Höhe einer steil nach Osten abfallenden Halde.

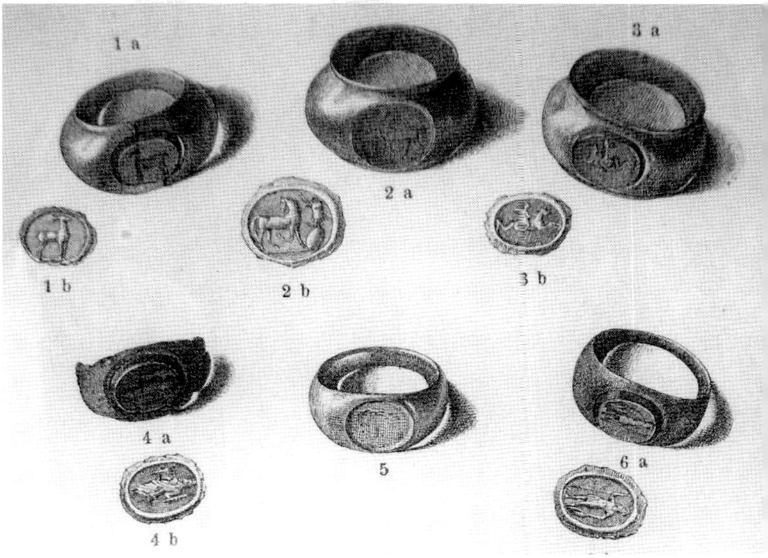

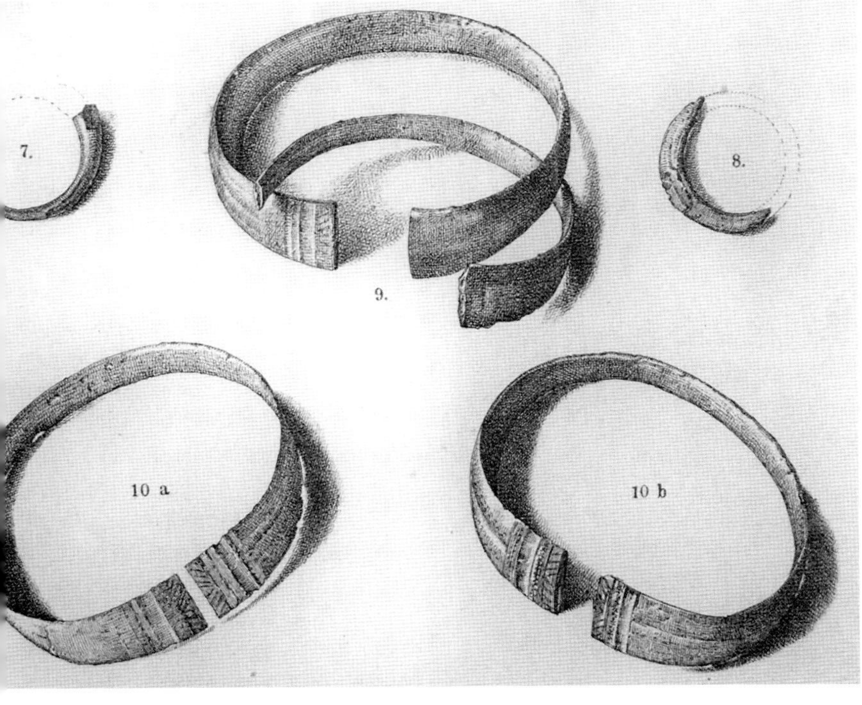

Oben
Sechs Ringe aus dem Schatz, darunter der jeweilige Siegelabdruck

Unten
Zwei Paar der Armreife sind aus purem Silber.

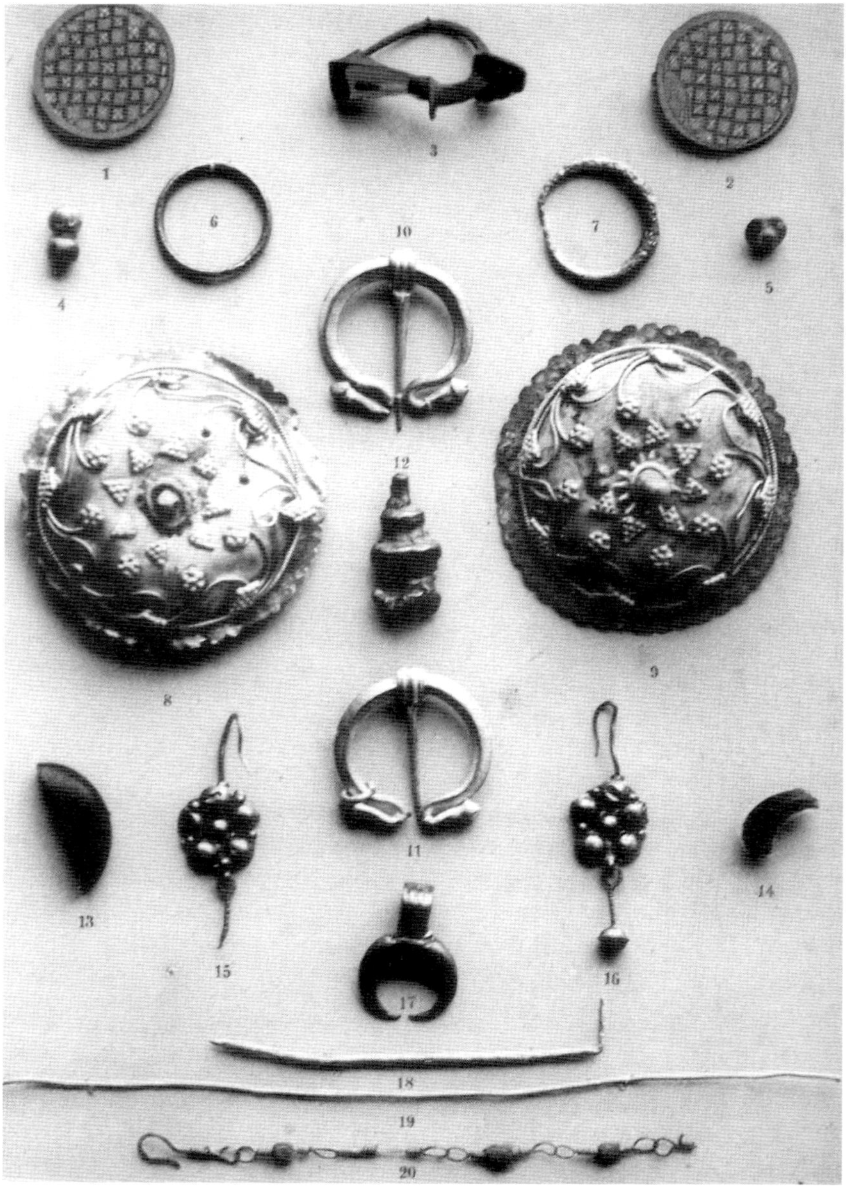

Oben
Die kostbarsten Schmuckstücke des Schatzes stellen die beiden Fibeln in der Bildmitte dar.

Die meisten Fundstücke waren auf engem Raum etwa 25 bis 30 Zentimeter unter dem Rasen verborgen. Einige Münzen wurden im weiteren Umkreis entdeckt. Eine Kassette oder ein Gefäß konnte nicht gefunden werden. Es waren insgesamt 385 römische Silbermünzen und eine Bronzemünze, darunter zwei Fälschungen aus antiker Zeit. Außerdem fanden sich einige Schmuckstücke aus Edelmetallen.

Alle Münzen waren zwischen 138 und 235 n.Chr. geprägt worden, fast ein Drittel davon stammte aus der Zeit des römischen Kaisers Alexander Severus (222 bis 235). Der Schatz musste folglich während dessen Regierungszeit oder kurz danach abgelegt worden sein.

Schon in den Jahrzehnten zuvor waren in der Umgebung von Kempten mehrere größere Funde gemacht worden, die Münzen aus dem gleichen Zeitraum zu Tage förderten: im Öschlesee, auf dem Burgstall in der Rosenau sowie 1852 beim Bau der Aktienspinnerei.

Diese Funde, deren neueste Münzen alle aus dem zweiten Viertel des dritten Jahrhunderts stammen, geben Anlass zu Spekulationen. Im Jahr 233 war das keltisch-römische Cambodunum auf dem Lindenberg von Allemannen verwüstet worden. 259 gaben die Römer den Limes auf und zogen sich militärisch und administrativ aus dem Voralpenland zurück. Die zurückbleibende Bevölkerung war nun schutzlos den Überfällen der Germanen ausgeliefert. Doch in den Jahrzehnten zuvor war das Gebiet bereits mehrfach von germanischen Stoßtrupps heimgesucht worden. Die oben genannten Funde lassen vermuten, dass die verschreckten keltischen und römischen Bewohner Rätiens ihre Wertsachen aus Angst vor Plünderung vergruben.

Wer könnte den Schatz abgelegt haben?

Das Merkwürdige an dem Wiggensbacher Münzfund ist, dass er nicht in einem Behälter geborgen wurde, sondern in einem weiteren Umkreis verstreut lag. Daraus lässt sich schließen, dass der Schatz nicht sorgfältig, sondern in größter Eile abgelegt worden war, vermutlich nur flüchtig mit Laub oder Schnee bedeckt. Im Lauf der Zeit rutschte er durch Regen und Wildgang vom oberen Rand der Halde immer weiter den Hang hinunter, um schließlich von Laub und Ästen verschüttet zu werden.

Die Menge der Objekte lässt vermuten, dass es sich hier nicht um die Wertsachen eines einzigen Villenbesitzers handelt, sondern eher um zusammengeraubtes Beutegut. Hatten hier germanische Plünderer, vielleicht von römischen Soldaten verfolgt, ihren Raub eilends abgelegt, um ihn später in Ruhe wieder zu bergen? Waren sie auf der Flucht niedergemacht worden oder hatten sie sich das Versteck nicht gut genug eingeprägt?

Für die These vom nur flüchtig abgelegten Raubgut spricht auch der Fundort selbst, der noch heute sehr abgelegen ist und in antiker Zeit im weiteren Umkreis sicher nicht besiedelt war. Um sein Geld vor Plünderern in Sicherheit zu bringen, hätte es damals doch schon genügt, dieses in der Nähe des eigenen Hauses zu vergraben.

Außer den Münzen konnte man eine größere Anzahl von Schmuck sowie Bruchstücke aus Edelmetall bergen: Gürtelschnallen, Ringe, Armreife, Fibeln und Ketten(-teile) aus Silber sowie ein Bröckchen Gold. Die kostbarsten Stücke davon stellen zwei große silberne Scheibenfibeln mit filigranen Verzierungen dar. Fibeln waren typisch keltisch-germanische Kurz- und Schmuckwaren. Sie sollten Kleidungsstücke zusammenhalten und den Reichtum ihres Trägers zur Schau stellen.

Unten
Mehrere Silberketten und Bruchstücke aus Edelmetall lassen auf Raubgut schließen.

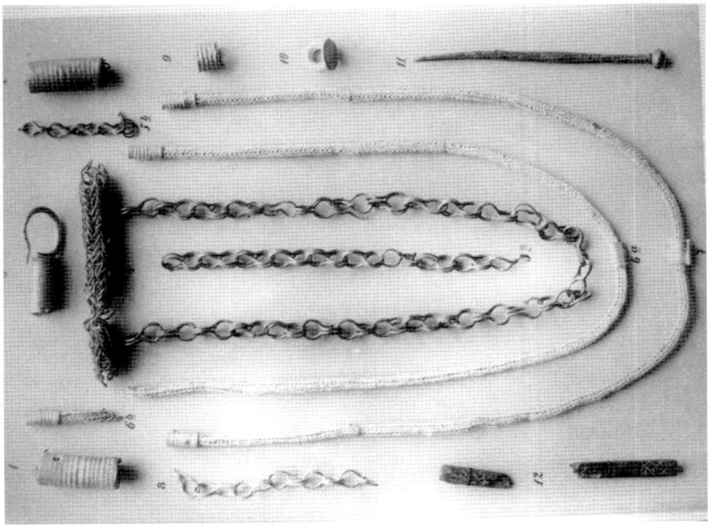

Erst im Jahr 1900 waren die Türme der Lorenzkirche vollendet.

»Kempten wird Großstadt!«

»Kempten wird Großstadt!« jubelte ein Redakteur der »Allgäuer Zeitung«, als an einem Sonntagnachmittag im Oktober 1904 zum ersten Mal ein Motoromnibus durch die Straßen der Stadt rollte.

In der Tat erhielt Kempten in der Ära des parteilosen Bürgermeisters Adolf Horchler, der von 1881 bis 1919 die Stadt regierte, alle Merkmale einer modernen Stadt: Elektrizität, hell beleuchtete und gepflasterte Straßen, motorisierten Verkehr, eine Kanalisation und einen Kunstverein. Die Stadt verdoppelte in diesen knapp 30 Jahren nahezu ihre Einwohner von 12 000 auf 21 000. Diese Gründerzeit prägt auch heute noch das Stadtbild mit vielen repräsentativen Gebäuden. Zwischen 1876 und 1910 entstanden rund 500 neue Wohnhäuser. Im Jahr 1907 waren über 1000 Menschen im Baugewerbe beschäftigt.

Ende 1886 gab es in Kempten je einen Landgerichts- und einen Bezirksarzt, zwei Militär- und fünf praktische Ärzte. Daneben sorgten zehn Bader, zwei Zahnärzte, sieben Hebammen und drei Kurpfuscher für die Gesundheit der Bewohner. Für 590 Hunde wurde Steuer bezahlt. Ein einziger Tierarzt konnte für Haus- und Nutztiere konsultiert werden. Mehrere Straßendurchbrüche brachten mehr Licht und Luft in die noch mittelalterliche Altstadt. Sie sorgten für eine bessere Verbindung zwischen der Reichs- und der Stiftstadt sowie den neuen Wohnvierteln westlich der Salzstraße. Neue Promenaden wie die am Freudenberg luden die Bürger zu Spaziergängen ein.

Am Sonntag, den 30. Oktober 1898 eröffnete in der Bahnhofstraße das »Kaiserpanorama«, ein Vorläufer des Kinos. Mittels Lichtbildern konnten die Kemptner nun die ganze Welt kennen lernen. Das Programm wechselte wöchentlich. Wer nicht nur mit seinem Geist, sondern in ganzer Person nach Italien oder Afrika entschweben wollte und über einen gefüllten Geldbeutel verfügte, konnte ab Dezember 1898 die Dienste des ersten »Allgemeinen Reise- und Verkehrsbüro Trinacria« in Anspruch nehmen, das im »Hotel Post« in der Salzstraße seine Pforten öffnete.

Die Stadt profitierte auch vom zunehmenden Tourismus in's Allgäu. So zählte man 1901 in Kempten 41 982 Übernach-

Oben
Das Kaufhaus Bofinger in der Gerberstraße warb im November 1900 damit, dass an bestimmten Tagen alle Schaufenster von 17 bis 19 Uhr beleuchtet seien.

Unten
Theater gab's nicht nur im Stadttheater

Während der Dult am St. Mang-Platz
zu sehen.
Olga, nicht Julie,
sondern das schöne Sachsen-Altenburger
Riesenkind.
Grösste Naturseltenheit der Gegenwart.
= Zum ersten Male hier. =
187 Pfund schwer, 137 Ctm. Brustweite,
geboren am 23. November 1878,
welche bei **ihrer Geburt** bereits 19¾ Pfund gewogen und welche seiner Zeit durch die Presse, wie z. B. **Gartenlaube, Ueber Land und Meer** 2c. die größte Sensation erregte und 2 Monate lang in Castans Panoptikum in Berlin gezeigt und von den höchsten Herrschaften mit ihrem Besuche beehrt wurde, übertrifft alles bis jetzt in dieser Art Gesehene an Größe und Stärke.
Zu geehrtem Besuche ladet ergebenst ein
Die Direktion.

Kaiser-Panorama Kempten.
Bahnhofstraße L 59.

Vom 6. bis 13. März 1904.
Palästina mit dem Leben Jesu und denkwürdige Städte.
1123

tungen. Dies bedeutete eine Steigerung von 21 Prozent beziehungsweise 7255 Gästen mehr gegenüber dem Vorjahr.

Kempten mauserte sich damals zu einer Einkaufstadt, in der sich das ganze Allgäu mit Luxuswaren versorgen konnte. Man musste nicht mehr bis nach Augsburg oder München fahren, um im neuesten Berliner oder Wiener Chic Aufsehen zu erregen. Eine Vielzahl von Fach- und Modegeschäften öffneten in diesen Jahren ihre Pforten, und eine ganze Anzahl von ihnen hat bis heute überlebt. Begehrte Geschäftslagen waren schon damals die Fischer- und die Bahnhofstraße; aber auch die Gerberstraße, der Rathausplatz und die Langen Stände zwischen Königstraße und Zumsteinhaus.

Die Stadt prosperierte, die Gewerbeanmeldungen nahmen von Jahr zu Jahr zu. 1902 waren es 213, bei 124 Abmeldungen, im Jahr 1903 waren es schon 228.

Auch in Kempten war zu spüren, dass man am Beginn eines vom stetigen Fortschritt geprägten Jahrhunderts stand. Für Neues waren die Kemptner immer zu haben. Als Anfang April 1905 der erste Seefischmarkt in der Stadt stattfand, waren die 14,5 Zentner Fisch innerhalb von drei Stunden ausverkauft. Der Andrang war so groß, dass sich die Markteinrichtungen als unzulänglich erwiesen. Von diesem Verkaufserfolg beflügelt, veranstaltete man schon vier Tage später den zweiten Markt mit frischem Seefisch.

Oben
Ankündigung von »Olga dem Riesenkind« in der »Allgäuer Zeitung« 1887

Mitte
Anzeige des Kaiserpanoramas im Jahr 1904

Unten
Blick in die Bahnhofstraße in Richtung Fischerstraße um 1900: Links das Wirtshaus »Gansgarten«

Der technische Fortschritt kam auch der Schönheit der Frauen zugute.

Wilde Tiere in Kempten ...

... zum Beispiel Giraffen

Anzeige für das »Centralbad« 1910

Anzeige aus dem Jahr 1888

Auch den Fasching wusste man zu feiern.

Anzeige aus dem Jahr 1898

Oben links bis unten links
Die Kemptner Hutgeschäfte platzierten um 1900 die fantasievollsten Anzeigen in den Tageszeitungen.

Unten rechts
Anzeige des Modehauses »Oberpaur« 1910

Elektrischer Strom für Kempten

Die wesentlichste Voraussetzung für das Funktionieren einer modernen Stadt ist eine gesicherte Energieversorgung. Seit 1857 gab es in Kempten eine Gasanstalt, die noch im Dezember desselben Jahres die ersten Gaslaternen in Betrieb nahm. Diese Gasanstalt wurde von einer Aktiengesellschaft betrieben und ging erst 1897 in städtischen Besitz über.

Die Methoden in der Gewinnung und Nutzung der elektrischen Energie machten in den 1880er Jahren rasante Fortschritte. Die Vorteile der Elektrizität gegenüber dem Gas zeigten sich immer deutlicher. Seit Mitte der 1890er Jahre sah sich der Kemptner Stadtmagistrat gezwungen, sich mit dem Problem einer zentralen Stromversorgung Kemptens auseinander zu setzen und einige Richtungsentscheidungen zu treffen. Denn überall begannen Privatleute, eigene kleine Anlagen zur Stromgewinnung aufzubauen oder an die Stadt Anfragen wegen der Lieferung von Strom zu stellen. Je länger die Stadt zögerte, eine eigene Stromversorgung aufzubauen, desto schwieriger würde es wegen der vielen privaten Betreiber werden, diese zentral zu organisieren.

Die Anfänge des städtischen Elektrizitätswerkes in Kempten

Am 11. September 1896 beschloß der Stadtmagistrat, an vier Spezialfirmen Ersuchen um die Ausarbeitung eines Projektes für eine elektrische Anlage zu richten. Außerdem wurde ein Umbau der gesamten Wasserwerksanlage – damals auf 150 000 Mark veranschlagt – und

eine Erneuerung des großen Illerwehres in Aussicht genommen. Durch die Gutachten dieser Firmen klärten sich einige wichtige Probleme.

So wurde dem Magistrat bewusst, dass ein zentrales E-Werk nicht nur von der Stadt selbst aufgebaut, sondern auch in eigener Regie betrieben werden sollte. Zudem sollte das E-Werk nicht nur Strom für den Betrieb von Motoren, sondern auch für die Beleuchtung liefern. Der Magistrat entschied sich für eine Gleichstromanlage, da diese nicht nur in der Anschaffung günstiger war als eine mit Wechselstrom. Man war der Ansicht, dass der Gleichstrom auch das schönere und ruhigere Licht liefere. Außerdem trennte man den Aufbau eines städtischen E-Werkes von der Erneuerung des

Oben
Die Griesfärbe an der Iller in Kempten um 1895. Hier wurde das Maschinenhaus des E-Werkes errichtet.

Unten
Bau des Maschinenhauses an der Iller um 1900

Oben links
Anzeige für das erste Elektro-Installationsgeschäft in Kempten

Oben rechts
Anzeige in der »Allgäuer Zeitung« aus dem Jahr 1890

Unten
Anzeige in der »Allgäuer Zeitung« aus dem Jahr 1887

Jahrhunderte alten Illerwehres ab. Diese sollte aus Kostengründen möglichst weit in die Zukunft verschoben werden.

Die Voraussetzungen für ein E-Werk waren in Kempten dank der Iller günstig. Doch war von Anfang an klar, dass deren Wasserkraft nicht immer ausreichen würde. Deshalb sollte auch eine Dampfmaschine mit 200 Pferdestärken aufgestellt werden.

Der Aufbau eines Kabelnetzes verlief in den ersten Jahren ohne Plan und bedeutete eine Rieseninvestition, deren Kosten die Stadt auf die Stromkunden abzuwälzen suchte. Bürger und Gewerbetreibende, die mit Strom beliefert werden wollten, mussten dies beim Magistrat beantragen. Um die Kosten für die Verkabelung zu decken, waren die Antragsteller zur Abnahme einer festen Garantiesumme verpflichtet. Je weiter man von der Altstadt weg wohnte, desto höher wurden die Kosten.

So ersuchte Metzger Kluftinger bei L109 in der Jägerstraße im Jahr 1898 um Anschluss des von ihm gekauften Hauses an das Kabelnetz des E-Werkes. Die Kosten für den nötigen Kabelstrang, der von der Kronprinzenstraße gelegt werden musste, berechnete man auf 500 Mark. Der Magistrat beschloss, den Anschluss herstellen zu lassen, wenn der Antragsteller für fünf Jahre eine jährliche Stromabnahme in der Höhe von 112 Mark garantiere. Herrn Kluftinger war diese Summe für fünf Jahre jedoch zu hoch. Er beantragte eine Ausdehnung der Garantiezeit auf zehn Jahre à 56 Mark.

Bei der Entscheidung zum Aufbau eines städtischen E-Werkes 1898 war noch nicht absehbar gewesen, wie sich die Nachfrage nach Strom entwickeln würde und ob sich die Investitionen wirklich rechneten. Gas war zu diesem Zeitpunkt noch wesentlich billiger als Strom. Doch innerhalb der nächsten Jahre war der Bedarf kontinuierlich im Wachsen begriffen. In seiner Sitzung am 16. Januar 1902 konnte der Magistrat stolz verkünden, dass in Kempten bis zu diesem Zeitpunkt 2766 Glühlampen mit 156,40 Kilowatt (KW), 8 Bogenlampen mit 3,52 KW und 19 Motoren mit 59,40 KW an das Leitungsnetz angeschlossen seien. Insgesamt waren 165 Anlagen mit 205 Elektrizitätsmessern in Betrieb. 46 Anträge auf Stromlieferung waren noch anhängig.

Oben
Das Innere des Maschinenhauses im Jahr 1903

Unten
Eine Dampfmaschine mit 200 PS im Kraftwerk Kempten um 1900

Die Faszination, die das elektrische Licht auf die damaligen Menschen ausübte, war ungeheuer. Als im Herbst 1901 das erste Gotteshaus – Sankt Lorenz – an das Stromnetz angeschlossen war und zum ersten Mal in elektrischem Licht erstrahlte, waren die Menschen verzaubert: »Fast feenhaft war das Bild der elektrisch erleuchteten Kirche bei den sogenannten Engelämtern im Advent, in der heiligen Christnacht und am Silvesterabend.« Das Stadttheater hinkte etwas hinterher und beantragte erst im August 1902 elektrisches Licht.

Die Umstellung der Straßenbeleuchtung

Die Entscheidung, das E-Werk in städtischer Regie zu betreiben, war auch in Hinsicht auf die allmähliche Umstellung der Straßenbeleuchtung von Gas auf Strom getroffen worden. Bis zum Ende des Jahrhunderts waren die Kemptner Hauptstraßen nur durch Gas- und Petroleumlaternen beleuchtet worden. 1898 schlug der Bauausschuss vor, die elektrische Beleuchtung zuerst am Hauptstraßenzug der Stadt, nämlich von der Bäckerstraße über den Rathausplatz und die Klostersteige bis zum Kornhaus, auszuführen. Danach sollte das Netz auf die Salz-, Fürsten- und Bahnhofstraße ausgedehnt werden. Am 16. November 1901 leuchtete die erste elektrische Bogenlampe in Kempten; bis Ende 1905 wuchs ihre Zahl auf 27. Die äußeren Stadtteile hatten das Nachsehen. Sie sollten aus finanziellen Gründen erst später elektrisch erhellt werden.

Kempten ging hinsichtlich der elektrischen Straßenbeleuchtung dem Allgäu keineswegs voran. Denn bereits im November 1898 fand in Oberstdorf die Einweihung der von der »Bayrischen Elektrizitäts-Gesellschaft München«

Oben links
Anzeige für eine Waschmaschine im Jahr 1888

Oben rechts
Anzeige für eine Waschmaschine im Jahr 1905

Mitte
Die ersten Grammophone wurden noch per Hand aufgeladen.

Unten links
Arbeiten am Illerwehr in Kempten im September 1946

Unten rechts
Anzeige für eine selbst spielende Zitter

ausgeführten Beleuchtungsanlage statt. 62 Glühlampen erhellten nun die Straßen mit »einem großartigen Lichteffekt«.

Die Umstellung der Straßenbeleuchtung von Gas auf Strom war in Kempten umstritten. Der Gemeindebevollmächtigte Dr. Strasser hielt die E-Beleuchtung für reinen Luxus und rechnete vor: Wenn man die ganze Stadt mit Gasglühlicht beleuchte, bedeute das eine Mehrausgabe von 2720 Mark jährlich. Aber allein die E-Beleuchtung der oben genannten Straßen würde die Stadt 8000 Mark kosten. Sein Einspruch blieb nicht ungehört. Auch in den nächsten Jahren wurden in weiter stadtauswärts gelegenen Straßen Gas- und Petroleumlampen installiert, zum Beispiel in der Westendstraße im Jahr 1902. Die letzten 26 Straßen-Petroleumlampen verschwanden erst im Februar 1917.

Als Bürgermeister Dr. Otto Merkt im Februar 1919 die Amtsgeschäfte übernahm, lag ein fertiger Vertrag über den Verkauf des städtischen E-Werkes an die »Lechwerke« in der Schublade. Dr. Merkt konnte den Verkauf in letzter Minute verhindern und durch Zukäufe die Voraussetzungen für die Gründung der Allgäuer Überlandwerke schaffen.

Motorverkehr in Kempten

Velociped-Club Kempten.

Sonntag, 20. Juni c.:

Großes Wettrennen

auf der am städt. Holzplatz belegenen Rennbahn.

Näheres besagen die Placate.

Als 1902 der Ingenieur und Elektrounternehmer Georg Kesel mit dem ersten Automobil durch Kempten fuhr, begannen die Verkehrsverhältnisse in der Stadt kompliziert zu werden. Seit 1880 mühten sich die ersten Fahrradfahrer über die oftmals noch ungepflasterten Straßen. Nun kamen zu den Fußgängern, Reitern, Droschken und Pferdefuhrwerken auch noch Motorfahrzeuge hinzu. Mensch und Tier mussten sich erst allmählich an die lauten und stinkenden Benzinkutschen gewöhnen. Kinder sprangen trotz Warnrufen vor laufende Autos, deren Geschwindigkeit innerhalb der Stadt auf zwölf Kilometer pro Stunde beschränkt wurde. Unfälle häuften sich und es kam vor, dass – wie im Februar 1902 – ein am Bahnhof ausgeladenes Rind scheute, sich los riss und zum Schrecken der Passanten durch die ganze Stadt raste. Nachdem es mehrmals die Gerberstraße rauf und runter gerannt war, fiel es endlich in einen Schacht und beruhigte sich.

Die Straßen in der Innenstadt waren am Ende des 19. Jahrhunderts meist noch ungepflastert und Ursache für viele Unfälle. So hieß es Anfang März 1898 unter der Überschrift »Schlechte Straßenverhältnisse« in der »Allgäuer Zeitung« (AZ): »Heute früh kam ein mit Gerste beladener Wagen der Aktienbrauerei in der sogenannten Malzgasse zum Rutschen und konnte bei dem trostlosen, vorsündfluthlichen Zustand dieser Gasse trotz vorzüglichen Bremsens von den Pferden kaum mehr gehalten werden. Pferd und Wagen kamen hierbei zu Fall, wobei der zufällig vorbeigehende Knabe des Mechanikers Weinhart unter den Gerstensäcken begraben wurde.«

Oftmals zeigten sich die Automobilbesitzer nicht von ihrer rücksichtsvollen Seite, wie ein Bericht in der AZ vom August 1904 dokumentiert: »Ein Herr von hier fuhr mit seinem »Schnauferl« in der be-

Oben
Blick in die Gerberstraße vor 1898

Mitte
Anzeige aus der »Allgäuer Zeitung« 1886

Unten links
Anzeige aus der »Allgäuer Zeitung« um 1895

Unten rechts
Anzeige aus der »Allgäuer Zeitung« 1898

Altusried.

Die Radfahrgesellschaft Altusried veranstaltet Sonntag den 7. August ein

Korsofahren,

verbunden mit Langsamwettfahren

mit Preisen.

Aufstellung zum Korso nachm. $^1/_2$3 Uhr.

Alles Nähere besagen die Statuten am Fahrplatze.

Hiezu ladet ein

3760

die Radfahrgesellschaft.

Geschäfts-Uebernahme und Empfehlung.

Titl. Herrschaften und verehrl. Einwohnerschaft von Kempten und Umgebung beehre mich ergebenst anzuzeigen, daß ich das

Lohnkutscherei-Geschäft

des Herrn Martin Rotz käuflich übernommen habe und bitte hiemit, bei Hochzeiten, Taufen, Spazierfahrten mit Landauer, Break, Einspänner ꝛc. ꝛc. das meinem Vorfahren geschenkte Wohlwollen und Vertrauen auch mir gütigst zuwenden zu wollen.

Hochachtungsvollst

Martin Stiegeler, Lohnkutscherei,

1377 vormals M. Rotz, Brennergasse.

kannten Schnellzugsgeschwindigkeit durch die Illervorstadt. In der Nähe des Thomann'schen Hauses kam ihm der Einspänner des Ökonomen Trunzer von Ursulasried entgegen, auf dem auch ein Kind desselben saß. Durch das daher brausende Ungetüm erschreckt, sprang das Pferd beiseite und brachte das Fuhrwerk in Gefahr, umzuwerfen; dadurch wurde das Kind herunter geschleudert und erlitt ziemlich bedeutende Verletzungen am Kopf und den Armen. Das Auto anzuhalten und sich der Verunglückten anzunehmen, fiel dem Herrn aber gar nicht ein, er suchte vielmehr in möglichster Eile das Weite. Zum Glück wurde dieser teilnahmsvolle Herr erkannt, und so wird diese Affäre ein gerichtliches Nachspiel haben.«

Um Mensch und Tier an die Automobile zu gewöhnen, führte die Stadtverwaltung im April 1905 zwei Wochen lang extra Probefahrten mit einem Automobil durch.

Oben
Der Elektrounternehmer Georg Kesel fuhr das erste Auto in Kempten.

Mitte
Anzeige von Auto-Kesel in der »Allgäuer Zeitung« um 1903

Unten
Anzeige aus der »Allgäuer Zeitung« 1904

Neue Verkehrsregeln

Schon damals hinkte die Gesetzgebung der technologischen Entwicklung hinterher. Seit Jahrhundertbeginn konnte nicht mehr ignoriert werden, dass die Ministerialbekanntmachung vom 23. Juni 1862 für Fuhrwerke den Anforderungen des modernen Verkehrs nicht mehr genügte. Deshalb erließ der bayrische Staat im Mai 1902 neue Vorschriften, die den »Verkehr aller durch elementare Kraft bewegten Fahrzeuge auf öffentlichen Wegen und Plätzen« betrafen. Einige der Paragrafen lassen erahnen, welch experimentelle Vehikel sich damals auf Bayerns Straßen bewegten. So mussten nach Paragraf Zwei der neuen Verkehrsordnung »Motorkraftfahrzeuge so beschaffen sein, dass Feuers- und Explosionsgefahr, sowie eine Belästigung von Personen und Fuhrwerken durch Geräusch oder üblen Geruch ausströmender Gase möglichst ausgeschlossen« war. Paragraf Drei handelte »insbesondere von der Ausrüstung der Motorfahrzeuge mit Lenk- und Bremsvorrichtungen, Huppe und Laternen, sowie mit einer die Rückwärtsbewegung verbindenden Vorrichtung (Bergstütze, Sperrklinke) beim Befahren größerer Steigungen«. Außerdem musste »jeder Motorwagen, dessen Leergewicht 400 Kilogramm übersteigt, so eingerichtet sein, dass er mittels des Motors vom Führersitz aus in Rückwärtsgang gebracht werden könne«. Ein weiterer Paragraf verfügte, dass jedes Auto den Namen und Wohnort des Besitzers deutlich erkennbar trage. Motorfahrzeuge mussten bei der Distriktsbehörde angemeldet werden. Eine Führerscheinprüfung war nicht vorgeschrieben, doch war das motorisierte Fahren nur über 18 Jahren erlaubt.

Einige dieser Vorschriften wurden weiter präzisiert und traten am 1. Januar 1905 in kraft. Die wichtigste davon betraf die Beleuchtung: »Alle auf Staats-, Distrikts- und Ortsstraßen oder innerhalb der Markung von unmittelbaren Städten verkehrenden Fuhrwerke müssen nach eingetretener Dunkelheit und während der Dauer derselben mindestens mit einer hell leuchtenden Laterne in der Weise versehen sein, dass deren Licht wenigstens von vorne und an der linken Seite des Fuhrwerks sichtbar ist.«

Der erste Motoromnibus

Zwei Jahre nach dem ersten Auto fuhr an einem Sonntag Nachmittag Anfang Oktober 1904 der erste Motoromnibus durch Kempten. Er erregte wegen seiner »imposanten Größe und massiven Bauart« einiges Aufsehen. Der Fahrradfabrikant Thanner hatte den Bus von einer Firma in Pforzheim gegen ein Automobil eingetauscht. Der Bus sollte nicht für einen regelmäßigen Linienverkehr eingesetzt werden, sondern nur eine Probefahrt zum Gasthof »Reichsadler« bei Sulzberg unternehmen. Er hatte das respektable Gewicht von 60 Zentnern und bot etwa 30 Personen Platz.

Die AZ schrieb über diesen Ausflug: »Diese Probefahrt hat ergeben, dass auf ebenem Terrain ein Gespann mit zwei der feurigsten Pferden dem vollbesetzten Wagen nicht Stand halten könnte.

Bei größeren Steigungen vermindert sich die Fahrgeschwindigkeit allerdings auf die Gangart eines flotten Fußgängers.« Auf der Fahrt nach Sulzberg sollen auch einige nicht näher benannte technische Mängel aufgetreten sein, die aber sofort behoben werden konnten.

Zum Einsatz als Personentransporter kam dieser Bus allerdings nicht. Er diente zukünftig nur als Reklamewagen für das Herberg'sche Plakatinstitut.

Der Pflasterzoll

Der Kemptner Magistrat erkannte in den Motorfahrzeugen bald eine neue Einnahmequelle. Im Jahr 1909 diskutierte er mehrmals die Möglichkeit, den an der Stadtgrenze von Fuhrwerken erhobenen Pflasterzoll auch von den Autofahrern eintreiben zu lassen. Geplant war, bei

Bekanntmachung.

Die Zollbude östlich der Illerbrücke soll auf Abbruch öffentlich versteigert werden.

Es wird hiezu Termin auf

Mittwoch den 18. August 1886, früh 11 Uhr

festgesetzt und werden hiezu Kauflustige eingeladen.

Kempten, 14. August 1886.

Stadt-Magistrat.

Bürgermeister: **Horchler.**

Oben
Motorverkehr auf der Illerstraße um 1910

Unten
Zollbuden gab es unter anderem an der Illerbrücke, am Feilberg und in der Sonnenstaße.

in Kempten angemeldeten Automobilen – allesamt noch unter sechs »Pferdekräften« – für kleinere Wägen 15 Mark, für größere 30 Mark pro Jahr zu kassieren. Auswärtige sollten von den Pächtern der städtischen Zollbuden beim Passieren um 50 Pfennig erleichtert werden.

Gegen diese neue Gebühr erhob sich sofort Protest. Ein Autobesitzer aus der Umgebung von Kempten schrieb in einem Leserbrief an die AZ: »Es ist absolut nicht einzusehen, warum gerade die Stadt eine Gebühr erheben kann und nicht auch die Landgemeinden, die eine im Verhältnis zur Einwohnerzahl und Steuerkraft weit längere Wegstrecke zu unterhalten haben; in der Tat haben schon längst alle fortschrittlich gesinnten Städte den Pflasterzoll in jeder Form fallen lassen.

Die fremden Automobilisten aber sollen für die Gefahr, beim Befahren einer Straße, wie die Sonnenstraße ist, einen Achsenbruch zu erleiden, 50 Pfennig bezahlen? Wenn die Kemptner gerecht und klug sind, so schaffen sie den verkehrsfeindlichen Autozoll wenigstens für fremde Wagen wieder ab. Ein solcher macht das Kemptner Kraut wahrlich nicht mehr fett.«

Oben
Anzeige aus der »Allgäuer Zeitung« um 1900

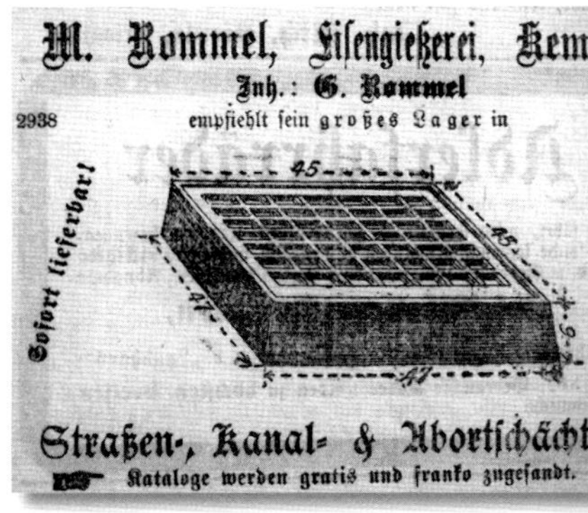

Mitte
Anzeige aus der »Allgäuer Zeitung« um 1900

Unten
Die heutige Memmingerstraße hieß früher »Sonnenstraße«.

Der Zeppelin kommt!

Seit Beginn des 20. Jahrhunderts hatte die Luftfahrt eine rasante Entwicklung genommen. Mit Riesenballons, Flugzeugen und Luftschiffen starteten wagemutige Männer in die Lüfte. Auch die Kemptner wurden Zeugen dieser neuen Entwicklungen.

Oben
Anzeige aus dem »Allgäuer Tagblatt«

Der erste Riesenballon in Kempten

Der erste bemannte Flugkörper startete in Kempten im Sommer 1902. Der Konstrukteur Oswald Lische aus Dresden hatte einen eigenen Riesenballon mit 30 Meter Umfang und einer anhängenden Gondel gebaut. Mit diesem Ungetüm, das eine Gesamthöhe von 18 Metern besaß, zog er von Stadt zu Stadt, um dieses wie eine Jahrmarktsensation gegen Entgelt zu präsentieren. Am Sonntag den 15. Juni 1902 sollte seine als »wissenschaftliches Experiment« angekündigte Ballonfahrt im »Schützengarten« in Kempten stattfinden.

Für die Füllung seines Ballons »Dubec« waren 482 000 Liter Gas erforderlich, für die extra von der Hauptgasleitung in der Bahnhofstraße ein Gasstrang in den »Schützengarten« gelegt werden musste.

Unten
Anzeige aus der »Allgäuer Zeitung«

Das Aufblasen des Riesenballons war Teil der Show und dauerte Stunden. Wegen der nicht unerheblichen Gaskosten wurde Eintritt verlangt. Der Start erfolgte abends um 6.30 Uhr bei Regenwetter.

Zwei Tage später berichtete die »Allgäuer Zeitung«: »Es hatte sich eine große Menschenmenge eingefunden, von der jedoch der größte Teil Zaungäste war. Infolge einer technischen Schwierigkeit – der Ballon war anscheinend durch den Regen zu nass und damit zu schwer geworden – konnte der zur Fahrt vollständig bereite Herr aus Kempten nicht mitfahren. Der Ballon stieg ziemlich glatt und rasch auf.« Herr Lische startete unter den Hurra-Rufen der versammelten Menge und landete nach halbstündigem Flug in Notzen bei Betzigau.

Als Oswald Lische gut einen Monat später erneut eine Ballonauffahrt in Kempten wagte, ließ der Besuch des Schützengar-

Oben
Der Zeppelin LZ 11, genannt Victoria Luise

Unten
Der Zeppelin LZ 7

tens zu wünschen übrig. Die Sensation war bereits nach dem ersten Start verbraucht, auch wenn Herr Lische in der Zwischenzeit überregional Schlagzeilen gemacht hatte. Er war mit seinem Ballon über dem Bodensee abgestürzt. Glücklicherweise befand sich in der Nähe der Absturzstelle ein Motorboot. Wie später bekannt wurde, war es die Yacht des württembergischen Königs Wilhelm II., der zufällig auf dem See verweilte und den Abenteurer aus dem Wasser zog.

Die Victoria Luise

Ganz andere Dimensionen und wesentlich mehr Zukunft hatten die von Ferdinand Graf von Zeppelin entwickelten Luftschiffe. Als die Zeitungen für Sonntag den 20. Oktober 1912 die Landung eines Zeppelins in der Kemptner Riederau ankündigten, bedeutete das für das ganze Allgäu eine Sensation. Zum ersten Mal sollten die Allgäuer Gelegenheit haben, einen dieser Luftgiganten aus der Nähe zu sehen.

Der angekündigte Zeppelin war der LZ 11, benannt nach der preußischen Prinzessin Victoria Luise (1892 bis 1980). Dieser war seit Februar 1912 hauptsächlich für Passagierfahrten innerhalb Deutschlands im Einsatz. Das Luftschiff war 148 Meter lang und wurde durch drei bis zu 145 PS starke Motoren angetrieben. Es hatte 18 700 Kubikmeter Gasinhalt und einen Aktionsradius von 1100 Kilometer. Auf dem Flug von Friedrichshafen nach Kempten erreichte sie mit 870 Meter ihre größte Flughöhe; die Spitzengeschwindigkeit betrug 70 Stundenkilometer.

Der Zeppelin war damals genauso wie das Automobil ein Symbol für den technischen Fortschritt. Wer genügend Geld hatte, konnte von nun an relativ sicher und vor allem sehr schnell durch die Luft von einem Ort zum anderen reisen. Die Passagierkabine der Victoria Louise bot den bis zu 20 Mitreisenden einen Luxus, der zu dieser Zeit in kaum einem Allgäuer Haushalt vorhanden war. Neben dem Passagierraum, der unterhalb des Tragkörpers zwischen zwei Maschinengondeln angebracht war, bot sie Platz für einen Service- und einen Toilettenraum mit fließendem Wasser. Die Passagierkabine selbst war im Inneren einschließlich der Decke mit Mahagoni-Furnieren verkleidet. Die Deckenbalken und Säulen waren mit Einlegearbeiten aus Perlmutt verziert, der Fußboden mit einem Teppich ausgelegt. Durch große Klappfenster war den Passagieren ein Ausblick nach allen Seiten möglich. Die Passagiere saßen auf Korbmöbeln und konnten sich während des Fluges mit Getränken und kalten Speisen verwöhnen lassen.

Die Landung in Kempten

Die Victoria Luise war um 9.20 Uhr in Friedrichshafen gestartet und über Leutkirch ins Allgäu gekommen. Halb Kempten war auf den Beinen, allerdings nicht in Richtung des Landeplatzes, sondern zu den umliegenden Höhen. Früher als erwartet, nämlich um 10.40 Uhr, waren plötzlich die »Hoch«-Rufe Tausender zu hören. Der Zeppelin näherte sich von Norden her der Stadt. Er flog zuerst über den Bahnhof, um von dort in einem großen Bogen den mit einer Fahne markierten Landeplatz in der Riederau anzusteuern. Dann wurde das Luftschiff langsamer und seine Spitze senkte sich. Eine Abteilung Soldaten ergriff die herabhängenden Seile, bis die Victoria Luise in etwa eineinhalb Meter Höhe über dem Boden festgebunden werden konnte. »Nun gab es bei den Zuschauern kein Halt mehr«, berichtete die »Allgäuer Zeitung«. »Die Absperrkette wurde durchbrochen, und alles eilte, den Zeppelin, den Stolz eines jeden Deutschen, aus nächster Nähe zu sehen.«

Nach knapp einer Stunde hob die Victoria Louise bereits wieder in Richtung Bodensee ab, wobei sie von lebhaften Ausbrüchen der Begeisterung begleitet wurde.

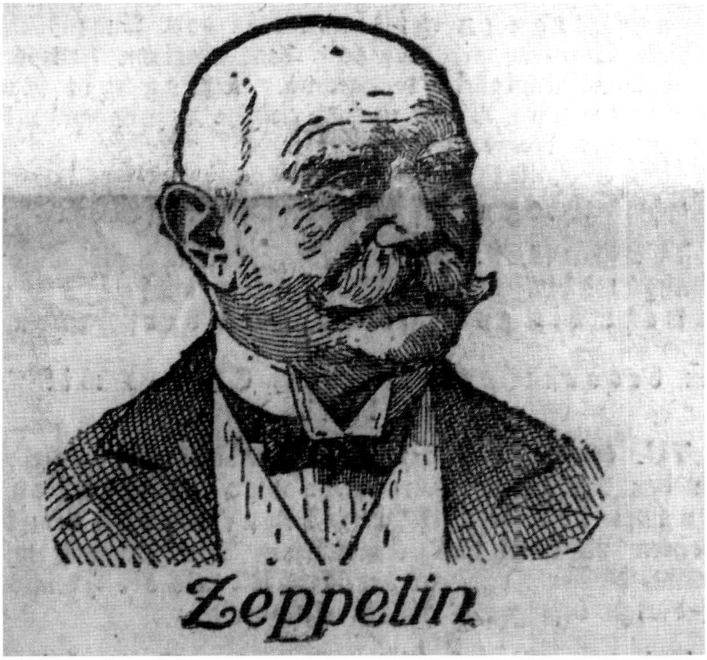

Oben
Porträt des Grafen Zeppelin

Unten
Postkarte: Der Zeppelin über Lauben 1912

Max Mulzer in seinem Kampfflieger

Harte Zeiten – Der Erste Weltkrieg

Obwohl das Allgäu im Ersten Weltkrieg von Kriegshandlungen verschont geblieben ist, hatte der Krieg doch große Auswirkungen auf die hiesige Zivilbevölkerung. Tausende Ehemänner, Väter, Söhne, Brüder waren an der Front, fielen oder wurden verwundet. Die zunehmende Verknappung der Lebensmittel und anderer Güter führte zu einem für Jedermann spürbaren Sinken des Lebensstandards.

Beim Ausbruch des Ersten Weltkrieges spielten sich in der Garnisonstadt Kempten ähnliche Szenen der Begeisterung ab wie in vielen anderen Städten Deutschlands und Europas. Man war im August 1914 der Ansicht, dass es sich bei dem bevorstehenden Krieg um einen ähnlich schnellen Waffengang handeln würde wie beim Deutsch-Französischen Krieg von 1870. Damals hatte das überlegene preußische Militär den »Erbfeind« Frankreich innerhalb weniger Monate nieder gerungen.

Am Abend des 1. August 1914 wurde die Mobilmachung verkündet, am 2. August wimmelte Kempten vor Menschen. Die Feriengäste in Oberstdorf und Sonthofen verließen eiligst ihre Quartiere in Richtung Heimat. Reservisten und Freiwillige drängten in die Stadt, um sich zum Militärdienst zu melden. Sparkassen und Banken waren umlagert, denn viele Bürger versuchten ihre Ersparnisse in Sicherheit bringen.

Bericht eines Soldaten der Kemptner Maschinengewehr-Kompagnie

»War schon in den Tagen der ›drohenden Kriegsgefahr‹, Ende Juli, emsige Tätigkeit hinter den Kasernenmauern, so gab es am 2. August alle Hände voll zu tun, um noch am Abend dieses Tages abrücken zu können.

7.30 Uhr abends stand die Kompagnie in ihrem Hofe marschbereit unter ihrem Führer Hauptmann Pitrof.

Umjubelt von der Bevölkerung, rückte die Kompagnie nach einer kurzen Ansprache ihres Führers unter Vorantritt der Bataillonsmusik durch die Fischerstraße an den Güterbahnhof, um dort verladen zu werden.

9.30 Uhr abends setzte sich der Zug unter lebhaften Abschiedsgrüßen der Anwesenden in Richtung Immenstadt in Bewegung. Wohin geht wohl die Fahrt dieser als erste abrückenden Krieger? Diese Frage drängte sich den am Bahnhof Zurückbleibenden, aber auch den in die Regennacht hinaus fahrenden Soldaten auf. Niemand wusste es, auch der Führer nicht.«

Oben
Die Gedächtniskapelle für die Gefallenen des Ersten Weltkrieges auf dem Alten Friedhof in Kempten wurde von dem Architekten Andor Akos 1926 entworfen.

Unten
Französische Kolonialsoldaten in Kriegsgefangenschaft in Kempten 1870

Die Allgäuer Kriegschronik

Oben
Ein Blindgänger, abgeschossen aus einer »Dicken Berta« von Krupp

Unten
Das Titelbild des ersten Heftes der AKC zeigt den obersten Kriegsherren Wilhelm II.

In der Publizistik des Ersten Weltkrieges stellt die Allgäuer Kriegschronik (AKC) ein Unikum dar. Sie war kein von der Obersten Heeresleitung in Berlin herausgegebenes Propagandainstrument, das in vielen Regionalausgaben verbreitet wurde. Vielmehr fungierte der Kösel-Verlag in Kempten als Herausgeber. Das Königliche Bezirkskommando Kempten lieferte die reich mit Fotos, Plänen und Kriegsgemälden illustrierten Berichte. Die Leser waren relativ gut über den Kriegsverlauf an den vielen Fronten und die Entwicklung neuer Waffen informiert.

Allgäuer Kriegschronik

1914 Druck und Verlag der Jos. Kösel'schen Buchhandlung, Kempten und München 1914

Lieferung 1 Wöchentlich erscheint eine Lieferung à 16 Seiten. Lieferung 1

Nachdruck sämtlicher Artikel ist verboten.

Schon einen Monat nach Kriegsbeginn erschien das erste Heft, dessen Titelbild den obersten deutschen Kriegsherrn Kaiser Wilhelm II. (1859 bis 1941) zeigte. Die AKC hatte pro Heft 16 Seiten und erschien bis zum Kriegsende wöchentlich. Sie wollte »alle großen Ereignisse, in denen unsere Allgäuer in größerer Zahl beteiligt waren, eingehender und ausführlicher als dies je in einer allgemeinen Chronik geschehen könnte würdigen«.

Die AKC wollte ein Heldengedenkbuch sein, entwickelte sich aber im Verlauf der knapp viereinhalb Kriegsjahre zum größten Allgäuer Totenbuch der Geschichte. Bereits im zweiten Heft wurden die ersten sechs Allgäuer Gefallenen mit Foto und Kurzbiografie präsentiert, tausende weitere sollten bis Ende 1918 folgen. Fast jeder im Allgäu beheimatete Familienname findet sich dort wieder.

Ab Dezember 1914 kam die Rubrik »Das Eiserne Kreuz« hinzu. In dieser wurden

Unsere Helden.

**Dank schuldet ewig euch das Vaterland,
Den ew'gen Lohn empfangt aus Gottes all'ger Hand!**

Graf Michael, Reservist im 20. Inf.-Regt., 6. Komp. Geboren am 5. Juli 1890 in Bruderhof, Gemeinde Kimratshofen, war er auf dem Ökonomiegute seiner Eltern beschäftigt. Seine Militärpflicht erfüllte er 1911—13 beim 20. Inf.-Regt., zu dem ihn die Mobilmachung wieder zurückrief. Er fiel am 25. Sept. bei Foucaucourt. R. I. P.

Fischer Johann, Reservist im 3. Res.-Inf.-Regt., 2. Komp. Er wurde am 14. März 1882 in Stötten a. A. geboren und arbeitete, nachdem er in den Jahren 1903—05 beim 20. Inf.-Regt., 6. Komp., gedient hatte, auf dem Ökonomiegut seiner Eltern. Er wurde am 3. Aug. zu den Waffen gerufen. Bei Amiens litt er am 24. Sept. den Tod fürs Vaterland. R. I. P.

Diepolder Otto, Soldat im 3. Res.-Inf.-Regt. Er ist geboren am 10. Mai 1888 in Ronsberg. Eine Reihe von Jahren war er in Kornhofen Dienstknecht, erfüllte dann 1908—10 beim 12. Inf.-Regt. seine Militärpflicht und war später in Trauchgau als Wegmacheraspirant beschäftigt. Er fiel am 29. Aug. bei Luneville durch einen Granatschuß. R. I. P.

Hutter Willibald, Reservist im 20. Inf.-Regt., 4. Komp., geboren am 2. Juli 1887 in Adelschlag (Mittelfranken). Er diente 1903—10 beim 20. Inf.-Regt., ließ sich dann in Oberstdorf nieder und betrieb dort eine Metzgerei. Am 3. Aug. nahm er Abschied von seiner Gattin und zwei Kindern und zog ins Feld. Er fiel am 21. Aug. in Französisch-Lothringen. R. I. P.

Kappeler Eduard, Kanonier im 1. bayer. Fuß-Art.-Rgt., geboren am 20. Juli 1872 in Moosbach, Gde. Petersthal. Bis zu seiner am 21. Oktober 1916 erfolgten Kriegseinberufung war er als Müller auf dem elterlichen Mühl- und Sägewerk und der Ökonomie beschäftigt. Anfangs Mai 1917 zog er ins Feindesland, wo er nach wenigen Wochen erkrankte und nach wiederholten Operationen in einem Lazarett in Aachen starb. Seine Leiche wurde in die Heimat überführt. R. I. P.

Martin Karl, Soldat bei einem bayer. Res.-Inf.-Regt., geboren am 11. Mai 1880 in Attensee, Gemeinde Nesselwang. Vor seiner Kriegseinberufung arbeitete er bei seinem Bruder als Dienstknecht, bis er am 5. November 1915 zu den Waffen gerufen wurde. Von einer Verwundung geheilt, zog er im März 1917 zum zweitenmal ins Feld. Eine feindliche Granate machte am 9. April 1917 seinem Leben ein Ende. R. I. P.

Gerstle Alois, Soldat beim Inf.-Leib-Regt. Geboren am 18. November 1896 in Dingisweiler bei Ronsberg, war er als Landwirt in seiner Heimat tätig, bis er im Herbst 1915 zu den Waffen gerufen wurde. Nach seiner Ausbildung kam er im Juni 1916 an die Front. Infolge eines Unglücksfalles starb er am 23. Mai 1917 den Heldentod. R. I. P.

Karg Wilhelm, Unteroffizier in einem Res.-Inf.-Regt., geboren am 7. April 1886 in Gottrazhofen, Gde. Christazhofen. Im Jahre 1906—08 erfüllte er beim 20. Inf.-Regt. in Lindau seine Militärpflicht. Als Straßenwärter in Gottrazhofen angestellt, rückte er am 30. Aug. 1914 mit einem Res.-Inf.-Regt. gegen den Feind. Für Tapferkeit vor dem Feinde verdiente er sich das Eiserne Kreuz 2. Klasse. Am 27. Mai 1917 litt er den Tod für sein Vaterland. R. I. P.

Kiechle Gottfried, Soldat in einem bayer. Landwehr-Inf.-Regt., geboren am 12. Januar 1880 in Rotzen bei Wiggensbach. Im Jahre 1900—02 erfüllte er beim 20. Inf.-Regt. seine Militärpflicht. In Schelldorf bei Kempten hatte er vor seiner Einberufung eine Käserei inne. Am 13. September 1914 wurde er ins Feld abgestellt. Am 16. Juni 1917 verschied er in einem Lazarett in München. R. I. P.

Willer Karl, Soldat bei einem bayer. Armierungsbatl., geboren am 18. Nov. 1894 in Ollarzried. In seiner Heimat als Landwirt beschäftigt, rückte er im September 1916 zu einem Armierungs-Bataillon ein und kam mit diesem Mitte Dezember 1916 ins Feld. Nach schwerer Verwundung litt er in einem Feldlazarett am 18. Juni 1917 den Heldentod. R. I. P.

Zehn von Tausenden gefallenen Allgäuer Soldaten

die Frontsoldaten, die mit diesem Tapferkeitsorden ausgezeichnet worden waren, ebenfalls mit Foto und Kurzbiografie vorgestellt. Mit Bangen erwartete man die AKC jede Woche in den Soldatenhaushalten: Tauchte der Ehemann, der Vater, Bruder oder Sohn in den Listen der Gefallenen oder bei den Ritterkreuzträgern auf? In den ersten beiden Kriegsjahren waren hier wie dort fast ausschließlich junge Männer zwischen 20 und 30 Jahren verzeichnet. Mit der Dauer des Krieges kamen immer ältere Geburtsjahrgänge an die Reihe, zum Beispiel im Februar 1917 die 44- bis 51-Jährigen.

Eine objektive Berichterstattung kann man von Publikationen wie der AKC nicht erwarten. Auch in dieser herrschte der Hurra-Patriotismus und eine idealisierte Darstellung des Lebens im Schützengraben vor. Doch im Laufe des Krieges häuften sich auch die Bilder und Berichte, in denen die Grausamkeit des Krieges und seine gewaltigen Zerstörungen in den Frontgebieten deutlich zum Ausdruck kamen.

Der Blutzoll, den der Erste Weltkrieg vom Allgäu forderte, war gewaltig. Allein Kempten mit seinen ungefähr 20 000 Einwohnern hatte 530 Gefallene zu beklagen, die Gemeinde Hindelang 81 Gefallene, die Gemeinde Altusried 86 Tote.

Brief eines Allgäuers aus Verdun

In den ersten beiden Jahren wurden die Allgäuer Soldaten fast ausschließlich an den bergigen Abschnitten der heiß umkämpften Westfront in den Vogesen und Argonnen eingesetzt. Der Brief eines Allgäuers, datiert vom 1. September 1916, schildert den mörderischen Wahnsinn des Stellungskrieges:

»Endlich kommt wieder ein Lebenszeichen von mir. Seit meiner letzten Karte, die ich noch in den Tagen der Ruhe schrieb, welche uns auf Verdun hin in der Umgegend von Sedan beschieden war, haben wir drei sehr lebhafte Wochen hinter uns. Am 2. August wurden wir nämlich ganz plötzlich abtransportiert und teilweise in Eilmärschen wieder in die Gegend von Verdun gezogen. Zum Glück ahnte keiner von uns, dass diesmal die blutigsten Tage vor Verdun selbst und überhaupt des ganzen Feldzuges bevorstanden. Wir sollten das Werk Thiaumont stürmen. Der Weg zur Stellung war wie immer mit starkem Sperrfeuer belegt und führte von einem Granatloch ins andere und von einem Toten über den anderen. Eine Stellung im eigentlichen Sinne des Wortes gab's natürlich nicht; da wurden ganz einfach die nächsten Granattrichter besetzt. Zwei Tage und zwei Nächte lagen wir schon im stärksten Granatfeuer, da kam am 7. August nachts der Sturmbefehl, und am 8. August früh 6 Uhr brachen wir, unter gleichzeitigem Einsetzen eines furchtbaren Trommelfeuers von Seiten unserer Artillerie, aus unseren Löchern hervor

Unten
Das Titelbild dieser AKC zeigt den Einmarsch deutscher Soldaten in ein französisches Dorf im Jahr 1917.

Allgäuer Kriegschronik

1917 Druck und Verlag der Jos. Kösel'schen Buchhandlung, Kempten und München 1917

Lieferung 115 Wöchentlich erscheint eine Lieferung à 16 Seiten. Lieferung 116

Nachdruck sämtlicher Artikel ist verboten.

Inhaltsverzeichnis: Mit den Leibern nach Frankreich hinein. – Neue Mittel zur Zerstörung von Drahthindernissen. – Die Russen-Offensiven im Jahre 1916. Die Ereignisse des Weltkrieges. – Das Eiserne Kreuz. – Unsere Helden.

Mit den Leibern nach Frankreich hinein.

(Fortsetzung.)

Da die ganze Schießerei zum Glücke für unsere Kochmannschaft und zum Glücke für die rabiaten Französinnen ohne Tragik verlaufen war, wurde unsere Stimmung weiter gar nicht beeinträchtigt. Man schimpfte und knurrte wohl noch über die hinterlistigen Franzosen, freute sich aber unter den gegebenen Umständen erst recht auf das leckere Abendabgeschickt; denn Schweinefleisch macht Durst, und unser Koch wollte uns noch einen Kaffee brauen. Ganz richtig kalkulierte er nämlich so: „Wer weiß, wie lange es dauert, bis wieder ein so ruhiger Tag kommt. Drum vorbauen!"

Ein brennender Sonnenuntergang lag eben mit seiner verhängnisvollen Schönheit über dem Feindesland, als

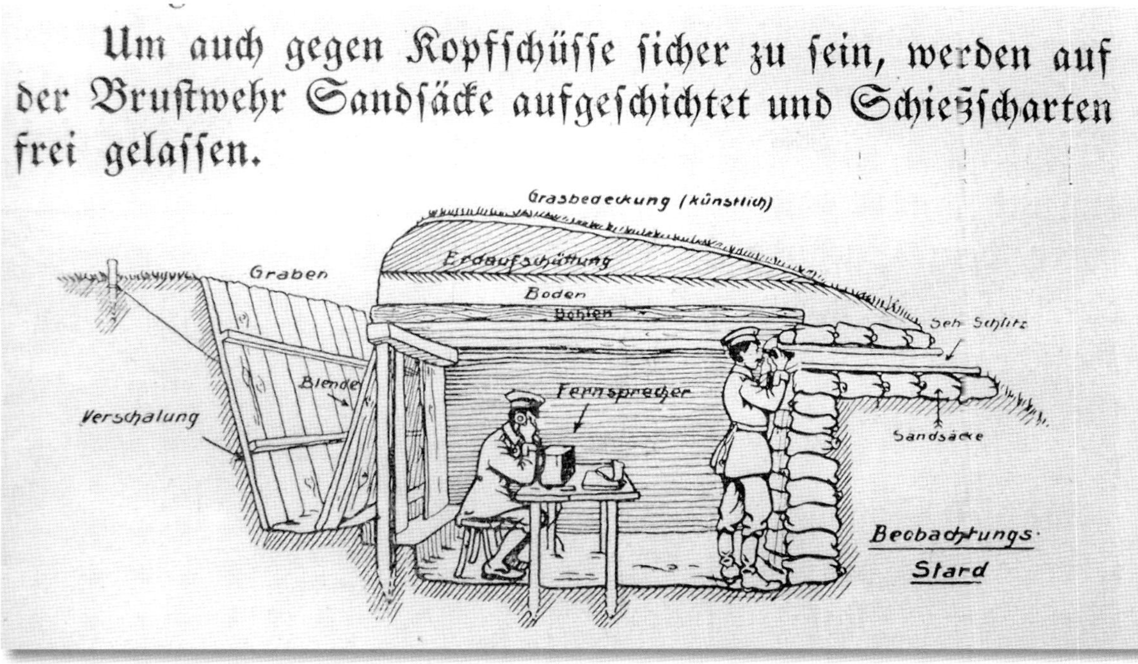

und stürmten auf das 300 Meter vor uns gelegene Werk Thiaumont. Der Sturm war geglückt und noch darüber hinaus, wir machten eine große Anzahl Gefangener und erbeuteten dazu etwa 15 Maschinengewehre. Unsere Verluste waren groß. Durch zwei Gegenangriffe der Franzosen mit jedes mal vorangegangener entsetzlicher Artilleriebeschießung steigerten sich aber unsere Verluste am selben Tag derart, dass ich als einziger unversehrt gebliebener Zugführer und Oberjäger mit nur noch 27 Mann meines Bataillons und einigen Leuten des 2. Bataillons gegen Abend das Werk Thiaumont verteidigen musste. Es ist unmöglich, mit Worten zu geben, wie es da auf und zu ging, einfach entsetzlich. Grauenhafter kann es in der Hölle, wie sie die Religion schildert, auch nicht mehr zugehen. Nachdem wir dann in der Nacht Unterstützungen erhalten hatten, verteidigten wir das wieder eroberte Fort noch zwei Tage im furchtbarsten Granathagel, und endlich dann am 11. August nachts wurden wir wieder von den preußischen Truppen abgelöst. Leider sind nun die Franzosen wiederum im Besitze der Werke von Thiaumont und Fleury. Gott sei dank wurde das Korps am 16. August von Verdun abtransportiert.«

Oben
Schaubild eines Unterstandes an der Westfront

Unten
Allgäuer Soldaten in einem Schützengraben an der Westfront

Die Mulzer-Tanne

Dem Materialmangel des Ersten Weltkrieges verdankt das Allgäu sein erstes offizielles Naturdenkmal, die sogenannte Mulzer-Tanne auf dem Mariaberg bei Kempten. Sie ist dem Andenken an den Allgäuer Fliegerhelden Max Mulzer gewidmet.

Der uralte Menschheitstraum, sich wie ein Vogel in die Lüfte erheben zu können, hatte seit den Flugversuchen Otto Lilienthals bei Berlin in den 1890er Jahren eine rasante Entwicklung genommen. Im italienisch-türkischen Krieg von 1911 bis 1912 und in den beiden Balkankriegen 1912 bis 1913 waren erstmals Flugzeuge zur Aufklärung gegnerischer Truppenverschiebungen eingesetzt worden. Der Deutsche Große Generalstab hatte die Einsatzmöglichkeiten von Luftfahrzeugen erkannt und 1911 – ein Jahr nach Frankreich – den Aufbau einer Luftflotte beschlossen.

Zu Beginn des Ersten Weltkrieges war noch unklar, ob der Zeppelin oder das

Mitte
Porträt Max Mulzer

Unten links
Kimratshofen um 1900

Unten rechts
Der kleine Max mit seinen Eltern und seiner Schwester

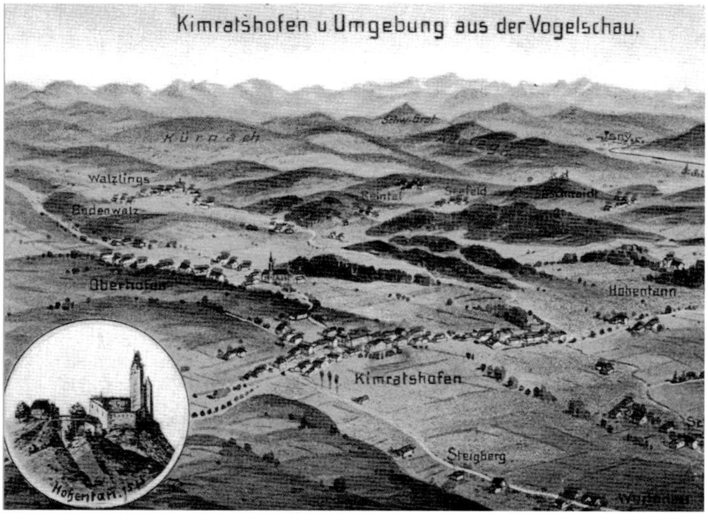

Oben links
Anzeige der »Leichten Reiter« in der »Allgäuer Zeitung« um 1900

Oben rechts
Auf einem deutschen Militärflughafen

Flugzeug für den Einsatz im Kriege geeigneter seien. Der Zeppelin verfügte wegen seiner erheblichen Transportkapazität über eine größere Reichweite und mehr Einsatzmöglichkeiten. Doch war er wegen seiner Größe und Schwerfälligkeit leicht zu treffen. Zudem bedeutete der Abschuss eines Zeppelins einen wesentlich größeren Verlust als der eines Fliegers. Schon bald stellte sich das Flugzeug als das bessere und wendigere Kampfinstrument heraus.

Max Mulzer

Max Mulzer wurde 1893 in Kimratshofen geboren und verlebte seine Kindheit in Dietmannsried. Früh verlor er seine Schwester, die sich im Alter von vier Jahren in der Waschküche so schwer verbrühte, dass sie starb. 1906 zog die Familie in die Heimatstadt des Vaters nach Memmingen.

Nach der Schule beabsichtigte Max Mulzer, Offizier bei den leichten Reitern in Dillingen zu werden und besuchte deshalb eine Kadettenschule. Kurz nach seinem 21. Geburtstag zog er im Sommer 1915 als Fähnrich des 8. Reiterregimentes in den Krieg. Bereits am 16. September 1915 erhielt er wegen eines riskanten Patrouillenrittes, bei dem ihm das Pferd unter dem Leib weggeschossen worden war, das Eiserne Kreuz. Diese Auszeichnung ebnete ihm den Weg zu den Jagdfliegern, einer ganz neuen und sehr elitären Heeresabteilung. Das Flugzeug war für die Aufklärung über dem Feindgebiet besser geeignet als das Pferd und machte die Kavallerie im Laufe des Krieges vollends überflüssig.

Der Dienst im Flugzeug war eine hoch riskante Angelegenheit. Im Jahr 1915 waren die Flieger erst in 1200 Meter Höhe vor feindlichem Geschützfeuer sicher. Doch

Unten links
Max Mulzer in Begleitung seines Adjutanten

Unten rechts
Max Mulzer mit Kameraden auf einem Ausflug um 1910

Oben links
Die Beschriftung auf der Rückseite lautet: »Der letzte abgeschossene Engländer«

Oben rechts
Max Mulzer in seiner Fokker DII

Unten
Max Mulzer in seinem Flugzeug, einer Fokker DII

die Artillerie und Flugabwehr machten wie der Flugzeugbau selbst rasante Fortschritte. Knapp zwei Jahre diente Max Mulzer in der Staffel des berühmten Jagdfliegers Max Immelmann (1890 bis 1916). Dort zeichnete er sich im Luftkampf Flieger gegen Flieger durch Mut und Kampfbereitschaft aus. An seinem 23. Geburtstag schoss Mulzer bei Miraumont seinen neunten Gegner, ein englisches Großkampfflugzeug ab. Dafür erhielt er den höchsten deutschen Orden, den von Friedrich dem Großen (1712 bis 1786) gestifteten »Pour le mérite«. Kurz darauf, am 6. September wurde er geadelt: Man ernannte ihn zum Ritter des Königlich-Bayrischen Militär-Max-Joseph-Ordens. Das Wappen, das man ihm vorschlug anzunehmen, enthielt eine heraldische Neuigkeit: es war das erste Wappen, das ein stilisiertes Flugzeugteil – einen Propeller – zeigt.

Lange konnte Mulzer nicht auf seinen Adel und seine Orden stolz sein, denn schon zehn Wochen später war er tot. Anscheinend hat er sein nahes Ende vorausgeahnt, denn am Nachmittag des 26. September 1916 sagte er auf dem Weg zum Flugplatz zu seinen Kameraden: »Der nächste bin ich. Immelmann tot, Parschau tot, gestern Wintgens ... jetzt bin ich an der Reihe.« Seine Befürchtung traf ein. Mulzer starb jedoch nicht im Luftkampf, sondern stürzte beim Einfliegen eines neuen Flugzeuges, einem Albatros-Kampfeinsitzer, aus nur 20 Metern Höhe tödlich ab. Er war einer von insgesamt 1962 Mann Flieger und Bodenpersonal, die im Ersten Weltkrieg bei Unfällen hinter der Front verunglückten.

Max Mulzer wurde nicht wie die meisten anderen Allgäuer Soldaten in fremder Erde bestattet. Sein Leichnam wurde Anfang Oktober 1916 in seine Vaterstadt Memmingen überführt und dort unter außergewöhnlich großem Pomp beigesetzt. Ihm zu Ehren beflaggte man das Rathaus und benannte die Reichshainstraße, in der sein Elternhaus stand, in Max Mulzer-Straße um.

Die Mulzer-Tanne
Zum Zeitpunkt von Mulzers Tod war der Metall- und Arbeitskräftemangel im Deutschen Reich bereits so groß, dass an die Errichtung eines öffentlichen Denkmals aus Stein oder Bronze nicht mehr gedacht werden konnte. Deshalb kam man auf die kostensparende Idee, dem Fliegerhelden eine große Wettertanne auf dem Mariaberg bei Kempten zu widmen. Diese stand auf 915 Meter Höhe in der Nähe des Häuschens, das der Hauptflugwache über Kempten als Quartier diente. Sie war von zwei kleineren Tannen und einer Föhre flankiert.

Die Wahl einer Tanne als Denkmal für einen Fliegerhelden ist sinnfällig. Mit ihrem kerzengeraden, stramm himmelwärts strebenden Stamm und ihren in der Silhouette gezackten, gleichmäßig sich nach oben verjüngenden Ästen symbolisiert dieser Baum besser als eine Eiche oder Linde das Aufsteigen eines kampflustigen Jagdfliegers. Die Mulzer-Tanne dürfte bei ihrer Weihe im Jahr 1917 schon ein stolzes Alter erreicht haben. Irgendwann nach dem Zweiten Weltkrieg, als kein Bedürfnis nach Helden mehr bestand, stürzte sie um.

Um die Erinnerung an den Fliegerhelden weiter zu pflegen, hat man Max von Mulzer eine benachbarte Föhre gewidmet. So ist aus der einstigen Mulzer-Tanne eine Mulzer-Föhre geworden. Ihre schlaff und wirr nach unten hängenden Äste geben der Sinnlosigkeit des Opfers einer ganzen Generation adäquaten Ausdruck. Der Heimatverein Kempten ließ die Gedenktafel, die der Kirchenmaler Bernhard Fink anno 1917 gestaltet hatte, im Jahr 1986 erneuern.

Oben
Dieses Wappen sollte Max Mulzer verliehen werden. Im Zentrum des Schildes befindet sich ein stilisierter Propeller.

Mitte
Die Orden von Max Mulzer: links der »Pour-le-mérite«

Unten
Die Mulzer-Föhre auf dem Mariaberg bei Kempten

Trotz aller Restriktionen hatten Handwerker, die Lebensmittel verarbeiteten, gut lachen. Die Kemptner Metzger gaben ab Mai 1915 Wurstwaren nur noch zu 20 Pfennig-Portionen ab. Auf dem Bild sieht man Metzger Alfons Gruber vor seinem Geschäft in der Vogtstraße in Kempten Mitte der 1920er Jahre.

Hungern für's Vaterland

In den ersten beiden Jahren des Krieges hatte die deutsche Zivilbevölkerung – in der Gewissheit eines schnellen Sieges – kriegsbedingte Restriktionen wie die Ausdünnung des Zugverkehrs klaglos hingenommen. Man war patriotisch gesinnt und wollte seine Solidarität mit den Frontkämpfern durch eigenen Verzicht und freiwillige Hilfsdienste unter Beweis stellen. Doch der Krieg dauerte viel länger als erwartet – die Kriegstreiber hatten sich gründlich verspekuliert! Die Reserven an Rohstoffen und Lebensmitteln schwanden dahin. Sie konnten wegen der Blockade der Feindmächte nicht mehr aus dem Ausland ergänzt werden. Eine riesige Ersatzstoffindustrie entstand. Am Kriegsende im November 1918 sollen in Deutschland rund 10 000 Ersatzstoffe in Verwendung gewesen sein.

Zusatz-Fleischmarke	Zusatz-Fleischmarke		Zusatz-Fleischmarke	Zusatz-Fleischmarke
1/10 Anteil 11.–17. Juni Kempten-St	1/10 Anteil 18.–24. Juni Kempten-St	**Zusatzkarte** zur Reichs-Fleischkarte für ein Kind	1/10 Anteil 2.–8. Juli Kempten-St	1/10 Anteil 25. Juni-1. Juli Kempten-St
1/10 Anteil 11.–17. Juni Kempten-St	1/10 Anteil 18.–24. Juni Kempten-St	Königreich Bayern Kommunalverband Kempten-Stadt	1/10 Anteil 2.–8. Juli Kempten-St	1/10 Anteil 25. Juni-1. Juli Kempten-St
1/10 Anteil 11.–17. Juni Kempten-St	1/10 Anteil 18.–24. Juni Kempten-St		1/10 Anteil 2.–8. Juli Kempten-St	1/10 Anteil 25. Juni-1. Juli Kempten-St
1/10 Anteil 11.–17. Juni Kempten-St	1/10 Anteil 18.–24. Juni Kempten-St	Gültig vom 11. Juni bis 8. Juli 1917	1/10 Anteil 2.–8. Juli Kempten-St	1/10 Anteil 25. Juni-1. Juli Kempten-St
1/10 Anteil 11.–17. Juni	1/10 Anteil 18.–24. Juni	Name: Straße:	1/10 Anteil 2.–8. Juli	1/10 Anteil 25. Juni-1. Juli

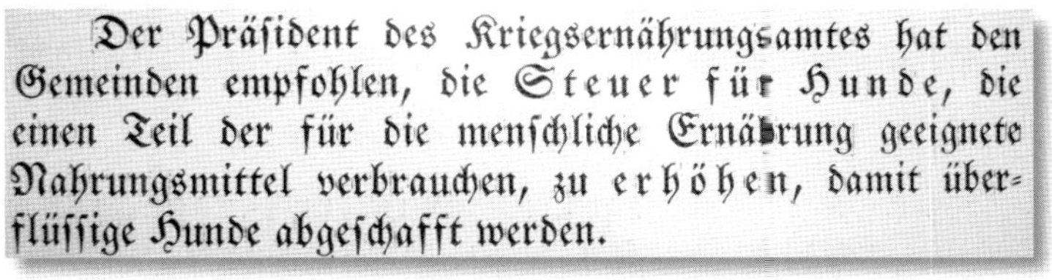

Der Präsident des Kriegsernährungsamtes hat den Gemeinden empfohlen, die Steuer für Hunde, die einen Teil der für die menschliche Ernährung geeignete Nahrungsmittel verbrauchen, zu erhöhen, damit überflüssige Hunde abgeschafft werden.

Der Weg in die Kriegswirtschaft

Um die Lebensmittelversorgung des Heeres und das Überleben der Zivilbevölkerung zu sichern, erließen die Militärregierung und die einzelnen Kommunen seit Anfang 1915 eine Fülle von Verordnungen und Restriktionen. Diese schränkten den Erwerb und den Verbrauch an allen Gütern des täglichen Bedarfs immer mehr ein. Der Krieg führte ungewollt aber unaufhaltsam in eine rigorose Plan- und Mangelwirtschaft.

Unterzeichnete gibt hiemit einem verehrl. Publikum sowie den Kollegen bekannt, daß die Bundesratsverordnung, nach welcher **an Dienstagen und Freitagen weder Fleisch- noch Wurstwaren** abgegeben werden dürfen, in Kraft getreten ist.
Die Verkaufsräume bleiben infolgedessen an genannten Tagen geschlossen. 13244
Fleischerinnung Kempten.

Oben
Für jede dieser Marken gab es pro Woche ein Zehntel Anteil Fleisch für ein Kind zusätzlich.

Mitte
So mancher Hund und so manche Katze dürften eh' im Gulasch gelandet sein!

Unten
Anzeige der Fleischer-Innung in der »Allgäuer Zeitung« im November 1915

Diese reglementierte das Leben und den Konsum jedes Einzelnen bis ins Kleinste und erdrückte jede unternehmerische Tätigkeit.

Brot war schon im März 1915 rationiert worden. In Lindau und Kempten setzten die städtischen Behörden Höchstpreise für Milch, Butter und Schmalz fest. Lebensmittelmarken wurden ausgegeben und ein städtisches Referat für Lebensmittelversorgung eingerichtet. Im November 1915 beschloss der Bundesrat die Einführung von fleisch- und fettlosen Tagen: Die Metzger mussten im ganzen Land Dienstags und Freitags ihre Läden geschlossen lassen.

Im Februar 1917 eröffnete man im Katholischen Vereinshaus die erste Kemptner Volksküche. Im selben Monat begann mit der Verordnung zur Senkung der Bierstammwürze die schrittweise Verdünnung des Bieres. Diese Maßnahme konnte dessen Verknappung zukünftig jedoch nicht ganz ausschließen. Ab März 1917 durften die Bäcker in Kempten keine Semmeln mehr backen. Auf den Tisch kam fortan das Kriegsbrot, dessen Mehl mit oft sehr minderwertigen Streckmitteln vermengt worden war. Sein Verzehr führte häufig zu Darmbeschwerden und Durchfällen.

Not macht erfinderisch – die Ersatzstoffe

Kolonialwaren wie Tee oder Kaffee, die schon lange zum alltäglichen Lebensgenuss gehört hatten, wurden wegen der Seeblockade der Alliierten knapp. Deshalb ging man dazu über, diese durch einheimische Ersatzstoffe zu strecken oder gänzlich zu ersetzen. Tabak wurde mit Kirschblättern verschnitten, Hopfen zermahlen und durch chemische Zusätze zu einem die Lungen schädigenden Rauchmaterial verarbeitet. Als Ersatz für ausländischen Tee empfahl die Militärregierung »die jungen getrockneten und sodann zerkleinerten Blätter vor allem der Brom- Him- und Erdbeere.« Mischte man getrocknete Äpfel- und Birnenschalen bei, so gewänne das Gebräu an Geschmack. Die Redaktion der »Allgäuer Kriegschronik« empfahl ihren hungernden Lesern Anfang 1918, ihre schmale Kost durch einheimische Kräuter anzureichern: »Im Frühjahr finden sich auch in unserer Gegend wild wachsende Pflanzen, die in jungem Zustand als Gemüse und Salat verwendet werden können. Hierunter fallen die jungen Blätter des Löwenzahns und des Sauerampfers sowie der Ackerdistel, ebenso die jungen Hopfentriebe, die Brunnenkresse, das Wiesenschaum-

Unten
Schlange vor einem Lebensmittelladen in Kempten 1917

Weihnachten 1917.
Komm. Verb. Kempten-Stadt
1/2 Pfund
Haushaltungs-Mehl
Giltig bis 20. Dezember 1917.

Weihnachten 1917.
Komm. Verb. Kempten-Stadt
1/4 Pfund Zucker
Giltig bis 20. Dezember 1917.

kraut an Wasserufern, die jungen Blätter der Klette und die Blätter der jungen Brennesseln, die alle wohlschmeckende Gemüse und Salate geben.« Schließlich war der Mangel so groß, dass man Ende 1917 zum Zwecke der Ölbereitung, Seifengewinnung und Herstellung von Kaffee-Ersatzmitteln sämtliche Kastanien und Eicheln beschlagnahmte. Auch ging man dazu über, die Kerne fast aller Obstsorten außer dem Pfirsich zu sammeln, um Öl aus ihnen zu pressen ...

Spätestens im Hungerwinter 1917 auf 1918 musste sich auch »Frau Doktor« in die Schlange vor den städtischen Verkaufslokalen in Kempten einreihen, um ein Pfund Zwiebel pro Monat und Kopf der Familie zu ergattern; selbstverständlich nur gegen Vorlage einer Haushaltungs-Ausweiskarte. Die Drosselung der Strom- und Gasversorgung zwang auch die wohlhabenden Familien auf dem Haubenschloß, die alten Petroleumfunzeln wieder heraus zu kramen, wollten sie ihre abendliche Hausmusik nicht im Dunkeln veranstalten.

Der Mangel an Allem machte auch vor den Toten nicht halt. Ende Mai 1917 regte die Kreisverwaltung an, mit der alten Sitte zu brechen, die Verstorbenen in ihrer besten Kleidung zu bestatten. Statt dessen sollten diese »mit einem Totenhemd aus Papierstoff bekleidet und mit einer Decke aus gleichem Stoff bedeckt« werden; ohne Schuhe und Strümpfe versteht sich.

Die Hungerzeit war mit dem Kriegsende noch lange nicht vorbei. Die Folgen des Krieges wie die Reparationszahlungen und die Inflation verschlimmerten sogar noch die Not. Erst 1924, nach beinahe zehn langen Mangeljahren, normalisierte sich die Versorgung mit Lebensmitteln und Verbrauchsgütern des täglichen Bedarfs.

Oben
Zu Weihnachten 1917 gab es vom Kommunalverbund Kempten ein halbes Pfund Mehl und ein viertel Pfund Zucker zusätzlich.

Mitte oben
Bekanntmachung in der AKC 1917

Mitte unten
Verordnung aus dem Jahr 1917

Unten
Anzeige in der »Allgäuer Zeitung« aus dem Jahr 1923

Mit Rücksicht auf das Ergebnis der am 15. Februar 1917 durchgeführten Getreidebestandsaufnahme, das erheblich niedriger, als erwartet worden war, ausgefallen ist, muß eine Einschränkung des Brotgetreideverbrauches eintreten. Die Reichsgetreidestelle hat daher mit Wirkung ab 16. April 1917 die tägliche Mehlration pro Kopf der Bevölkerung von 200 Gramm auf 170 Gramm herabgesetzt.

In Gast-, Schank- und Speisewirtschaften, in Kasinos, in Gasthöfen, Fremdenheimen, Konditoreien und allen ähnlichen Betrieben dürfen Eier, roh oder gekocht, und Eierspeisen weder verabreicht noch entgegengenommen werden.

Sammelt Brennesseln!
Für ein Kilo getrocknete Blätter **2000 M.** Auch nicht getrocknete Blätter werden entsprechend niedriger angekauft. Größere Posten ab Bahnstation. 10188
Weber, Kempten, Hohe Gasse G 5.

Von Wuchergerichten und Schleichhändlern

Schon im ersten Kriegsjahr wurden die Lebensmittel knapp. Das geringere Angebot führte zu einem Ansteigen der Preise. Die Behörden versuchten sowohl mit Subventionen als auch Verboten, Höchstpreise für Lebensmittel festzusetzen.

Die vielen kleinen Hauskäsereien, Sennereien und landwirtschaftlichen Betriebe im Allgäu machten eine Überwachung durch die Behörden wie der »Landesfettstelle« äußerst schwierig. Allein für den Dank des Vaterlandes wollten viele Bauern die Früchte ihrer Arbeit nicht hergeben. Die rar gewordenen Lebensmittel brachten einen hohen Preis und ließen sich gut gegen allerhand andere Güter eintauschen. Der Schwarzmarkt und der Schleichhandel – der nicht von den Behörden kontrollierte Warenaustausch – nahm ungeheure Dimensionen an.
Um den blühenden Schwarzmarkt zu bekämpfen, richtete das Bayrische Justizministerium im Frühjahr 1919 Sondergerichte ein, die in kurzen schnellen Verfahren eine schärfere Bekämpfung des Schleichhandels und der Preistreiberei ermöglichen sollten. Diese sogenannten »Wuchergerichte« waren als große Schöffengerichte mit drei Richtern und zwei Schöffen ausgestaltet und schlossen Rechtsmittel aus.

Oben
Bis in die 1950er Jahre wurde der Allgäuer Käse vor allem in solchen kleinen Sennereien wie hier in Frühstetten-Ried hergestellt.

Unten
Sennerei in Altusried. Allein in diesem Ort gab es bis in die 1950er Jahre drei Sennereien.

Der Käseschmuggel

Welche Ausmaße der Schleichhandel nach 1918 im Allgäu angenommen hatte, wird durch eine Bekanntmachung der Kriminalabteilung der »Bayrischen Landeswucherabwehrstelle« vom Sommer 1921 erkennbar. Allein durch die Überwachungsorgane in Kempten, Memmingen und Neu-Ulm wurden im August 1921 27 807 Pfund Rundkäse, 12 754 Pfund Limburger, 2539 Pfund Tilsiter und 752 Pfund Camembert beschlagnahmt. Darüber hinaus fielen dem Zoll und der Polizei noch mehrere hundert Pfund anderer Käsesorten, 13 120 Mark Bargeld sowie ein Personenwagen in die Hände. Acht Personen wurden wegen Schleichhandels und Preistreiberei, wegen unerlaubter Ausfuhr oder Beihilfe hierzu festgenommen. Zudem lagen über 450 Anzeigen wegen dieser und ähnlicher Delikte wie Bestechung von Bahnbeamten vor.

Neben der Bahnstrecke Kempten – Ulm kontrollierten Zoll und Polizei vor allem die Zugverbindung nach Lindau hinüber nach Baden und Württemberg. Die »Ausfuhr« von Käse und anderen Lebensmitteln dorthin war streng verboten. Teils war es nackte Not, teils schnöde Gewinnsucht, die die Schmuggler bis aus Karlsruhe und Heidelberg zum Käseeinkauf ins Allgäu trieb. In Friedenszeiten wären diese Schleichhändler vielleicht erfolgreiche Unternehmer geworden. Doch die Notverordnungen brachten sie wegen ihrer Käsefahrten ins Allgäu vor das Kemptner Wuchergericht.

Zwei Beispiele von vielen mögen genügen: Dem Uhrmacher Hans M. aus Heidelberg konnten fünf Käsefahrten ins Allgäu nachgewiesen werden, dreimal ertappte man ihn sogar auf frischer Tat – jedes Mal mit etwa 35 Pfund schweren Käsepaketen. Da er geständig und zudem bresthaft war, verurteilte man ihn im November 1919 zu der »verhältnismäßig milden Strafe» von zwei Monaten Gefängnis und 100 Mark Geldstrafe. Wegen des selben Deliktes hatte sich im Oktober 1920 auch die 33-jährige Kellnerin Hedwig F. aus Lörrach zu verantworten. Wegen eines Koffers voll gestopft mit Käse hatte sie sechs Wochen hinter Gittern abzusitzen und 500 Mark Geldstrafe zu bezahlen. Den Erlös für den beschlagnahmten Käsekoffer zog der Fiskus ebenfalls ein. Um den blühenden Schwarzmarkt zu bekämpfen und das ständige Steigen der Lebensmittelpreise zu stoppen, griffen die Behörden zu abschreckenden Maßnahmen. Wer beim illegalen Handel von Lebensmitteln erwischt wurde, sollte nicht nur seiner Freiheit beraubt werden; vielmehr musste er auch seine Verurteilung auf eigene Kosten öffentlich bekannt machen.

Die Finanzämter Kempten und Kaufbeuren.

Bekanntmachung

Das Schöffengericht bei dem Amtsgerichte Kempten hat unterm 24. August 1923 nachstehendes rechtskräftiges

Urteil

erlassen:

1. **Egger Johann**, geboren am 9. Juni 1876 in **Rechtis**, verheir. Landwirt dort, ist schuldig eines fortgesetzten Vergehens des Schleichhandels und wird zur **Gefängnisstrafe von einer Woche**, sowie in **eine Geldstrafe von fünf Millionen Mark oder für den Fall der Uneinbringlichkeit in eine weitere Gefängnisstrafe von dreihundert Tagen**, sowie zur Kostentragung **verurteilt.**

2. Die Verurteilung ist öffentlich bekannt zu machen je durch einmaliges Einrücken in den beiden hiesigen Tageszeitungen und durch Anschlag an der Haustüre des Verurteilten und Belassung dieses Anschlags auf die Dauer von zwei Monaten. 13220

Kempten, den 6. September 1923.

Amtsgericht.

Oben
Der Bahnhof in Dietmannsried

Unten
Straftäter mussten ihre Verurteilung öffentlich bekannt machen.

Im Allgäu wird's stille – Die Beschlagnahme der Kirchenglocken

Oben
Bestimmung in der »Allgäuer Kriegs-Chronik« Ende 1917

Mitte
Anzeige in der »Allgäuer Zeitung« Ende 1917

Unten
Abnahme der Kirchenglocken von Sankt Lorenz in Kempten im Juni 1917

Schon nach einem Jahr Krieg wurde ersichtlich, dass das Deutsche Reich für einen längeren Krieg nur unzureichend ausgerüstet war. Nicht nur in der Lebensmittelversorgung zeigten sich erste Engpässe. Auch bei den für die Kriegsführung notwendigen Gütern wie Treibstoff und Metall machte sich der Mangel bemerkbar.

Im Herbst 1915 wurde die deutsche Bevölkerung aufgerufen, nicht mehr benötigte Haushalts- und Gebrauchsgegenstände aus Kupfer und Messing gegen

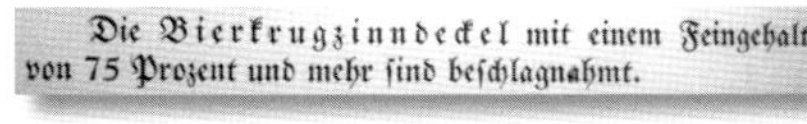
Die Bierkrugzinndeckel mit einem Feingehalt von 75 Prozent und mehr sind beschlagnahmt.

Die Abnahme von Kirchenglocken vom Turm!

Es sind genügend geübte Arbeitskräfte und Leiter derselben und ebenso vielfach, sogar nur großartige Vorrichtungen zur Abnahme von

großen Kirchenglocken

vorhanden und wird Garantie geleistet, daß an Leib und Leben keinerlei Schaden entsteht. g718
Ausbau kann sofort beginnen und melde man sich durch Karte bei
Glockengießerei Wolfart, Lauingen a. D.

eine angemessene Entschädigung abzuliefern. Kerzenständer und Küchengeräte sollten eingeschmolzen und zu Granatzündern und Kanonen umgegossen werden. Eine Gold- und Silbersammlung des »Vaterlandsdankes«, der Nationalstiftung für die Hinterbliebenen gefallener Krieger, hatte im Sommer 1916 in Kempten »einen befriedigenden Verlauf genommen«. Doch bald reichte das freiwillig abgegebene Metall nicht mehr aus, um den gewaltigen Materialverschleiß an den Kriegsfronten auszugleichen. Deshalb verfügte die Heeresverwaltung am 1. März 1917 die Beschlagnahme, Enteignung und Ablieferung aller Bronzeglocken unter zwanzig Zentnern.

Von dieser Maßnahme waren in erster Linie die Kirchen betroffen. Jedem Gotteshaus sollte nur die Bronzeglocke vom geringsten Gewicht vorläufig belassen werden. Bei kleineren Geläuten bis zu 665 Kilogramm sollten als Entschädigung 3,50 Mark bezahlt werden, bei größeren Gewichten nur 2,00 Mark pro Kilogramm. Die Kosten für die Abnahme und den Abtransport der Glocken bürdete man den Eigentümern auf. Als letzter Abgabetermin war der 30. Juni 1917 be-

Gebr. Ulrich
Glockengießereien Aktiengesellschaft
Werk I: Apolda i. Thüringen
Werk II: Kempten i. Allgäu
Generaldirektion:
Hofglockengießermeister Heinrich Ulrich
Lieferant Sr. Heiligkeit Papst Pius XI.
liefert
Bronzeglocken und Geläute
bester Qualität, jeder Größe bis 1000 Zentner Gewicht!
Größte und leistungsfähigste
Bronzeglockengießereien
Deutschlands
★

stimmt. Eine Zerschlagung der Glocken zum Zwecke des leichteren Ausbaus wurde ausdrücklich für statthaft erklärt.

Die Bezirksämter Kempten und Sonthofen wurden besonders arg geplündert. Gegen diese unerwartet aus Berlin eintreffende Verfügung regte sich im Allgäu großer Unmut. Die »Allgäuer Zeitung« kritisierte nicht nur die willkürliche und viel zu geringe Entschädigungsleistung. Sie verwies auch darauf, dass die Eigentümer gar nicht imstande seien, das komplizierte Abhängen der Geläute aus eigener Kraft zu bewerkstelligen.

Am 24. April 1917 kamen in Kempten viele Pfarrer aus dem Allgäu zusammen, um sich über ein gemeinsames Verhalten zu beraten. In einer Resolution stellten sie klar, dass die katholischen Kirchenverwaltungen zwar bereit seien, »dieses schmerzliche Opfer der Ablieferung der Glocken auf den Altar des Vaterlandes zu legen«. Zugleich forderten sie aber einen höheren Entschädigungspreis von 4,50 Mark pro Kilogramm und eine Befreiung von den entstehenden Abnahmekosten. Aus religiösen Gründen mahnten sie, auf die Zerschlagung der Glocken vor Ort zu verzichten.

Die Empörung über die geplante Beschlagnahme der Glocken war so groß, dass dieses Thema auch im Berliner Reichstag verhandelt wurde. Der bayrische Abgeordnete Lederer forderte, dass vor den Glocken zuerst einmal die Denkmäler und öffentlichen Zierrate aus Metall in die Schmelzöfen gebracht werden sollten. Dabei verwies er auf den zwei Tonnen schweren bronzenen Kronleuchter und die allegorischen Figuren im Sitzungssaal des Reichstages, die ebenso verschwinden könnten.

Der landesweite Protest hatte zumindest teilweise Erfolg: Der Entschädigungs-

Oben
Anzeige aus der »Allgäuer Zeitung« 1923

Unten
Abnahme der Kirchenglocken von Sankt Lorenz in Kempten im Winter 1942

zum letzten Mal. Reichere Beute war aus Sankt Lorenz zu holen, wo am 21. Juni 1917 aus dem Südturm drei der sieben Glocken abgenommen wurden. Die schwerste von ihnen wog 25 Zentner. Zwei der drei zum Abhängen bestimmten Glocken waren Mitte des 19. Jahrhunderts neu gegossen worden. Eine Glocke aus dem 17. Jahrhundert war wegen eines Risses zum Einschmelzen verdammt. Aus der Seelen- und der Friedhofskapelle entnahm man je eine Glocke, ebenso aus den Kirchen in Heiligkreuz und in Mariaberg.

Auch die Kirchen und Kapellen in den Dörfern und Landgemeinden beraubte man ihrer Glocken: Wertach musste beispielsweise sein Geläute aus dem Jahr 1895 abliefern. Durach verlor am 31. Juli 1917 die 240 Kilogramm schwere Magnus-Glocke. Selbst so kleine Orte wie Stadels bei Görisried blieben nicht verschont.

Lange reichte das landesweit aus den Glocken gewonnene Metall dennoch nicht. Deshalb setzte man 1918 die Beschlag-

preis wurde zwar nicht erhöht, aber eine Prämie von einer Mark pro Kilogramm bei frühzeitiger Ablieferung in Aussicht gestellt. Zudem sollte der schwierige Ausbau der Glocken von militärischen Spezialkommandos übernommen werden. Um künstlerisch und historisch besonders wertvolle Glocken vor dem Schmelzofen zu retten, wurde das königlich-bayrische Generalkonservatorium eingeschaltet. Kunsthistoriker sollten die Geläute in den Kirchtürmen inspizieren und diese in drei Gruppen einteilen. Glocken ohne künstlerische oder historische Bedeutung sollten sofort requiriert werden, solche mit mäßigem Kunstwert vorerst verbleiben. Die Glocken mit hohem Kunstwert sollten auch zukünftig von jeder Beschlagnahme ausgenommen sein. Am 30. April 1917 läutete das »Torglöckle« der Kemptner Sankt Mang-Kirche

Alle Fotos
Abnahme der Kirchenglocken von Sankt Lorenz in Kempten im Winter 1942

nahme weiterer Glocken durch. Kurz vor Kriegsende, im Oktober 1918, kam sogar noch der Befehl, alle Blitzableiter und Dachkupfer zu beschlagnahmen. Wegen des Waffenstillstandes einen Monat später unterblieb aber dessen Ausführung.

Nach dem Krieg hatten die Glockengießer Hochkonjunktur. Alle Gemeinden waren bestrebt, ihre Kirchen so schnell wie möglich wieder mit Glocken zu versehen. Das Versprechen der Obersten Heeresleitung, nach dem Kriege die Glocken zu ersetzen, war in den Kanonendonner gesprochen worden. Deshalb musste der Neuguss fast aller Glocken durch Spendengelder der Bevölkerung aufgebracht werden. In Durach konnte bereits im Juni 1920 eine neue Glocke geweiht werden. In Wertach hängte man zum Jahresende 1920 fünf neue Glocken von Meister Ulrich aus Apolda auf. Die Sankt Mang-Kirche in Kempten weihte am 2. Juni 1922 ihre neue Glocke ein.

Wiederholung im Zweiten Weltkrieg

Doch ein langes Leben war den neuen Glocken nicht beschieden. Denn auch im Zweiten Weltkrieg beschlagnahmte man diese erneut für Kriegszwecke. Schon im Vierjahresplan vom März 1940 waren die Kirchenglocken als Metallreserve vorgesehen. Dieses Mal sollte nur noch eine einzige Glocke pro Turm verbleiben, wenn auch wieder die Möglichkeit einer Aussonderung von Glocken mit hohem künstlerischem Wert eingeräumt wurde. Alfred Weitnauer hat in einem Aufsatz die listigen Methoden verraten, mit denen er in seiner Funktion als Heimatpfleger eine gute Anzahl von Allgäuer

Oben
1948 wurde die neue Glocke von Heiligkreuz auf einem Pferdewagen zur Kirche gebracht.

Unten
In Bodelsberg brachte man die neuen Glocken im Dezember 1951 auf Schlitten ins Dorf.

Kirchenglocken vor dem Schmelzofen in Hamburg gerettet hat. Er schreibt auch von den zumeist gedämpft wütenden Reaktionen der Landbevölkerung bei der Glockenabnahme und zitiert ein altes Weible: »Nemmet no die Glocke mit, wenns der Hitler gar so notig braucht. Mir wisset au ohne Glocke, wieviel's gschlage hot«. Öffentlich vorgebrachter Protest wie im Jahr 1917 war im Dritten Reich nicht mehr möglich.

Ab Juni 1943 begann man, auch die metallenen Türklinken an kirchlichen Gebäuden abzuschrauben.

Die neuen Glocken nach 1945

Nach dem Krieg lagerten allein bei der zentralen Sammelstelle in Hamburg 13 000 unversehrte Kirchenglocken. Große Hoffnungen auf eine Rückgabe ihrer Geläute durften sich die Allgäuer Gemeinden allerdings nicht machen. Denn als der Kreis Kaufbeuren, dem nur vier historische Glocken verblieben waren, einen Antrag auf Rückführung stellte, schickten die Engländer die ernüchternde Auskunft: Zuerst müssten die von den Nazis in den ehemals besetzten Ländern konfiszierten Glocken ersetzt werden. Und das waren sehr viele: »Aus der Tschechei seien nicht weniger als 9229 Glocken geraubt worden, aus Belgien 1545 und den Holländern hätten die Deutschen alle Glocken gestohlen.«

Deshalb musste nach dem Krieg wiederum für neue Geläute gesammelt werden. Die notwendigen Spendengelder kamen fast genauso schnell wie nach dem Ersten Weltkrieg zusammen. In Durach konnten bereits im Dezember 1946 drei neue Glocken auf den Turm gezogen werden, in Bodelsberg im Dezember 1951. In Heiligkreuz ließ man 1948 anstelle der zwei beschlagnahmten Glocken nur eine neue Glocke gießen. Bischof Joseph Freundorfer segnete am 26. August 1954 höchst persönlich die fünf neuen Glocken von Sankt Lorenz in Kempten.

Oben
Die neuen, feierlich geschmückten Glocken von Sankt Lorenz in Kempten im Jahr 1954.

Unten
Bischof Freundorfer segnet die neuen Glocken von Sankt Lorenz am 26. August 1954.

Allgäuer Notgeld

Schon bald nach Kriegsbeginn im August 1914 machte sich überall der Mangel an Geldscheinen und Münzen bemerkbar. Die Leute horteten in Erwartung schlechter Zeit ihr Geld, insbesondere ihre Silbermünzen. Denn deren Materialwert war aufgrund der schleichenden Inflation bald höher als ihr Nominalwert. Aber auch der ungeheure Metallbedarf der Kriegsindustrie trug zur Münzverknappung bei. Nach dem Vorbild frontnaher Provinzen wie dem Elsass oder Ostpreußen gingen ab 1916 auch andere Städte, Gemeinden und Kreise des Reiches dazu über, eigenes Geld herauszugeben. Dieses war nur innerhalb einer Region und innerhalb einer gewissen Frist gültig. Schätzungen gehen davon aus, dass allein in Deutschland zwischen 1914 und 1924 über 200 000 verschiedene Geldscheine in Umlauf waren.

Die Notgeldscheine waren Anfangs meist wie reguläre Banknoten gestaltet und auf gutem Papier mit Wasserzeichen gedruckt. Häufig weisen die frühen Notgeldscheine noch ein anspruchsvolles Design auf. Denn die Kommunen spekulierten darauf, dass diese sogenannten »Serienscheine« wegen ihres ästhetischen Reizes gesammelt und deshalb nicht eingelöst würden.

Im Lauf der Inflation erhöhten sich zwar die Nominalwerte der Scheine. Ihr De-

Oben
Die Vorderseite des Notgeldscheines aus Nesselwang zeigt in den Ecken der Bordüre ein Hakenkreuz.

Unten
Die Rückseite des in rot-grüner Farbe gedruckten 20 Mark-Scheines aus Nesselwang.

sign wurde aber immer spärlicher und ihr Papier immer billiger. Auf dem Höhepunkt der Inflation Ende 1923 gab man es schließlich auf, neue Scheine herzustellen: Stattdessen wurden die Nominalwerte einfach mit höheren Summen überdruckt.

Allgäuer Kommunen drucken ihr eigenes Geld

Seit 1917 begannen verschiedene Kommunen im Allgäu, ihr eigenes Geld zu drucken. Nesselwang gab schon am 1. Juli 1917 fünf verschiedene Scheine im Wert zwischen fünf und fünfzig Pfennig heraus. Am 1. November 1918 folgten weitere Scheine mit Pfennig-Beträgen sowie Fünf-, Zehn- und 20 Mark-Scheine.

Kempten gab Anfang November 1918 Fünf-, Zehn-, 20 und 50 Mark-Scheine aus. Diese sollten nur bis zum 1. Februar 1919 Gültigkeit besitzen. Ende des Jahres 1923,

Oben
Dieser Anfang November 1918 von der Stadt Kempten herausgegebene Geldschein sollte nur bis zum 1. Februar des folgenden Jahres gültig sein.

Mitte links
Die Rückseite des Kemptner Zehn-Mark-Notgeldscheines

Mitte rechts
Dieser 20 Milliarden-Gutschein der städtischen Sparkasse Kempten ist nur noch ein einfacher Papierzettel. Die Rückseite ist nicht mehr bedruckt.

Unten
100 Milliarden-Mark-Schein der Stadt Kempten

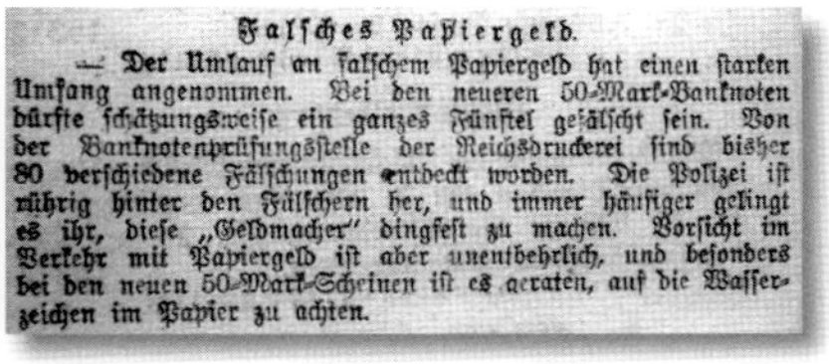

Falsches Papiergeld.

— Der Umlauf an falschem Papiergeld hat einen starken Umfang angenommen. Bei den neueren 50-Mark-Banknoten dürfte schätzungsweise ein ganzes Fünftel gefälscht sein. Von der Banknotenprüfungsstelle der Reichsdruckerei sind bisher 80 verschiedene Fälschungen entdeckt worden. Die Polizei ist rührig hinter den Fälschern her, und immer häufiger gelingt es ihr, diese „Geldmacher" dingfest zu machen. Vorsicht im Verkehr mit Papiergeld ist aber unentbehrlich, und besonders bei den neuen 50-Mark-Scheinen ist es geraten, auf die Wasserzeichen im Papier zu achten.

auf dem Höhepunkt der Inflation, folgten Schecks auf die städtische Sparkasse, die zwischen zehn und 100 Milliarden Mark wert sein sollten.

Die Marktgemeinde Altusried druckte 1920 mehrere verschieden wertige Gutscheine, die sich alle auf Pfennig-Beträge beschränkten.

Der Bezirk Sonthofen-Immenstadt versorgte seine Bürger im Herbst 1923 mit sechs verschiedenen Geldnoten, deren Werte zwischen fünf Millionen und fünf Billiarden Mark betrugen.

An den Notgeldscheinen lässt sich die schleichende Geldentwertung während des Weltkrieges und der Jahre danach ablesen. Im November 1918 genügte es der Stadt Kempten noch, Geldscheine im Nominalwert von zehn, 20 und 50 Mark herauszugeben. Vier Jahre später, im November des Superinflationsjahres

1923, musste sie schon einen Betrag von 100 Milliarden Mark aufdrucken, um dem Schein überhaupt noch einen gewissen Kaufwert zu verleihen.

Oben links
Viele Grafiker und Drucker nutzten die Gunst der schlechten Jahre schamlos aus.

Oben rechts
Dieser 20 Mark-Schein konnte nur bei der Immenstädter Filiale der Bayrischen Handelsbank eingelöst werden.

Mitte oben
Die Rückseite dieses 20 Mark-Scheines

Mitte unten
Dieser Fünfhundert-Milliarden-Mark-Schein des Bezirks Sonthofen-Immenstadt wurde am 15. September 1923 herausgegeben.

Unten
Dieser Fünf-Millionen-Mark-Schein hatte nur im Bezirk Sonthofen-Immenstadt Gültigkeit.

Beharrlichkeit, dann wirst Du erreichen, dass sich ein Fünfzigmarkschein 64 mal zusammenfalten lässt und alsdann nur noch den Raum einer Erbse einnimmt.

2. Hast Du fettige Finger, dann benütze das Papiergeld ungeniert als Reinigungsmittel. Du schonst auf diese Weise Deine Handtücher; für Deinen Mitmenschen, der nach Dir das betreffende Papiergeld erhält, ist der Anblick von Fett in unserer fettarmen Zeit stets erhebend.

3. Schreibe Deinen Vor- und Zunamen auf möglichst viele Scheine. Du sparst Dir dadurch Zeit und Mühe, denn Du hast es alsdann nicht mehr nötig, Spaziergänge zu machen und Deinen Namen auf Aussichtstürmen und Bänken des Verschönerungsvereins zu verewigen.

4. Falls Du eine größere Zahlung zu leisten hast, achte streng darauf, dass alle Scheine kunterbunt durcheinander liegen; Abwechslung erfreut, und würden alle Scheine gleichmäßig auf dem Rücken liegen und nach Beträgen und Gattungen geordnet sein, dann wäre das Nachzählen für den Zahlungsempfänger wirklich keine Kunst.«

Tipps für den Umgang mit Großgeld

Wollte man in den frühen 1920er Jahren zum Einkaufen gehen, musste man sich ein ganzes Bündel Papiergeld einstecken. Ein Redakteur der »Allgäuer Zeitung«, dem es vor diesen oftmals zerknitterten und verschmutzen Geldscheinen graute, gab seinen Lesern einige nicht ganz ernst gemeinte Tipps für den Umgang mit Banknoten:

»1. Behandle Papiergeld wie Hartgeld; damit es ebenso wenig Raum einnehme wie dieses, falte das Papiergeld so oft wie möglich zusammen; hast Du die nötige

Oben
Die »Spinnerei und Weberei Kottern« bezahlte 1923 ihre Arbeiter mit Gutscheinen im Wert von 500 000 und einer Million Mark aus.

Unten
Gutschein der »Allgäuer Baumwollspinnerei«: Dieser Gutschein hatte am Ausgabetag, dem 15. Oktober 1922 einen Wert von 1000 Mark. Am 1. August 1923 wurde der Wert einfach mit »Hunderttausend« überdruckt.

Anzeigen aus dem Inflationsjahr 1923

Obwohl seit 1915 alle Produkte des täglichen Lebens knapper und damit auch teurer geworden waren, begann die völlige Entwertung des Geldes erst so richtig im Inflationsjahr 1923. Kostete in Kempten eine Semmel vor der 25-prozentigen Preiserhöhung am 29. Juni 1922 noch 80 Pfennige, so musste man ab dem 6. August 1923 für ein Brötchen schon 3000 Mark, am 16. August 10 000 Mark und am 16. Oktober des gleichen Jahres 14 Millionen Mark auf den Tisch legen.

Der Bezugspreis
der Allgäuer Zeitung
für die zweite Septemberwoche beträgt
Mk. 1.000.000
Die Entgegennahme des Montagblattes gilt jeweils als Einverständnis für den Weiterbezug u. verpflichtet zur Zahlung.

Das Wochenabonnement der »Allgäuer Zeitung« stieg von einer Million Mark im September 1923

Der Abonnementspreis vom 19. bis 24. Nov. beträgt
Mk. 300 Milliarden
Wir bitten unsere verehrl. Abonnenten höfl. obigen Betrag in möglichst hohen Werten bereit zu legen, damit unseren Zeitungsträgerinnen die mühsame und zeitraubende Arbeit des Incassos nach Möglichkeit erleichtert wird.
Verlag der Allgäuer Zeitung.

... auf 300 Milliarden Mark zehn Wochen später.

Der Milchpreis
beträgt ab 19. Aug. per Liter ins Haus gebrach
71 000 Mk.
ab Laden, nur wenn sämtliche Milch im Lader abgegeben wird, 70 400 Mk. 1263
Vereinigte Milchhändler.

Am 19. August 1923 kostete ein Liter Milch in Kempten 71 000 Mark ...

Der Milchpreis
beträgt ab 8. Nov. per Liter ins Haus gebracht
18 Milliarden
Ab Laden, nur wenn sämtliche Milch im Laden abgegeben wird, 17,850 Milliarden. [1478
Vereinigte Milchhändler.

... und ab 8. November 1923 glatte 18 Milliarden

Stadtsparkasse Kempten
Wegen Arbeitsüberhäufung sind wir leider gezwungen, unsere Schalter bis auf weiteres
nachmittags geschlossen
zu halten. Vormittags geöffnet von 8½ bis 12 Uhr. 12904

Anzeige der Kemptner Stadtsparkasse am 27. August 1923

Der Kirchenanzeiger für das Allgäu
kann wegen der ungeheuren Herstellungskosten ab heute vorerst nicht mehr erscheinen. Wir bitten daher die H. H. Mitarbeiter, bis auf weiteres von der Einsendung der Kirchenanzeiger absehen zu wollen.

Anzeige in der »Allgäuer Zeitung« am 24. August 1923

Junges, gebildetes, kinderloses Ehepaar zahlt für die Ueberlassung einer beschlagnahmefreien
2–5 Zimmer-Wohnung
drei Milliarden Mark in bar
oder Lebensmitteln
(ev. mehr). Umzugskosten werden vergütet. Eilangebote unter Ag. 3260 bef. d. Gschst. d. Bl.

Anzeige in der »Allgäuer Zeitung« am 28. September 1923

Immenstadt-Sonthofen.
Der Kommunalverband Sonthofen teilt mit:
Infolge der sprunghaften Steigerung aller Unkosten, namentlich der Heizmaterialien, der Mahl- und sonstigen Löhne und der Verdienstspanne der Bäcker gelten vom 20. August an folgende Mehl- und Brotpreise: 1. 100 Kilogramm Brotmehl jeder Art bei Abgabe an die Bäcker und Händler 2 200 000 M.; 2. Kleinhandelspreis: für 1 Kilogramm Brot 30 000 M.; für 1 Kilogramm Brotmehl 26 000 M. — Marke Nr. 8 darf vorerst von den Bäckern nicht angenommen werden.

Anzeige in der »Allgäuer Zeitung« im August 1923

Festbeilage der »Allgäuer Zeitung« zum Katholikentag 1926. Das Schwertwache-Motiv war im Deutschen Reich seit den 1890er Jahren weit verbreitet. Ein in eine mittelalterliche Eisenrüstung gehüllter Krieger steht frontal und breitbeinig vor dem Betrachter und stützt sich auf sein Schwert. In diesem Motiv werden sowohl das Gefühl des Bedroht-Seins wie der Wille zur Wehrbereitschaft zum Ausdruck gebracht.

Unruhige Jahre

Einwohnerwehr Schrattenbach.
Am Sonntag, den 12. Juni nach dem Vormittagsgottesdienste im Gasthaus „zum Hirsch" in Schrattenbach
Versammlung
mit dem Thema: 4751
Entwaffnung u. Auflösung der Einwohnerwehr
Alle Wehrleute der Gemeinde wollen erscheinen:
Holzmann, Einwohnerwehrführer.

Mit dem Waffenstillstand im November 1918 war der Weltkrieg noch lange nicht zu Ende. Zwar schwiegen nun die Waffen an den Kriegsfronten. Doch für die deutsche Bevölkerung begann erst jetzt das Jahr, das die Nerven am meisten anspannte: Wie würde der Friedensvertrag aussehen? Welche neue politische Ordnung würde sich nach dem Sturz der Monarchien in Preußen und Bayern etablieren? Zu den Ungewissheiten in der »großen Politik« kam der alltägliche Kampf um's Überleben.

Schon bald nach dem Waffenstillstand strömten die deutschen Soldaten in die Heimat zurück. Überall wurden sie wie Sieger empfangen – das deutsche Heer war im Felde unbesiegt! Selbst in Ortschaften wie Altusried und Wiggensbach wurde den Heimkehrenden ein triumphaler Empfang bereitet.

Wegen der Unsicherheit eines Waffenstillstandes war das Heer nur teilweise entwaffnet worden. Den Aufforderungen zur Abgabe der Waffen kamen viele Soldaten nur zögerlich nach. Wie das ganze Reich strotzte Anfang 1919 auch das Allgäu vor Waffen.

Die Angst und Verunsicherung in der Bevölkerung zu Beginn des Jahres 1919 beschreibt ein Artikel in der »Allgäuer Zeitung«: »Durch bolschewistische Umtriebe in Kempten und Umgebung wurde am Freitag und Samstag vergangener Woche erhebliche Unruhe in die Bevölkerung getragen. Weit mehr als in der Stadt selbst war man auswärts über die Zustände erregt, die in Kempten herrschen sollten.

In München hatte sich das Gerücht verbreitet, dass die Garnison in Kempten entwaffnet worden sei und Spartakus-Leute die Macht an sich gerissen hätten ... Und wie war es in Kempten selbst? Die unglaublichsten Gerüchte durchschwirrten die Stadt. Noch war die eine Hiobspost bei weitem nicht zu aller Ohren gekommen, so jagte ihr auch schon eine andere hinterher. Es zeigte sich so recht, dass die Nerven eines großen Teils der Bevölkerung außerordentlich geschwächt sind und dringend der Erholung bedürfen.«

Oben
Anzeige in der »Allgäuer Zeitung« 1920

Unten
Einweihung des Kriegerdenkmals in Heiligkreuz am 13. Oktober 1929

Das Oberjoch-Bergrennen

Die heutige Oberjochstraße zwischen Hindelang und Oberjoch wurde zwischen 1895 und 1900 anstelle einer alten Heer- und Handelsstraße angelegt. Diese hatte seit Jahrhunderten das südliche Oberallgäu mit Tirol verbunden. Am Ende des 19. Jahrhunderts genügte der alte Saumpfad den Erfordernissen des modernen Verkehrs nicht mehr. Deshalb beauftragte die Bayrische Staatsregierung Anfang der 1890er Jahre das Straßen- und Flussbauamt Kempten mit dem Neubauprojekt.

Die Strecke führt durch die wunderschöne Allgäuer Bergwelt und ist die höchst geführte Kunststraße Deutschlands. Obwohl der Straßenabschnitt nur zehn Kilometer lang ist, erforderte der Neubau der Straße wegen des schwierigen Geländes einen ungeheuren Kräfteaufwand. Ihr westlicher Ausgangspunkt liegt in Hindelang in 815 Meter über Normalnull, ihr Höchstpunkt auf 1180 Meter Höhe; das heißt auf zehn Kilometer Länge müssen 365 Höhenmeter überwunden werden. 100 000 Kubikmeter Erdmassen waren zu bewegen, um die Steigungen des alten Saumweges, die zum Teil bis zu 22 Prozent betrugen, auf heute maximal 5 bis 5,75 Grad Steigung herabzumindern. Dies war nur durch eine Behebung der Steilstrecken und Anlage vieler Kurven bei gleichzeitiger Verbesserung des Straßenkörpers möglich. Die Gesamtbaukosten für die zehn Straßenkilometer betrugen 375 000 Mark.

Unten
Hans Klüpfel aus Altusried beteiligte sich 1929 auf dem DKW-Sport am Oberjoch-Bergrennen. Auf dem Motorrad Excelsior sitzt Herr Albrecht aus Altusried, der in Kategorie B (nicht über 350 Kubikzentimeter) startete.

Die Anfänge des Oberjoch-Bergrennens

Man muss den Mut und die Risikobereitschaft der »Bezirksgruppe Allgäu« des ADAC bewundern, dass sie es trotz der enormen wirtschaftlichen Schwierigkeiten des Inflationsjahres 1923 wagte, ein Wettrennen zu initiieren, das – mit einer längeren Unterbrechung – bis heute existiert.

Anfang September 1923 veranstalteten die Allgäuer Motorenthusiasten des ADAC das erste Rennen auf der überaus schwierig zu befahrenden Serpentinenstraße zwischen Hindelang und dem Ort Oberjoch. Angekündigt war diese Veranstaltung als »Bergprüfungsfahrt«, das heißt nicht nur die Fahrkunst der Teilnehmer, sondern auch die Leistungsfähigkeit der Fahrzeuge sollte auf die Probe gestellt werden. Eingeladen waren nur die Mitglieder des ADAC, die sowohl mit Autos als auch mit Motorrädern starten konnten. 18 Automobile und 13 Zweiräder gingen an den Start; etwa 1000 Zuschauer fanden sich ein. Die Teilnehmer kamen fast alle aus dem süddeutschen Raum.

Von Jahr zu Jahr wuchs die Zahl der Fahrer und Zuschauer. Im Jahr 1924 waren es bereits mehr als 150 Automobile, die in sieben verschiedenen Klassen an den Start gingen. Die Klassen reichten dabei von bis zu 3,99 Stunden-PS bis zu über 10 Stunden-PS. Die Motorräder waren in sechs Klassen unterteilt, deren unterste bis zu 115 Kubikzentimeter Zylinderinhalt reichte. Die oberste begann bei über 750 Kubikzentimeter. Motorräder mit Beiwagen starteten extra in zwei Klassen.

Die beste Zeit für Automobile fuhr 1924 der Münchner Hans Kolb auf Steiger mit sechs Minuten und fünf Sekunden; das schnellste Motorrad mit Beiwagen war eine Harley Davidson, die acht Minuten und fünf Sekunden brauchte.

Der Streckenrekord wurde mehrmals gebrochen: 1927 fuhr Eddy Linser die Strecke in sechs Minuten und 21 Sekunden. Er erreichte einen Durchschnitt von 50 Stundenkilometern. 1928 stellte Hans von Stuck auf einem Astro-Daimler einen neuen Streckenrekord mit einem Stundendurchschnitt von 65,8 Kilometern auf.

Da die kurvenreiche Strecke das Aufdrehen zu hohen Geschwindigkeiten gar nicht zulässt, waren bei den ersten Rennen nur wenige Unglücksfälle zu verzeichnen. 1927 platzte dem Fahrer Hochleitner Junior mit seinem Bugatti bei schärfstem Tempo ein Reifen, wodurch der Wagen von der Straße geschleudert

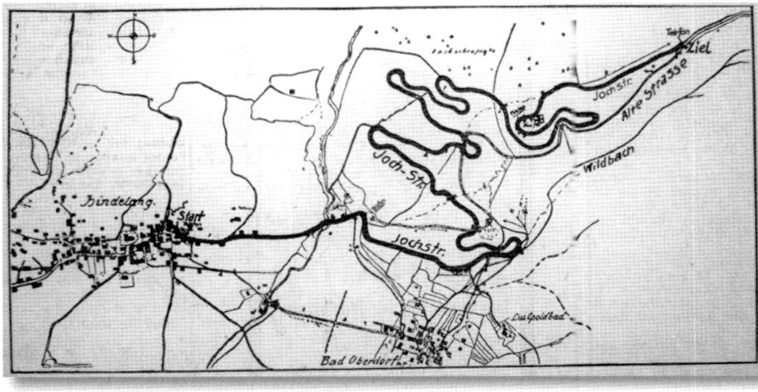

Oben
Foto der Strecke

Unten
Auf zehn Kilometer Strecke müssen mittels 96 verknoteter Kurven und Serpentinen 365 Höhenmeter überwunden werden.

wurde und derartige Beschädigungen erlitt, dass er verschrottet werden musste. Am selben Tag passierte dem Beifahrer des Indian-Fahrers Schröter Ungewöhnliches: Er ging unmittelbar in der Kanzelkurve »verloren«. Zwar passierte ihm fast nichts, doch musste Schröter mit seinem Motorrad alleine weiterfahren.

Kurz vor Beginn der Weltwirtschaftskrise am 8. September 1929 fand das letzte Oberjoch-Bergrennen vor dem Zweiten Weltkrieg statt. Die Allgäuer Sportgemeinschaft »Oberjoch« des ADAC versprach in der Ausschreibung eine »wesentliche Ausdehnung der Veranstaltung gegenüber den bisherigen«. Diese Ankündigung bezog sich nicht nur auf die zahlreichen Ehren- und Geldpreise, die bis zu 500 Mark reichten. Extra für den Nachwuchs meldete man zusätzlich eine Sonderklasse an.

Wie üblich fand am Samstag das sogenannte Training statt; jeder Teilnehmer hatte die Möglichkeit, viermal zu starten. Am Abend traf man sich im Gasthaus »Sonne« in Hindelang zum Begrüßungsabend. Das eigentliche Rennen am Sonntag war nach etwa fünf Stunden abgeschlossen.

Wegen der Weltwirtschaftskrise musste das Oberjoch-Bergrennen im Jahr 1930 ausfallen. Mehrere Versuche, das Rennen erneut zu beleben – zuletzt im Jahr 1935 – scheiterten. Erst einige Jahre nach dem Zweiten Weltkrieg fanden sich erneut einige Motorrennfahrer am Oberjoch ein. Heute findet das Oberjoch-Bergrennen nicht mehr als Konkurrenz der neuesten und schnellsten Rennwagen und Motorräder statt, sondern als Schaulauf von Oldtimern.

Oben
Werbung in der »Allgäuer Zeitung« aus dem Jahr 1927

Unten
Die Rennwagen-Enthusiasten kamen beim Oberjoch-Bergrennen voll auf ihre Kosten.

Der zweite Katholikentag in Kempten 1926

Bis zum Ende des Zweiten Weltkrieges war das Oberallgäu fast ausschließlich katholisch. Erst nach der Säkularisation im Jahr 1803 und der Vereinigung der beiden Kempten hatten sich die Menschen beider Konfessionen vermischt: Kemptner Protestanten zogen aus der Altstadt in die Neustadt und ins Umland, Katholiken in die Altstadt hinein. 1910 lebten in Kempten 17 000 Katholiken, aber nur 3700 Protestanten.

Die katholischen Festtage spielten im öffentlichen Leben aller Allgäuer Gemeinden eine zentrale Rolle. Die Fronleichnams-Prozessionen waren in jedem Dorf einer der Höhepunkte des Kirchenjahres und zudem ein farbenprächtiges Schauspiel.

Schon im September 1913 war der erste Allgäuer Katholikentag veranstaltet worden. Er sollte dem einzelnen Katholiken die Möglichkeit geben, sich öffentlich zu seinem Glauben zu bekennen. Zum anderen wollte sich die Kirche ihrer Basis vergewissern und ihre gesellschaftliche Bedeutung unter Beweis stellen.

Dieser erste Katholikentag war ein großer Erfolg gewesen, doch der Erste Weltkrieg und die Not der Nachkriegszeit hatten eine baldige Wiederholung verhindert.

Der zweite Katholikentag am 12. September 1926 stellte die Kraft des Katholizismus im Allgäu erneut eindrucksvoll zur Schau. Niemals zuvor hatte sich in Kempten eine größere Menschenmenge versammelt. Allein die Eisenbahnen hatten am Sonntag Morgen 11 000 Personen in die Stadt gebracht.

Das Motto dieses Kirchentages »Unseren Glauben soll uns niemand rauben« bringt in Verbindung mit dem »Schwertwache«-Motiv des Programmheftes die allgemeine Verunsicherung der Menschen in den 1920er Jahren gut zum Ausdruck. Der christliche Glauben war den Angriffen von Links- und Rechtsradikalen ausgesetzt. Der Kirchentag sollte der Stärkung des einzelnen Katholiken dienen und ihm zeigen, dass er in den gegenwärtigen Stürmen der Zeit nicht allein dastehe.

Die Vorbereitungen für den Katholikentag hatten Monate in Anspruch genommen. Zwei große Festhallen mussten am Königsplatz und in den Calgéer-Anlagen aufgebaut werden, wobei diejenige auf dem Königsplatz allein 6000 Menschen fasste. Sechs weitere Versammlungssäle sowie mehrere Plätze in der Stadt wollten feierlich geschmückt sein.

Schon am Vorabend las der greise Diözesanbischof Dr. Maximilian von Lingg in Sankt Lorenz eine feierliche Andacht. Danach läuteten alle Glocken der katholi-

Unten
Die Fronleichnams-Prozession am 25. Juni 1925 in Kempten passiert die Gaststätte »Stift«.

Oben
Pater Rupert Mayer aus München hielt die Festpredigt.

Mitte
Johann Baptist Deller war von 1909 bis 1922 Stadtpfarrer von Sankt Lorenz.

schen Kirchen das bevorstehende Ereignis ein. Eine unübersehbare Menschenmenge auf dem Kornhaus- und Hildegardplatz lauschte den von der Kuppel aus in den Nachthimmel geblasenen Chorälen.

Der Festtag

Petrus war gut gestimmt und so konnten die Veranstaltungen am Sonntag bei herrlichstem Wetter stattfinden. Schon im Morgengrauen kündeten Böllerschüsse und Glockengeläut das festliche Ereignis an.

Der Festgottesdienst wurde von Pater Rupert Mayer aus München auf der Vortreppe von Sankt Lorenz, die aufwändig geschmückt war, zelebriert. Die drei Westportale waren von dunklem Tannengrün umrahmt und von festlichem Rot gesäumt. Auf dem Plateau davor war ein Baldachin aufgebaut, der den Allgäuer Geistlichen Platz bot. Seitlich der Treppe waren gewaltige, mit Tannenreisig geschmückte Piedestale aufgebaut, die große Blumenkessel trugen und durch Girlanden miteinander verbunden waren. Rund 200 Fahnenträger standen mit ihren seidenen, in der Sonne schimmernden Vereinsfahnen Spalier. Über 20 000 Gläubige drängten sich auf dem Kornhausplatz.

Gegen 13.30 Uhr setzte sich der Festzug von der Bodmanstraße aus in Bewegung. Unter den Klängen mehrerer Musikkapellen ging es in Richtung Rathaus. Dort hatten sich auf einer Ehrentribüne viele Allgäuer Adlige, die hohe Geistlichkeit und die politische Prominenz versammelt, unter ihnen auch Reichsminister Brauns und der bayrische Ministerpräsident Dr. H. Held. Nachdem der Festzug das Rathaus passiert hatte, zweigten sich die Teilnehmer zu den sieben verschiedenen Versammlungsstätten ab.

Im Stadttheater trafen sich die Frauen, in der Gewerbehalle die Jungfrauen zu Diskussionen und Vorträgen. Die im Kornhaus gehaltenen Reden wandten sich speziell an die katholischen Gesellen. Im katholischen Gesellenhaus wurden die Lehrlinge zur »Treue zur Kirche, zu Jesus und zum Vereine« ermahnt. Auf dem Platz vor dem Kriegerdenkmal appellierte Ministerpräsident Dr. Held in seiner Ansprache an den bayrischen Patriotismus.

Die Abschlusskundgebung am Abend in der Festhalle auf dem Königsplatz wurde von Reden, gemeinsamen Gesängen und Gebeten bestimmt. Nachdem der ehemalige Stadtpfarrer Johann Baptist Deller und der Prälat Dr. Dr. Eberle ihre Reden beendet hatten, huldigte Stadtpfarrer Holzmann dem Oberhaupt der katholischen Kirche. Aus tausenden Kehlen erklang die Papsthymne. Erst gegen 11 Uhr abends endete die Veranstaltung mit dem gemeinsamen Danklied »Großer Gott, wir loben Dich!«

1929 fand in Kaufbeuren der dritte Allgäuer Katholikentag statt, 1932 in Memmingen der vierte. Während des Dritten Reiches konnten solche christlichen Machtdemonstrationen nicht mehr stattfinden.

Oben
Vignette des Katholikentages

Unten
Eine riesige Menschenmenge drängte sich auf dem Kornhausplatz.

Bürgerkrieg im Allgäu?

Der »Machtergreifung« der Nationalsozialisten am 30. Januar 1933 ging im Deutschen Reich ein jahrelanger Bürgerkrieg zwischen der Staatsmacht einerseits und den links- und rechtsradikalen Parteien andererseits voraus. Dieser wurde auch auf den Straßen ausgetragen, zum Teil mit großer Härte und Brutalität. Tote bei Straßenschlachten und politisch motivierte Morde waren beinahe an der Tagesordnung.

Mitte
Immenstadt um 1930

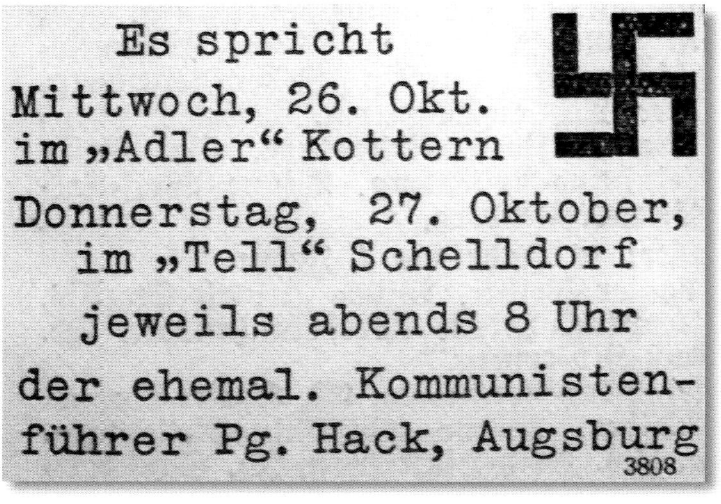

Unten
Die Extreme berühren sich, und Parteiwechsel von der KPD zur NSDAP häuften sich Anfang der 1930er Jahre

Im Allgäu ging es etwas gemäßigter zu. Hier beschränkten sich die Auseinandersetzungen auf die wenigen Orte mit größeren Industrieansiedlungen. Nur in der Arbeiterschaft gab es ein genügend großes Potential an Kommunisten, das es wagen konnte, der gewaltbereiten Bewegung des Nationalsozialismus offen die Stirn zu bieten.

Seit den frühen 1930er Jahre häuften sich auch im Allgäu die tätlichen Auseinandersetzungen zwischen den Anhängern der politischen Parteien. So störten am 9. März 1931 Nationalsozialisten (NS) eine Versammlung der SPD im Kemptner Kornhaus. Vor der Reichstagswahl Ende Juli 1932 eskalierte die Gewalt zwischen Links- und Rechtsradikalen auch auf der Straße. Zwei Prozesse vor dem Schöffen-Schnellgericht in Kempten werfen ein Schlaglicht auf die aufgeheizte politische Atmosphäre im Sommer 1932.

Eine Straßenschlacht in Immenstadt

Am Abend des 10. Juli 1932 veranstalteten die NS eine von den Behörden genehmigte Demonstration durch die Straßen von Immenstadt. Nach Abschluss der Kundgebung löste sich der Demonstrationszug jedoch nicht – wie vorgeschrieben – auf. Vielmehr trafen sich die NS im Gasthaus »Drei Könige«, vor dem sich eine größere Menschenmenge versammelt hatte. Als sich der SA-Führer H. in der Begleitung von ungefähr 20 Gefolgsleuten auf den Heimweg machen wollte, wurden sie in der Mummenerstraße von Linken mit Steinen und Flaschen beworfen. Äußerer Anlass war vermutlich die nicht zusammengerollte Hakenkreuzfahne. Mit spontan losgerissenen Latten von Gartenzäunen und anderen Schlaginstrumenten hieben die verfeindeten Gruppierungen aufeinander ein. Ein Kommunist erhielt zwei Messerstiche in Hals und Brust, der SA-Führer wurde durch Lattenhiebe schwer verletzt. Erst als die örtliche Polizei durch Gendarmerie verstärkt worden war, konnte die Ruhe wieder hergestellt werden. Insgesamt gab es vier Schwer- und fünf Leichtverletzte.

Im Oktober 1932 wurde in Kempten der Prozess gegen insgesamt 22 linksgerichtete Angeklagte aus Immenstadt, darunter eine Frau, wegen Landfriedensbruch und Körperverletzung eröffnet. Die Angeklagten waren überwiegend Hilfs- und Fabrikarbeiter, 13 von ihnen waren bereits vorbestraft. Am 25. Oktober erfolgte die Urteilsverkündung: die Angeklagten wurden zu Gefängnisstrafen zwischen sechs Wochen und 16 Monaten verurteilt, aber nur einer kam sofort in Haft. »Sämtlichen Angeklagten wurden mildernde Umstände zugebilligt, da das leichtsinnige Verhalten des NS-Führers H. überhaupt den Überfall ermöglicht habe, und ferner, weil die Angeklagten durch das zu Beginn der Streitigkeiten von dem Nationalsozialisten R. gezückte Messer gereizt und in Erregung gebracht wurden.«

Weberei Sonthofen
Aktiengesellschaft in Sonthofen in Liquidation
Durch Beschluß der Generalversammlung vom 4. September 1930 ist die Gesellschaft aufgelöst und in Liquidation getreten. Die Gläubiger der Gesellschaft werden hierdurch gemäß § 297 HGB aufgefordert, ihre Ansprüche bei dem Unterfertigten als dem Liquidator der Aktiengesellschaft anzumelden. g1003
Sonthofen, den 25. Februar 1931 Ernst Peters

Protest-Versammlung
von heute unterbleibt
da deutsches Volk zur Zeit nicht einig. 11672 Der Ausschuß.

Auseinandersetzungen in Kottern und Kempten

Eine Woche nach der Straßenschlacht in Immenstadt gab es auch in Kottern und

Deutschnationale Volkspartei
Ortsgruppe Kempten
Am Montag, 18. Juli 1932, abends 8.15 Uhr
spricht im Kolosseum
Herr Dr. Baerwolff über:
Hugenbergs Kampf:
„Los vom Sozialismus!"
Freie Aussprache! Unkostenbeitrag 30 Pfennig.
Jeder, der sich über die Begriffe „sozial" und „sozialistisch" unterrichten will, muß diese Versammlung besuchen.
gez. Dr. Thiem, 1. Vorsitzender 567*

Oben
Die Arbeitslosigkeit war der Nährboden des Radikalismus.

Mitte
Deutsches Volk wieder 'mal nicht einig!

Unten
Wahlanzeige der Deutsch-Nationalen Volkspartei 1932

Oben
Die Spinnerei und Weberei Kottern um 1930

Unten links
Anzeige in der »Allgäuer Zeitung« aus dem Jahr 1928

Unten rechts
1932 gab es noch nicht in jedem Haushalt ein Radio.

Kempten brutale Zusammenstöße zwischen Links- und Rechtsradikalen.

Am Sonntag, den 17. Juli 1932 veranstaltete die NSDAP einen Propagandamarsch durch das Bezirksamt Kempten. Ihre Absicht, auch durch das »rote Kottern« zu marschieren, war eine Provokation, die Schlimmes befürchten ließ. Wie zu erwarten hatte sich in Kottern eine größere Menge gewaltbereiter Kommunisten versammelt. Als die NS im Anmarsch waren, errichteten die Linken Barrikaden aus Eisenbahnschwellen und Ziegelsteinen. Die Teilnehmer des NS-Umzuges wurden angepöbelt und mit Steinen beworfen; sämtliche Fensterscheiben der mitgeführten Fahrzeuge gingen dabei zu Bruch. Ein NS-Mann erlitt durch einen Dachziegel eine schwere Kopfverletzung, mehrere NS wurden durch Steinwürfe und Glassplitter verletzt. Der NS-Demonstrationszug musste von der Polizei über die Eich nach Kempten umgeleitet werden.

In Kempten hatte sich inzwischen eine große Menschenmenge versammelt, die sich zu einer spontanen Gegendemonstration durch die Kotternerstraße zum Bahnhof aufmachte. Die Polizei versuchte diesen Zug gewaltsam aufzulösen und musste – da sich die Polizisten tätlich angegriffen sahen – »blank ziehen«. Doch am Bahnhofplatz versammelten sich erneut mehrere hundert Linke. Durch das Absingen der »Internationale« und ähnlicher Kampflieder heizte sich die Menge auf.

Kurz nach 19 Uhr traf am Bahnhof durch Fahrradmelder die Nachricht ein, dass der NS-Zug inzwischen bei der Wirtschaft »Scheibe« angelangt sei. Daraufhin formierte sich spontan ein Demonstrationszug gegen den NS-Aufmarsch. In der Kotternerstraße begannen die Linken, eine Straßensperre zu errichten. Der genehmigte NS-Aufmarsch wurde von der Polizei vor den Angriffen aus dem linken Lager geschützt. »Mit Gummiknüppel und blankem Säbel gingen sie gegen die tobende Masse vor«, hieß es später in der »Allgäuer Zeitung«. Es kam zu Steinwürfen und Tätlichkeiten. Auch Unbeteiligte wurden durch Säbelhiebe und Gummiknüppel verletzt. Eine weitere Barrikade aus Fässern wurde in der Kotternerstraße aufgebaut. Danach konnte die Menge aufgelöst werden, doch kam es im Anschluss noch zu kleineren Zusammenstößen in der Stadt.

Am Tag danach warnte Bürgermeister Dr. Merkt in der Zeitung davor, sich solchen Ausschreitungen aus Neugier zu nähern: »... Gendarmerie und Schutzmannschaft

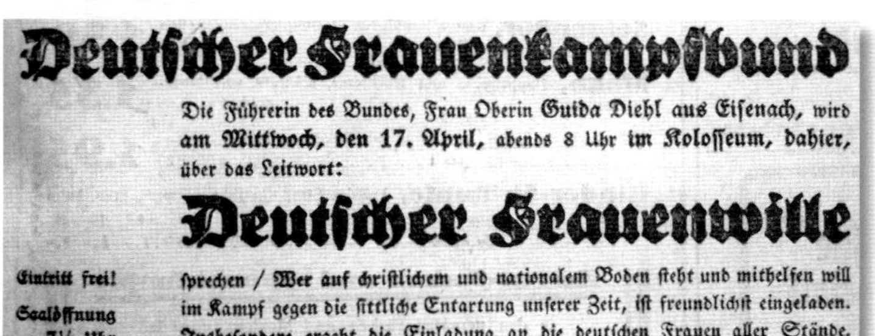

sind angewiesen, in derartigen Fällen mit aller Rücksichtslosigkeit vorzugehen, erforderlichenfalls auch von der Schusswaffe Gebrauch zu machen. Wer nicht mit hineingezogen werden will, soll wegbleiben und heimgehen. Auf Neugierige kann keine Rücksicht genommen werden. Wer dabei ums Leben kommt, ist selbst schuld!«

Zwei Wochen später, am 30. Juli 1932 – einen Tag vor den Reichstagswahlen – sprach Adolf Hitler auf dem Platz vor der Tierzuchthalle vor 25 000 Menschen.

Der Prozess in Kempten

Am 26. August 1932 fanden diese Auseinandersetzungen ihr gerichtliches Nachspiel vor dem Kemptner Schnell-Schöffengericht. 20 kommunistische Angeklagte, die fast alle aus Kempten, Kottern und Neudorf stammten, waren wegen Landfriedensbruch, Aufruhr und Gefangenenbefreiung angeklagt. Als Rädelsführer galt der 28 Jahre alte vorbestrafte Schlosser Josef Schmid aus Kempten. Er hatte den Zug der Kommunisten von Kottern nach Kempten angeführt und seine Gefolgsleute zur Gewalt aufgereizt. Als Schöffen waren zwei Landwirte aus Haldenwang und Ronsberg bestellt; 19 Zeugen, fast alle Schupos, mussten innerhalb weniger Stunden gehört werden.

Am Verhandlungstag fieberte eine größere Menge vor der Residenz dem Urteil, das gegen 22 Uhr verkündet wurde, mit »Heil Moskau«- und »Rotfront«-Rufen entgegen.

Das Gericht verurteilte sechs der Angeklagten zu einem Jahr Gefängnis. Gegen drei erging wegen schweren Landfriedensbruchs sofortiger Haftbefehl. Acht Angeklagte kamen mit Freiheitsstrafen zwischen sechs und acht Monaten davon, vier wurden freigesprochen.

Bei der Reichstagswahl am 31. Juli 1932 erhielt die KPD in Immenstadt 212 Stimmen von insgesamt 3892 Wahlberechtigten; der die NSDAP einschließende »Völkische Block« kam auf 1149 Stimmen.

In Kempten erhielt die KPD 1125 Stimmen, die NSDAP 4208 Stimmen.

Oben links
Ankündigung der Hitler-Rede in Kempten 1932

Oben rechts
Anzeige in der »Allgäuer Zeitung« aus dem Jahr 1928

Unten
Anzeige am 30. Juli 1932 im »Allgäuer Tagblatt«

Die Wehrmacht marschiert durch die Fischerstraße in Kempten, vermutlich 1938.

Das Allgäu im Dritten Reich

Die »Machtergreifung« in Kempten

Die Machtübernahme der Nationalsozialisten im Frühjahr 1933 lief im Allgäu ähnlich ab wie überall im Deutschen Reich. Die politischen Gegner wurden inhaftiert, die Gesellschaft »gleichgeschaltet«, die Juden diskriminiert. Wer aufbegehrte, kam in »Schutzhaft«.

Die Ausschaltung der politischen Gegner

Drei Tage vor der letzten halbwegs freien Reichstagswahl am 5. März 1933 wurden in Kempten acht »Kommunistenhäuptlinge« in Schutzhaft genommen, unter ihnen der Buchdrucker Adolf Schmid. Laut »Allgäuer Zeitung« handelte es sich »um Sicherheitsmaßnahmen, die im Interesse der öffentlichen Ruhe und Ordnung notwendig sind und daher wohl überall verstanden werden«. In Kempten kursierende Gerüchte um drohende kommunistische Anschläge waren der Vorwand für die Verhaftungen gewesen. Bei der Wahl Anfang März konnten in Kempten sowohl die Bayrische Volkspartei (3942 Stimmen), die NSDAP (5292 Stimmen) und die SPD (2139 Stimmen) Wähler hinzugewinnen. Die KPD verlor nach der Verhaftung ihrer führenden Köpfe fast ein Drittel ihrer Wähler und erhielt noch 1085 Stimmen.

In der Woche nach der Wahl überschlugen sich in Kempten die Ereignisse. Am 9. März kam es zu Boykottmaßnahmen

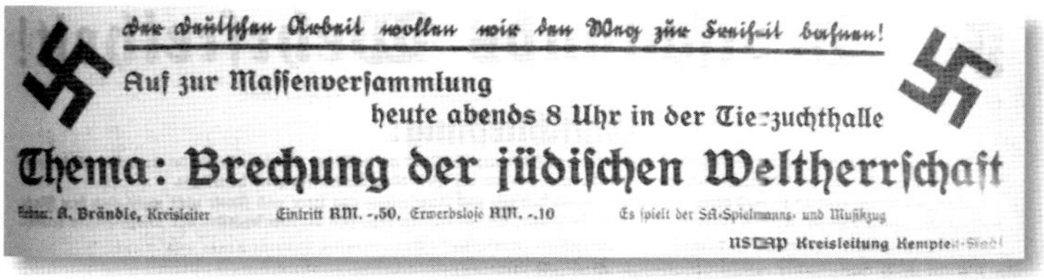
Der deutschen Arbeit wollen wir den Weg zur Freiheit bahnen!
Auf zur Massenversammlung
heute abends 8 Uhr in der Tierzuchthalle
Thema: Brechung der jüdischen Weltherrschaft
A. Brändle, Kreisleiter   Eintritt RM. -.50, Erwerbslose RM. -.10   Es spielt der SA-Spielmanns- und Musikzug
NSDAP Kreisleitung Kempten

Heute Dienstag den 5. November 1935, abends 8 Uhr,
spricht im „Stadttheater" in Kempten
Pg. und Kreisleiter Schädler, Kempten
M. d. R., über:
Blut und Boden
Arbeitskameraden der Stadt Kempten!
Beweist eure Verbundenheit zur großen deutschen Volksgemeinschaft durch restloses Erscheinen.
Eintritt frei!

Oben
Ankündigung einer Rede Anton Brändles am 1. April 1933

Mitte
Ankündigung einer Rede Georg Schädlers am 5. November 1935

Unten links
Plakat für die Andreas-Hofer-Festspiele 1933

Unten rechts
Bürgermeister Dr. Merkt und Kreisleiter Anton Brändle: Ausschnitt aus einer Postkarte von Franz Xaver Unterseher

Oben
Wehrmachtsoldaten in den 1930er Jahren nahe Kempten

gegen die jüdischen Geschäfte. Die NS besetzten eine ganze Reihe öffentlicher Gebäude. Die SPD-Stadträte Wehr, Gölzer und Schedel kamen in Schutzhaft; ebenso der SPD-Gewerkschaftssekretär Anton Weinberger.

Aber nicht nur die politische Linke wurde im Allgäu ausgeschaltet. Die Nazis schüchterten auch das bisherige politische Establishment, die Vertreter der Bayrischen Volkspartei, rigoros ein. Ende Juni 1933 kamen sämtliche sechs Kemptner Stadtrats-Mitglieder der BVP vorübergehend nach Landsberg in Haft. Das gleiche Schicksal erlitten die Bezirkstags-Mitglieder der BVP, der ehemalige Bürgermeister von Sankt Lorenz-Schwabelsberg Josef Weinhart, der frühere Bürgermeister von Altusried Weizenegger und der Landwirt Max Müller aus Reicholzried.

Bürgermeister Dr. Merkt weigerte sich, nach der für die NSDAP so erfolgreichen Wahl Anfang März am Rathaus die Hakenkreuzfahne zu hissen. Er verstand sich als »unpolitischer«, über den Parteiinteressen stehender Vertreter der Stadt. Doch er stand auf verlorenem Posten und wurde allmählich gefügig gemacht. Am 6. April 1933 wurde er beurlaubt; zwei Tage später kam er für über eine Woche nach Augsburg in Haft. Am 18. April setzte ihn die NS-Kreisleitung wieder in sein Amt ein. Obwohl er 1929 vom Magistrat einstimmig und unwiderruflich zum Bürgermeister auf Lebenszeit gewählt worden war, schickte man ihn nach Vollendung seines 65. Lebensjahres 1942 zumindest offiziell in Pension.

Neue Männer rückten an die Spitze. Der mächtigste Mann im »Gau Schwaben« war Parteigenosse Wahl, der in Augsburg residierte. Unter ihm hatten der 1887 in Niedersonthofen geborene Kreisleiter von Sonthofen Georg Schädler und der Altusrieder Anton Brändle (1899 bis 1953) als Kreisleiter von Kempten das Sagen. Beide waren nicht nur Schreibtischtäter und Erfüllungsgehilfen, sondern eifrige Nationalsozialisten. Sie verliehen ihrer braunen Überzeugung in zahlreichen Reden und Ansprachen Ausdruck. Brändle hatte zudem einen Hang zum Theatralischen und spielte bei den Altusrieder Andreas-Hofer-Festspielen im Jahr 1933 die Hauptrolle.

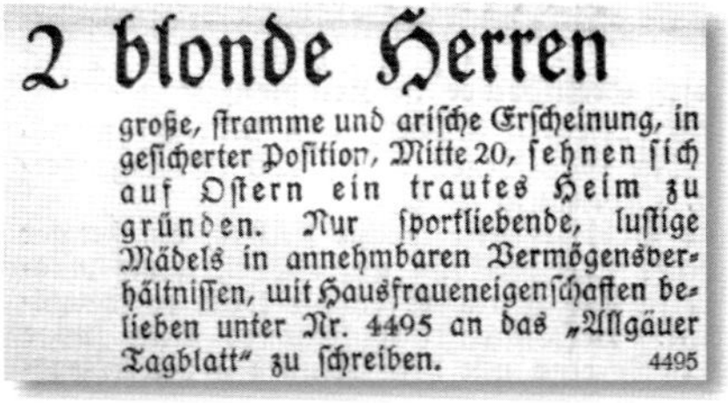

2 blonde Herren

große, stramme und arische Erscheinung, in gesicherter Position, Mitte 20, sehnen sich auf Ostern ein trautes Heim zu gründen. Nur sportliebende, lustige Mädels in annehmbaren Vermögensverhältnissen, mit Hausfraueneigenschaften belieben unter Nr. 4495 an das „Allgäuer Tagblatt" zu schreiben. 4495

Mitte
Anzeige im »Allgäuer Tagblatt« im Oktober 1932

Plakat- Säule

NSDAP., Ortsgruppe Kempten I

Heute Freitag den 3. Dezember 1937 erscheinen nach der Kundgebung im Kornhaus sämtliche Zellenleiter der NSDAP., Zellenwalter der NSV. und der DAF., Zellenfrauenleiterinnen der NS.-Frauenschaft der Ortsgruppe zu einer wichtigen kurzen Besprechung in der Gaststätte zum „Stift".

NSDAP., Ortsgruppe Kempten II

Heute Freitag den 3. Dezember 1937 erscheinen nach der Kundgebung im Kornhaus sämtliche Zellenleiter der NSDAP.,

Unten
Auf der »Plakatsäule« im »Allgäuer Tagblatt« wurden die Veranstaltungen der NS-Organisationen bekannt gegeben.

Die Wahlen zum Reichstag am 12. November 1933 zeigten die für eine Diktatur typischen Ergebnisse. Die Wahlbeteiligung lag angeblich bei 99,4 Prozent; von den 16 086 in Kempten abgegebenen Stimmen sollen 15 479 für die einzig übrig gebliebene Partei – die NSDAP – abgegeben worden sein. Die restlichen 607 Stimmen wurden für »ungültig« erklärt.
Ende März 1934 musste die »Allgäuer Zeitung« ihr Erscheinen einstellen – ein Indiz dafür, dass gemäßigte Meinungen und offene Information nicht mehr geduldet waren. Zum Sprachrohr der Partei wurde das »Allgäuer Tagblatt«, das schon vor 1933 mit dem Nationalsozialismus sympathisiert hatte.

Drangsalierung der Kirchen

Nach der Ausschaltung der anderen politischen Parteien betrachteten die NS die christlichen Kirchen als gefährlichsten ideologischen Gegner. Das zwischen Hitler und dem Papst 1933 geschlossene Konkordat verschaffte der katholischen Kirche nur eine kurze Atempause. Nachdem sich Hitler seiner Macht im Inneren sicher war, wurden die christlichen Kirchen mit einer Vielzahl von Provokationen und Verboten drangsaliert. So trugen im August 1935 NS-Jungvolk und Hitlerjungen bei einem Propagandazug durch Kempten eine Tafel mit der Aufschrift »Nieder mit den Pfaffen«. Mitte Oktober 1941 wurden auf die Hauptportale der Sankt Lorenz- und der Sankt Mang-Kirche anti-christliche Parolen geschmiert. Über 50 Pfarrer wurden allein im Allgäu von den NS schikaniert oder inhaftiert.

Oben
Zug der Wehrmacht durch die Fischerstraße in Kempten im Jahr 1938

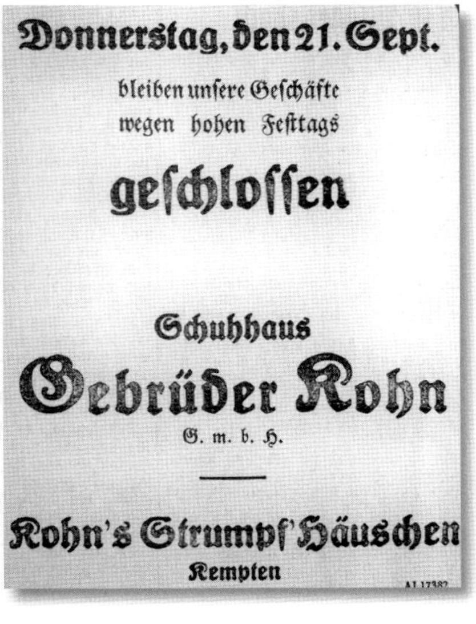

Unten
Anzeige des »Schuhhaus Kohn« im September 1933

Der Boykott jüdischer Geschäfte

Die jüdischen Geschäftsleute hatten nach den ersten Boykottmaßnahmen durch die NS Anfang März und Anfang April 1933 bis zum Jahr 1938 relative Ruhe. Tapfer hatte sich Bürgermeister Dr. Merkt über die von den NS verübten Nötigungen und Schädigungen der jüdischen Geschäftsleute empört. Im Frühjahr 1933 glaubte er noch, dass gegen diese widerrechtlichen Geschäftsstörungen Rechtsmittel möglich seien. Erst 1938 wurden die jüdischen Geschäftsleute zur Schließung ihrer Läden gezwungen. Auf einem Flugblatt mit dem Titel »Ohne Lösung der Judenfrage keine Erlösung des deutschen Volkes« standen die Namen sämtlicher in Kempten tätiger jüdischer Geschäftsleute und Viehhändler. Das »Allgäuer Tagblatt« scheute sich nicht, das Flugblatt, in dem voller Hass zu ihrem Boykott aufgerufen wurde, abzudrucken.

Relative Freiheit für die Künstler

Die im Allgäu tätigen Künstler bekamen nach 1933 die NS-Diktatur kaum zu spü-

Oben
Das Kaufhaus Sax in der Fischerstraße musste wie die anderen jüdischen Geschäfte in Kempten im November 1938 schließen.

Mitte links
»Schicksalsfaust« – Kreidezeichnung von Franz Xaver Unterseher

Mitte rechts
Selbstporträt von Franz Xaver Unterseher

Unten
Anzeige im »Allgäuer Tagblatt« im September 1933

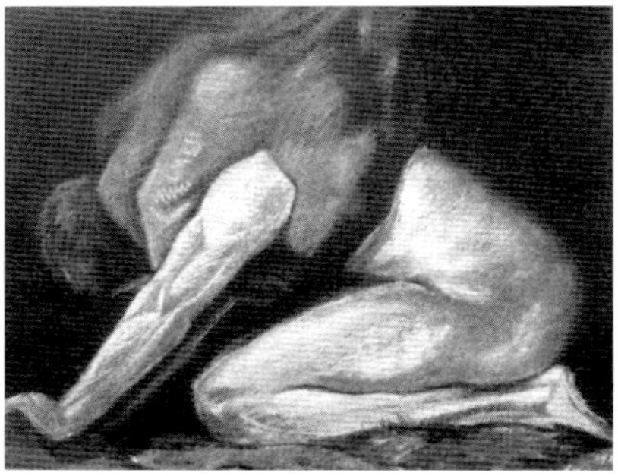

ren. Der in Wertach gebürtige Maler Josef Hengge vollendete 1933 sein monumentales Wandgemälde am Lyzeum, das den Gefallenen des Ersten Weltkrieges gewidmet war. Zudem bekam er 1933 den Auftrag, die Hauptfront des Arbeitsamtes in der Königstraße mit monumentalen Wandfresken zu schmücken. Auch der 1888 in Göggingen geborene und in Kempten als Realschullehrer tätige Künstler Franz Xaver Unterseher wusste sich anzupassen. Seine symbolistischen und teils fantastischen Gemälde erregten bei den Kunstjournalisten zwar einiges Befremden. Doch blieb er auf seinen Bildern immer im Gegenständlichen und überzeugte nicht nur durch sein Talent als Porträtist, sondern auch als Kunsthandwerker.

Schlimm erging es hingegen dem ungarisch-jüdischen Architekten Andor Akos, der sich seit 1923 in Kempten zu einem der angesehensten Grafiker und Architekten hochgearbeitet hatte. Bis zum Kriegsbeginn hatte sich niemand für seine »nicht-arische Abstammung« interessiert. Er gehörte zu den freischaffenden Architekten, die sich im Frühjahr 1933 zu einer »Ortsgruppe Kempten« gleichgeschaltet hatten. Als er sich 1940 freiwillig zum Kriegsdienst meldete, kam seine jüdische Abstammung ans Licht. Auf einer Dienstreise nach Wien 1940 nahm er sich das Leben. Der in Kempten geborene, aber in München tätige Expressionist Carl Rabus verbrachte die Jahre zwischen 1934 und 1945 im Exil und in einem südfranzösischen Internierungslager.

Die Anfänge des Sportfluges im Oberallgäu

Bis zum Ersten Weltkrieg war Deutschland neben Frankreich führend in der Entwicklung der Luftschifffahrt gewesen. Nach dem Krieg waren dem Deutschen Reich im Vertrag von Versailles zahlreiche Beschränkungen hinsichtlich der militärischen und privaten Nutzung von Flugzeugen auferlegt worden. Als diese Ende der 1920er Jahre gelockert wurden, regte sich auch im Allgäu wieder die Lust am Fliegen.

Claude Dornier (1884 bis 1969)

Die Begeisterung für den Flugsport im Allgäu mag seine Ursache darin haben, dass Kempten die Heimatstadt des Flugzeugpioniers Claude Dornier ist. Dieser kam 1884 als Sohn eines französischen Weinhändlers in Kempten zur Welt. Er studierte an der Technischen Hochschule in München und ging 1910 zu den Zeppelin-Werken in Friedrichshafen, wo er schon bald ein enger Mitarbeiter des Grafen Zeppelin wurde. Ende 1914 bekam er ein eigenes Konstruktionsbüro, in dem er vor allem Wasser- und Jagdflugzeuge entwickelte. Sein Name ist eng mit der Geschichte der Ganzmetall-Flugzeuge verknüpft. In Fachkreisen nannte man Dornier den »Großen Schweiger«. Ausführlich berichteten die Allgäuer Zeitungen in den 1920er und 1930er Jahren über seine neuesten Maschinen und seine Besuche in Kempten. Er kam häufig in seine Geburtsstadt, um seine Familie und seinen persönlichen Freund Dr. Merkt zu besuchen.

Die Anfänge des Sportfluges in Kempten

Am 30. August 1931 veranstaltete die »Arbeitsgemeinschaft Bayrischer Piloten« einen Flugtag in Kempten. Der Kunstflieger Willy Stör zeigte dort mit seinem schnittigen Tiefdecker verschiedene Kunstflugfiguren, unter anderem die Ausführung des Loopings nach vorn und die im Rückenflug ausgeführte Acht-Figur, bei der Stör minutenlang mit dem Kopf nach unten hängend in jede

Oben
Der »Fliegerbund Allgäu« stellte am 17. September 1932 seine Maschinen in Kempten vor.

Unten
Anzeige in der »Allgäuer Zeitung« im Mai 1933

Deutscher Luftsportverband, Landesgr. X, Ortsgruppe

Der Ozeanflieger

Hauptmann a. D. Köhl

spricht am Samstag, den 25. November, abends 8 Uhr im Kolosseum

über seinen Ost-West-Flug nach Amerika

Lichtbilder / Film / Batl.-Musik / Eintritt 80 Pfennig / SS, SA, Stahlhelm, Militär 30 Pfennig

Die Gesamtbevölkerung Kemptens wird hiermit herzlichst eingeladen. Einzeleinladungen ergehen nicht.

Oben
Anzeige im »Allgäuer Tagblatt«

gewünschte Richtung flog. Diese Flugschau muss großen Eindruck gemacht haben. Denn bald bildeten sich in Kempten mehrere Flieger-Initiativen.

Um der großen Arbeitslosigkeit nach der Weltwirtschaftskrise zu begegnen, richtete das Kemptner Arbeitsamt im Winter 1931 für junge Erwerbslose einen Kurs für Segelflugzeugbau ein. Ungefähr gleichzeitig baute nicht nur der Katholische Gesellenverein ein Gleitflugzeug, sondern auch zwei Kemptner Privatleute in Eigeninitiative. Diese drei Gruppen fanden sich bald zusammen. Seit Anfang August 1932 riskierten sie in der Nähe von Sulzberg südlich des Öschlesees von der Humbskuppe aus die ersten Hangstarts. Im Wagenschuppen des Landwirtes Barensteiner konnten die beiden selbst gebauten Gleiter untergestellt werden. Gleichzeitig wurde in der Werkstatt des Zimmermeisters Mayer in Sulzberg eine Hochleistungsmaschine gebaut, die das eigentliche Segeln erst ermöglichen sollte. Als Fluglehrer engagierte man den Münchner Segelflieger Morgenroth. Die Humbskuppe eignete sich zumindest zur Ablegung der sogenannten A-Prüfung das heißt die Prüflinge mussten mindestens 30 Sekunden lang in der Luft bleiben.

Die Gründung des »Fliegerbundes Allgäu«

Im Sommer 1932 gründeten die Kemptner Flieger einen Verein, den »Fliegerbund Allgäu«. Eine seiner ersten Aktivitäten bestand darin, die Öffentlichkeit auf das Geschehen nahe Sulzberg aufmerksam zu machen. Zu diesem Zweck stellte der Verein am Sonntag den 18. September 1932

Unten
Ein Flugzeug auf der Wiese bei Neuhausen im Jahr 1933

die teils selbst gebauten Gleiter auf dem Kemptner Königsplatz zur Schau.

Anfang Oktober 1932 fand in der Gaststätte »Stift« die erste Mitgliederversammlung des Vereins statt. Ungefähr 50 Interessierte fanden sich ein. Der erste Vorsitzende Dr. Schobacher nannte als Hauptaufgabe des Vereins, die Begeisterung für den Segelflug im ganzen Allgäu zu entfachen. Zudem sollten einer tatenlustigen Jugend durch den Flugsport Disziplin, wahre Kameradschaftspflege, Unerschrockenheit und Mannesmut vermittelt werden. Der Jahresbeitrag kostete nur fünf Mark.

Flugtage in Neuhausen

Im nächsten Frühjahr, am Sonntag den 7. Mai 1933, veranstaltete der »Fliegerbund« mit Unterstützung des »Süddeutschen Flugvereins München« einen ersten »Nationalen Großflugtag« in Neuhausen bei Härtnagel. Allzu viel wurde dem Publikum bei dieser ersten offiziellen Flugveranstaltung noch nicht geboten: Der Kunstflieger Weiß aus München beeindruckte durch sein Trudeln aus dem Rückenflug. Der »Leichtflugzeugclub München« führte mit zwei Sportmaschinen Rundflüge durch. Ein Fallschirmspringer wagte trotz starken Windes einen Sprung und landete dicht neben der Iller.

Doch bereits am 25. Juni organisierte der »Fliegerbund Allgäu« einen weiteren Flugsport-Werbetag am gleichen Platz. Diesmal war das Programm wesentlich anspruchsvoller: Am Vormittag sollte für die Jugend ein Wettbewerb mit selbst gebauten Modellflugzeugen stattfinden. Im Hauptprogramm waren ein Staffelflug

Oben
Der Flughallenbau im Oktober 1934 in Durach

Unten
Der Eröffnungsflug in Durach 1935

Oben
Dr. Mulzer (mit Hut) in Durach 1935

mit fünf Maschinen, Kunstflugvorführungen mit stehendem Motor, ein Segelflug-Schleppstart mit Flugvorführungen und weitere Attraktionen vorgesehen.

Einen dritten Flugtag am gleichen Ort veranstaltete die Allgäuer Segelfliegergruppe unter ihrem Führer Mayer am 15. Oktober 1933. Zu diesem Zeitpunkt war die Zahl der Kemptner Gleiter bereits auf sechs, die der Flieger auf 30 angewachsen.

Als die Stadt Kempten einen großen Bauernhof bei Durach für diese Flugversuche zur Verfügung gestellt bekam, war der endgültige Ort für einen künftigen Allgäuer Sportflughafen gefunden. Bereits 1934 begann man in Durach mit dem Bau einer Halle für die Gleiter.

1935 erwarb die Stadt Kempten ein 100 Tagwerk großes Feld als Start- und Landebahn. Nachdem Durach eine Zulassung als Flughafen zweiter Ordnung erhalten hatte, konnte dieser am 10. August 1935 eingeweiht werden. Das Flugfeld wurde 1938 um das Doppelte erweitert.

Der Erste Deutsche Alpenflug

Durch den Ersten Deutschen Alpenflug am Sonntag den 22. September 1935 erschien der Name Durach in allen deutschen Sport- und Tageszeitungen. Der »Motorfliegersturm Kempten« hatte die Organisation des Starts in Durach übernommen. 80 Maschinen aus ganz Deutschland hatten sich angemeldet. Immerhin 68 davon landeten in den frühen Morgenstunden auf dem Allgäuer Flugfeld. Es waren vor allem Klemm-Maschinen, aber auch Heinkel, Focke-Wulf und Maschinen der »Bayrischen Flugzeugwerke«. Knapp die Hälfte der Teilnehmer kam aus Bayern; die Übrigen flogen bis aus Hamburg, Berlin und Ostpreußen an. 15 000 Zuschauer verfolgten gebannt, wie die Maschinen ab 9.20 Uhr in der Abfolge von wenigen Minuten starteten. Der Flug führte über Füssen und Mittenwald bis zum Watzmann. Zielflughafen war Prien, das zugleich auch als Zwischenlandeplatz diente. Mehrere Zwischenlandungen mussten durchgeführt, mehrere Kontrollstellen passiert werden. Auf dem Tegernsee und dem Chiemsee war jeweils ein Zielabwurffloß verankert, das aus drei verschieden großen Quadraten bestand: das Größte maß 30 x 30 Meter, das Kleinste 10 x 10 Meter. Dieses durfte nur einmal angeflogen werden und musste von der Besatzung mit nummerierten Holzklötzen getroffen werden. Für das Erkennen und richtige Eintragen der Sichtzeichen in Karten sowie das Treffen der Flöße konnten insgesamt 800 Punkte gesammelt werden. Drei Preise im Gesamtwert von 3000 Reichsmark waren ausgelobt.

Der schnellste Flieger war Max Graf Arco-Zinneberg, der bereits um 10.37 Uhr in Prien landete. Die letzte Maschine erreichte wegen einer schadensbedingten Notlandung erst um 15.35 Uhr das Ziel.

Die Preisverleihung fand am gleichen Abend im Hotel »Bayrischer Hof« in München statt. Da nicht nur die Geschwindigkeit der Maschinen, sondern auch die Geschicklichkeit der Besatzungen bewertet wurde, ging der Erbprinz von Solms-Lich aus Oberhessen auf einer G II Rc als Sieger mit insgesamt 795 Punkten hervor, dicht gefolgt von Werner Keidel aus Möhringen, der mit einer Klemm L 26 auf 790 Punkte kam.

Viele NS-Parteibonzen und -organisationen, aber auch Firmen und Gemeinden entlang der Strecke hatten Ehrenpreise für die Flugführer und -orter gestiftet. Das Bezirksamt Kempten spendierte einen fünfarmigen Zinnleuchter, die Gemeinde Durach eine künstlerisch gestaltete Kuhschelle.

Im April 1937 stellte Dr. Joseph Mulzer aus Memmingen, der Bruder des Weltkriegshelden, die Eignung einer Höhe bei Schrattenbach für den Segelflug unter Beweis. Er startete dort mit einer Maschine vom Typ Rhönbussard bei besonders günstigen Windverhältnissen. Innerhalb kurzer Zeit schwang er sich mit seinem Segelflieger 300 Meter über den Startplatz empor. Sein Flug ging zunächst in südliche Richtung. Nach knapp dreiviertelstündigem Flug landete er schließlich in rund 20 Kilometer Entfernung unangemeldet aber zielsicher auf dem Flugplatz Memmingerberg.

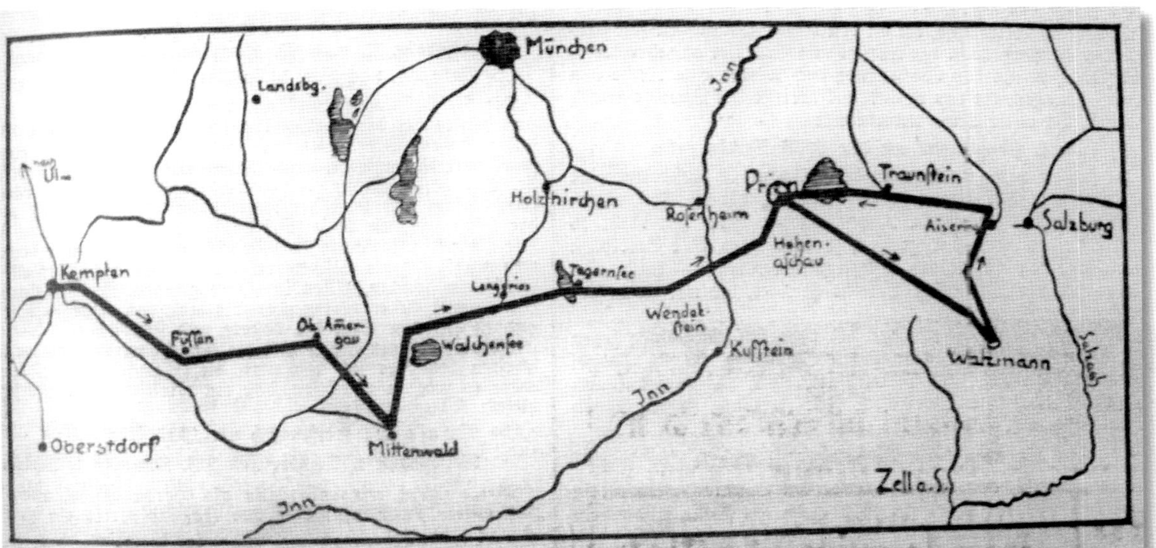

Unten
Strecke des Alpenfluges

Die Ordensburg in Sonthofen

Oben
Der Bauplatz der Ordensburg oberhalb Sonthofen Anfang der 1930er Jahre

Die bedeutendste architektonische Hinterlassenschaft des Nationalsozialismus im Allgäu ist die einst als »Ordensburg« bezeichnete Kasernenanlage auf dem Kalvarienberg in Sonthofen. Sie war ursprünglich als eine von zwölf in Deutschland geplanten Adolf-Hitler-Schulen konzipiert. Doch erhielt sie bald den Rang einer »Ordensburg«, die wie ähnliche Anlagen in Crössinsee in Pommern und Vogelsang in der Eifel der Ausbildung der NS-Parteieliten dienen sollten.

Es ist einem Zufall geschuldet, dass dieses Bauwerk im Allgäu errichtet wurde. Denn ihr 1898 in Siegen geborener Architekt Hermann Gieseler war erst seit 1930 im Allgäu ansässig. Als Parteigenosse machte er nach der NS-Machtübernahme 1933 wie tausende Andere einen Karrieresprung: Er wurde Bezirksbaumeister von Sonthofen. Aufgrund seiner Beziehungen zu hohen NS-Funktionären wie seinem Bruder Paul, der unter anderem Gauleiter von Oberbayern war, gelang es ihm, den Standort Sonthofen für dieses Prestigeobjekt ins Gespräch zu bringen und durchzusetzen. Auftrag- und Geldgeber für die Ordensburgen war die Deutsche Arbeitsfront (DAF).

Schon 1934 begannen die Bauarbeiten für das Projekt auf einer Anhöhe südöstlich von Sonthofen. Die Anlage war ursprünglich als Reichsschulungslager für etwa 400 Personen geplant. Bereits am 19. Oktober 1935 konnte das Richtfest für den ersten Bauabschnitt gefeiert werden. Im April 1936 fand die Einweihungsfeier statt. Doch bald gab Dr. Ley,

Unten links
Blick von Sonthofen zur Ordensburg

Unten rechts
Die Südfassade des Pallas

50 Hilfsarbeiter
40 Maurer
7106
sofort nach Sonthofen gesucht!
Verpflegungssatz RM. 1.00—1.20 pro Tag, Uebernachten frei.
Baugeschäft Menninger / Kempten

der Führer der DAF, den Befehl, die Anlage so zu erweitern, dass 1000 Schüler untergebracht werden konnten. Weitere Planänderungen und -erweiterungen folgten, sodass die Ordensburg 1942, als die Bauarbeiten kriegsbedingt eingestellt wurden, unvollendet war.

Der Bau der Ordensburg trug wesentlich dazu bei, die Arbeitslosigkeit im Raum Sonthofen zu beseitigen. 1937 waren ungefähr 1200 Arbeiter und Handwerker auf der Baustelle beschäftigt.

Die Architektur

Um einen lang gezogenen, symmetrisch angelegten Innenhof – den Appellplatz – gruppieren sich eine Vielzahl von Gebäuden unterschiedlichster Nutzung und Gestaltung. Unterkunftshäuser, eine Turnhalle, ein Gebäude mit Musiksaal und Bibliothek, ein Küchenhaus mit großem Speisesaal und unterschiedlichen Gasträumen. Das markanteste und höchste Gebäude der weitläufigen Anlage ist der sogenannte Pallas, in dem sich die größten und repräsentativsten Räume befinden. Der Pallas selbst gleicht durch die Strenge seiner Architektur und das grobe unverputzte Mauerwerk einer mittelalterlichen Burg. Er wird auf der Südseite durch einen breiten, 45 Meter hohen Turm überragt. Dieser Baukörper erinnert an die Westwerke sächsischer Kirchen aus der Zeit Kaiser Karls des Großen (742 bis 814). Diese Westwerke stellten ein Gebäude für sich dar und waren den Kirchenschiffen wie eine kleine trutzige Festung nach Westen vorgelagert. In seiner Fassadengestaltung ist der Turm des Pallas allerdings modern. Seine nach

Oben
Für den Bau der Ordensburg mussten auch Arbeiter von auswärts angeworben werden.

Unten
Dr. Ley auf der Ordensburg, um 1936

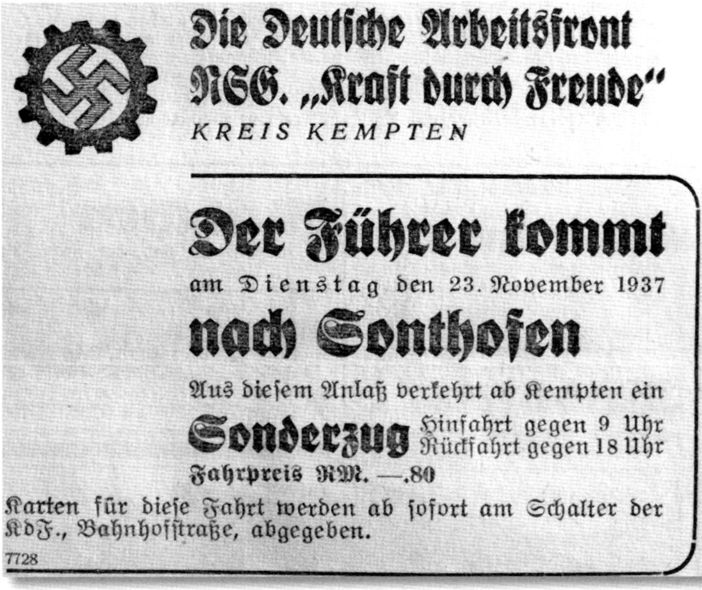

Die Deutsche Arbeitsfront
NSG. „Kraft durch Freude"
KREIS KEMPTEN

Der Führer kommt
am Dienstag den 23. November 1937
nach Sonthofen

Aus diesem Anlaß verkehrt ab Kempten ein
Sonderzug Hinfahrt gegen 9 Uhr
Rückfahrt gegen 18 Uhr
Fahrpreis RM. —.80
Karten für diese Fahrt werden ab sofort am Schalter der KdF., Bahnhofstraße, abgegeben.
7728

Im Erdgeschoss des Pallas befindet sich eine Wandelhalle. Über dieser liegt das Herzstück der ganzen Anlage, der sogenannte Ordenssaal. Hier fanden alle wichtigen Empfänge und Feiern statt.

Süden gerichtete Hauptfront ist asymmetrisch komponiert. Drei 14 Meter hohe rechtwinklige Fenster im ersten Obergeschoss belichten das dahinter liegende Treppenhaus. Die folgenden zwei Stockwerke weisen jeweils nur zwei kleinere Fenster auf. Oben ist der Turm durch zweimal fünf große Öffnungen durchbrochen. Hinter diesen Schallöffnungen befindet sich ein riesiger Glockenstuhl, der ein aus 13 großen und drei kleinen Glocken bestehendes Geläut barg.

Hitler in Sonthofen

Wegen der Ordensburg fanden fast alle NS-Parteibonzen ihren Weg nach Sonthofen. Reichspropagandaminister Joseph Goebbels hielt am 21. November 1937 eine Rede auf der »Burg«, der HJ-Führer Baldur von Schirach verabschiedete 1942 den ältesten Jahrgang der Ordensschüler in den Krieg. Ein besonderes Ereignis stellte aber der Besuch Adolf Hitlers am 23. November 1937 dar. Hitler hatte Kempten im Zug passiert, ohne dort Halt zu machen. Er war bereits dreimal in der Allgäu-Metropole gewesen, um dort Reden zu halten: in den Jahren 1923 und 1928 im Kornhaus und am 30. Juli 1932 auf dem Platz vor der Tierzuchthalle. Unter dem Motto »Kompromisse gibt es nicht mehr« hatte er dort mit seinen Hasstiraden rund 25 000 Zuhörer aufgepeitscht.

Hitlers Fahrt vom Sonthofener Bahnhof zur Ordensburg glich einem Triumphzug. Im Burghof warteten 1200 Reichsamts- und Gauamtsleiter auf ihn.

Oben
Anzeige im »Allgäuer Tagblatt« aus dem Jahr 1937

Unten
Rund 40 000 Menschen bejubelten Hitler in Sonthofen

Der Führer im Allgäu umjubelt

S-d. Sonthofen, den 23. Nov. 1937.

... ist der größte geschichtliche Tag des Allgäus vor... Es war ein Tag, wie wir ihn noch nie erlebt hatten, ... Tag, der in der Geschichte unserer Allgäuer Heimat mit ... Lettern geschrieben stehen wird, ein Tag aber auch ... wir Allgäuer, die ihn erleben durften, im Herzen fest... werden, solange wir das Glück haben, für unser Va... ...and zu leben.

... 25 000—40 000 Volksgenossen, die nach Sonthofen ...men waren, gleich, ob es Männer und Frauen, Buben ... Mädel der Bewegung waren, gleich, ob es Bauern und ...frauen, die Ehehalten, die Arbeiter aus den Betrie... die Männer aus den Fabriken, aus den Schreibstuben ..., sie alle bewiesen die Gemeinschaft, die heute das ...sche Volk, gleich in welchen Gauen, umfaßt, jene Ge...einschaft zwischen Führung und Volk, die ... Nationalsozialismus schuf und mit der er in wenigen ... eine starke, durch nichts mehr zu trennende Einheit ...stellte. Die Tausende jubelten ihrem Führer zu, sie ... ihr Herz sprechen und boten unserem Führer so eine ... Kundgebung des Vertrauens, der ... und der Verehrung als ein kleines Stück ...Dankes, den wir ihm in so reichem Maße schulden.

... zittert das Erlebnis in unseren Herzen zu stark, als ... wir schon alles überschauen könnten, was wir an Glück

Ab ins Exil –
Der Expressionist Carl Rabus

Erst vor wenigen Jahren begann man sich in Kempten eines Künstlers zu erinnern, der den Namen seiner Geburtsstadt in alle Welt trug, dort selbst aber nicht wirksam geworden war. Er gehört zu den Künstlern der »verschollenen Generation», deren Leben und Werk durch die Herrschaft des Nationalsozialismus stark beeinträchtigt und teils auch vernichtet wurde.

Carl Rabus wurde am 30. Mai 1898 als Sohn eines Franken und einer Allgäuerin in Kempten geboren. Im Jahr 1900 zog die Familie nach München, wo Carl seine Kindheit und Jugend verbrachte. Von 1916 bis 1918 studierte er an der dortigen Akademie der Bildenden Künste bei Angelo Jank. Nach wenigen Semestern zog man ihn zum Militärdienst ein. Zurück im Zivilleben verdiente er sich sein Geld anfänglich vor allem als Grafiker. Er arbeitete für Zeitschriften und illustrierte Werke von Klassikern der Weltliteratur wie Wilhelm Hauff, Eduard Mörike und Honoré de Balzac.

Oben
Carl Rabus mit seiner Mutter

Mitte
Carl Rabus 1950

Unten
Landschaft Tuschezeichnung aus den 1930er Jahren

Schon früh feierte Rabus in München seine ersten Erfolge. 1920 konnte er in der bekannten Galerie Goltz ausstellen, die Künstler wie Paul Klee vertrat. Präsentationen seiner Werke in der Galerie

Thannhauser und in der Berliner »Sturm-Galerie« folgten.

In diesen frühen Jahren war das grafische Werk von Rabus stark vom Expressionismus beeinflusst, einem Kunststil, der seit etwa 1910 als »deutsche Ausdruckskunst« auch im Ausland Anerkennung gefunden hatte. Der Expressionismus war zu Beginn des 20. Jahrhunderts als Gegenbewegung sowohl zur akademischen Malerei als auch zum französischen Impressionismus entstanden. Maler des Impressionismus wie Claude Monet (1840 bis 1926) und Edouard Manet (1832 bis 1883) waren mit ihrer

Oben
Das Ölgemälde »Die Gefräßigen« erinnert an die sozialkritischen Werke von Otto Dix.

Mitte
Paris: Holzschnitt aus dem Jahr 1924

Unten
Das Aquarell entstand in der Zeit des belgischen Exils um 1939.

Staffelei in die Landschaft gezogen, um das Schillern und Leuchten der Natur in der Sonne – seien es Getreidefelder, Gewässer oder Bäume – auf farbenprächtigen Gemälden festzuhalten. Die deutschen Expressionisten hingegen wollten in ihrer Kunst nicht die Schönheit der Welt festhalten. Vielmehr strebten sie danach, die Innenwelt des Menschen, seine Gefühlszustände und Emotionen zum Ausdruck bringen. Dieser Ausdruckswille bedingte eine starke Reduktion der Linien und Farben.

1923 zog Rabus nach Berlin, das sich in den Zwanziger Jahren neben Paris zur führenden Kunst- und Kulturstadt Europas entwickelte. Dort wurde er mit zahlreichen Künstlern und Literaten bekannt. Der Auftrag für ein Bühnenbild für das bekannte Theater »Schaubühne« im Jahr 1925 macht deutlich, dass Rabus auch in Berlin Erfolg hatte. Dennoch zog es ihn 1927 nach München zurück. Auf Studienreisen nach Frankreich und Italien widmete sich Rabus in diesen Jahren vor allem der Landschaftsmalerei.

Flucht ins Ausland

Durch die »Machtergreifung« der Nationalsozialisten im Frühjahr 1933 geriet der

bereits bekannte und erfolgreiche Avantgarde-Künstler unter Druck. Der Expressionismus war der offizielle Kunststil der Weimarer Republik gewesen. Dies war einer der Gründe dafür, dass seine Vertreter von den Nazis gehasst und verfolgt wurden. 1934 schien es Rabus geraten, Deutschland zu verlassen und Zuflucht im Ausland zu suchen. Er siedelte nach Wien über, wo er seine spätere Frau, die jüdische Fotografin Erna Adler kennen lernte.

In diesen Jahren begann Rabus, in seinen Bildern stärker das Geschehen um sich herum zu reflektieren. Das Bild »Der Gefräßige« erinnert sowohl stilistisch als auch inhaltlich an die sozialkritischen Werke von Otto Dix.

Der Anschluss Österreichs an das Deutsche Reich 1938 zwang Erna zur Emigration. Sie floh nach Belgien; Rabus folgte ihr dorthin. In Brüssel lernte Rabus den berühmten Maler Felix Nußbaum und den Symbolisten James Ensor (1860 bis 1949) kennen, der Rabus Aquarelle bewunderte. Bald nach dem Einmarsch der deutschen Truppen in Belgien kamen Rabus und seine Lebensgefährtin Erna in Haft. Während Erna bald wieder frei gelassen wurde, verfrachteten die Nazis Rabus in einen Zug nach Südfrankreich. Dort internierte man ihn in dem berüchtigten Gefangenenlager Saint Cyprien. Dreitausend Gefangene waren dort unter menschenunwürdigen Bedingungen zusammengepfercht. Rabus schrieb später: »Die Zeit stand still. Nur die Wachen an den Gittern mit aufgepflanzten Bajonetten gaben uns eine Ahnung, dass draußen

Oben
»So ziehen sie vorbei«. Linolschnitt aus dem Passionszyklus

Mitte
»Da ist Traum« – Linolschnitt aus dem Passionszyklus

Unten
Carl Rabus und seine Frau Erna im Jahr 1946

Oben links
Carl Rabus im Jahr 1953

Oben rechts
Selbstporträt –
Holzschnitt um 1945

Unten
Carl Rabus und seine Frau Erna
in Oberbayern um 1953

eine Welt sein muss. Um uns war luftleerer Raum, ein Vakuum. Wir hungerten. Die Sonne brannte höllisch auf unsere Leiber ... Die Ruhranfälle häuften sich.« Glücklicherweise kam Rabus nach einer Lagerinspektion durch eine internationale Kommission wieder frei. Er kehrte nach Brüssel zurück und lebte dort zusammen mit Erna längere Zeit im Untergrund. Nach der Befreiung Belgiens heirateten die beiden; doch wurde Rabus noch am gleichen Tag von der belgischen Polizei verhaftet. Da der Vorwurf, für die Nazis gearbeitet zu haben, entkräftet werden konnte, kam Rabus schnell wieder aus dem Gefängnis.

Seine Erfahrungen in dem südfranzösischen Internierungslager hat Rabus kurz nach dem Krieg in einem Passions-Zyklus verarbeitet. Diese fünfzehn Linolschnitte verdichten Rabus Eindrücke zu Sinnbildern allgemein-menschlichen Leidens.

Nach dem Kriegsende kehrte Rabus mit seiner Frau nach Deutschland zurück. Über Essen kamen sie nach München. Schließlich ließen sie sich 1974 im oberbayrischen Murnau nieder, wo am Beginn des 20. Jahrhunderts eine berühmte Künstlerkolonie existiert hatte.

Wie viele seiner Künstlerkollegen floh auch Rabus nach dem Krieg in die Abstraktion, ins Vergessen. Im Jahr 1983 starb Carl Rabus in Murnau. Sein Atelier blieb längere Zeit als Museum erhalten und wurde erst im Jahr 2009 aufgelöst. 1995 ehrte ihn die Stadtsparkasse Kempten mit einer ersten Ausstellung in seiner Heimatstadt.

Heimtückische Gesetze

Die Nationalsozialisten machten nicht nur Front gegen ihre politischen Gegner und die Juden; auch die christlichen Kirchen waren im Dritten Reich zahlreichen Repressionen und Gewaltakten der Nazis ausgesetzt. Die christlichen Grundwerte der Nächstenliebe und menschlichen Solidarität waren mit der Hass- und Gewaltideologie der braunen Machthaber unvereinbar.

Das zwischen Hitler und dem Papst abgeschlossene Konkordat am 20. Juli 1933 garantierte nur kurzfristig die Rechte der katholischen Kirche im Dritten Reich. Sobald Hitler seine Macht im Inneren gefestigt hatte, begannen die Nationalsozialisten, die Kirchen und die Gläubigen zu provozieren. Schikanöse Verordnungen schränkten die Redefreiheit aller und auch den Spielraum der Priester immer mehr ein. Hier ist vor allem das sogenannte »Heimtücke-Gesetz« vom Dezember 1934 zu nennen, das »Äußerungen, die geeignet sind, das Vertrauen des Volkes zur politischen Führung zu untergraben«, unter Strafe stellte. Jede kritische Äußerung gegen die Partei konnte nun mit »Schutzhaft« geahndet werden. Allein im Stadt- und Landkreis Kempten kamen 51 Pfarrer mit dieser und ähnlichen Verordnungen in Konflikt. Einer von ihnen war der langjährige Kurat der Pfarrei von Heiligkreuz Josef Dietrich.

Kurat Josef Dietrich in Heiligkreuz

Josef Dietrich kam am 18. Mai 1879 in Billenhausen bei Krumbach auf die Welt. Er besuchte das Gymnasium in Günzburg und studierte danach an der Philosophisch-Theologischen Hochschule in Dillingen. Am 30. Juli 1905 wurde er in Dillingen zum Priester geweiht. Seine Primiz feierte er eine Woche später in der Liebfrauenkirche in Günzburg. Über mehrere Pfarreien im Schwäbischen kam er im Mai 1908 als Kurat-Expositus in die Pfar-

Mitte
Porträt Pfarrer Josef Dietrich

Unten
Die Wallfahrtskirche in Heiligkreuz verdankt ihre Entstehung dem »Blutwunder« von 1693.

rei Heiligkreuz. Diese gehörte damals zu Sankt Lorenz und zählte 834 Seelen. Hier führte er 30 Jahre lang ein unbescholtenes und beschauliches Leben als Landpfarrer, der nicht nur für das religiöse Leben seiner Pfarrkinder, sondern auch für den Religionsunterricht in den Dorfschulen von Heiligkreuz und Leinschwenden verantwortlich war. Den Höhepunkt seiner über 30-jährigen seelsorgerischen Tätigkeit im Wallfahrtsort Heiligkreuz erlebte er 1923 bei der 300-Jahr-Feier des Hochaltar- und Wallfahrtkreuzes in seiner Kirche.

Oben
Josef Dietrich bei seiner Primiz mit Primizbräutchen Anfang August 1905

Unten
Kurat Dietrich mit Kommunionkindern 1909

Durch den raschen Sieg der deutschen Armee über Polen im September 1939 kamen viele polnische Kriegsgefangene als Zwangsarbeiter ins Allgäu. Ein staatlicher Erlass vom Juni 1940, der auch in den Kirchen vorgelesen werden musste, ordnete an, dass Polen und Deutsche bei kirchlichen Veranstaltungen getrennte Plätze einzunehmen haben. Pfarrer Dietrich verlas diese Anordnung zwar wie vorgeschrieben, fügte aber anschließend hinzu, dass »die Polen, da sie gut katholisch sind, ihnen eigens zugewiesene Plätze als Strafplätze ansähen und dann wohl ganz wegbleiben würden«. Dies aber wollte Pfarrer Dietrich nicht und ignorierte deshalb dieses Gesetz. Schon bald darauf wurde er in Schutzhaft genommen. Der Landrat von Kempten nahm ihn ins Verhör, weil er sich geweigert habe, den in der Pfarrei lebenden polnischen Zwangsarbeitern besondere Plätze in der Kirche anzuweisen. Dietrich verteidigte sich mit dem Argument, er habe unter »kirchlichen Veranstaltungen« nur besondere Feiern und Vorträge, aber nicht normale Gottesdienste verstanden. Umsonst. Wegen dieses »staatsabträglichen Verhaltens« kam Dietrich am 17. Juli 1940 für fast zwei Monate ins Kemptner Landgerichtsgefängnis. Ein Antrag an das Bischöfliche Ordinariat in Augsburg, eine oberhirtliche Untersuchung in Heiligkreuz anzustellen, blieb unbeantwortet.

In einem Brief an das Bischöfliche Ordinariat beklagte der als »Hüne« beschriebene Dietrich seinen raschen Kräfteverfall: »Der Haftaufenthalt stellt an die seelischen und physischen Kräfte die schwersten Anforderungen; bei einer letzthin vorgenommenen ärztlichen Untersuchung wurde eine Körpergewichtsabnahme von mehr als 20 Pfund festgestellt. Da der Zellenaufenthalt mir unerträglich ist, beteiligte ich mich zuerst an Papierarbeiten, diese strengten die Augen zu sehr an; nun habe ich zwei Wochen bei Holzspalten verbracht, doch gehen die Kräfte so rapid zurück, dass ich kaum noch eine Stunde das Beil zu schwingen vermag und mich nun werde wieder in die Zelle zurückziehen müssen. Ich hätte nur den einen Wunsch: Mit etwas Gesundheit dereinst auf meinen alten Posten zurückzukehren ...«

Dieser Wunsch erfüllte sich nicht. Als Dietrich am 10. September 1940 aus der Haft kam, durfte der 61-Jährige nicht mehr in seine Pfarrei zurück. Er wurde sofort in den Ruhestand versetzt und kehrte daraufhin in seine alte Heimat zurück. Er starb am 10. November 1948 in Günzburg.

Wegen ähnlicher Bagatellen kamen auch viele andere Geistliche im Allgäu in Konflikt mit der NSDAP. Pfarrer Schmid in Wildpoldsried hatte 1939 ohne Erlaubnis Geld für eine Kirchenfahne gesammelt. Die Nazis konfiszierten die bereits gesammelte Spendensumme von knapp 66 Mark und verurteilten den Pfarrer wegen dieses »staatsfeindlichen Aktes« zu einer Geldstrafe. Pfarrer Eberle in Missen führte 1943 unerlaubt eine Wallfahrt durch. Die Staatspolizei verwarnte ihn deswegen und zwang ihm ein »Sicherungsgeld« von 1000 Mark ab.

Oben
Kurat Dietrich und Stadtpfarrer Holzmann von Sankt Lorenz bei der Einweihung des Kriegerdenkmals in Heiligkreuz 1929

Unten
Kurat Dietrich (rechts) mit Gästen in seinem Garten 1938

Der zerstörte Wohntrakt von Sankt Anton in Kempten nach dem Luftangriff vom 3. August 1944

Dicke Luft über dem Allgäu

Das Oberallgäu und der Bombenkrieg

Verglichen mit vielen anderen deutschen Städten und Landschaften kamen Kempten und das Oberallgäu sehr glimpflich über den Bombenkrieg hinweg. Vor dem Krieg hatte es in Kempten keine für die Kriegsführung wichtige Industrie gegeben. Erst im Oktober 1943 waren Rüstungsbetriebe wie Messerschmitt in die Aktienspinnerei und nach Kottern ausgelagert worden. Diese sollten neben den Kasernen und den Gleis- und Bahnhofsanlagen zum bevorzugten Angriffsziel alliierter Bomber werden.

Während des Krieges ertönte in Kempten 627 Mal Fliegeralarm. Bei 16 Luftangriffen fielen rund 400 Tonnen Bomben und 12 000 Stabbrandbomben auf die Stadt. Insgesamt starben bei diesen Angriffen 146 Menschen, 78 wurden schwer verletzt.

Wir verdunkeln: vom 7. 6. mit 13. 6. 42 von 22.15 — 4.45 Uhr

Wir verdunkeln heute: 18.30—6.30 Uhr
Auch am Morgen
muß die Verdunkelungszeit eingehalten werden!

Oben
Anzeige im »Allgäuer Tagblatt« im Juni 1942

Mitte
Anzeige im »Allgäuer Tagblatt« vom März 1945

Unten
Bereits 1937 wurde den Lesern des »Allgäuer Tagblattes« die Volksgasmaske vorgestellt.

Schon am 6. November 1940 gab es in Kempten den ersten Fliegeralarm. Doch erst seit 1942 schreckten die Luftschutzsirenen immer häufiger die Bewohner auf. Nach der Luftschlacht am 18. Juli 1944 waren die im schwäbischen Raum stationierten deutschen Jagdflieger keine ernstzunehmende Gefahr mehr für die amerikanischen Bomberflotten. Die Stadt war fortan Angriffen von oben schutzlos ausgeliefert.

Die Verdunkelung

Schon lange vor Kriegsbeginn hatte die Leitung der NSDAP durch verschiedene Maßnahmen und Übungen begonnen, die Bevölkerung auf Luftangriffe vorzubereiten.

Bereits am 8. Oktober 1935 fand die erste Verdunkelungsübung in Kempten statt. Schon Tage vorher hatten die Zeitungen die Bewohner über das richtige Verhalten im Falle eines Luftangriffs informiert. Um 9 Uhr abends ertönte Fliegeralarm, das Startsignal für die Übung. Alle beleuchteten Fenster mussten nach gewissen Vorschriften abgedeckt werden. Jeder private Straßenverkehr war verboten, doch hielten sich viele nicht daran. Zwei Kraftwagen der Übungsleitung fuhren mit der Presse eine Kontrollrunde durch

die Stadt: »Die Beleuchtung in den Straßen hat schlagartig aufgehört. Stockdunkel war es nun freilich nicht. Dazu hatte der Mond ein zu volles Licht und der Himmel war ziemlich wolkenfrei. Kraftfahrzeuge, Fahrräder und Fuhrwerke hatten die Lichter gelöscht.« SA-Leute und Polizeibeamte streiften durch die Straßen und trieben die Neugierigen in die Häuser. Schon um 9.30 Uhr ertönte die Entwarnung. Die Übung war beendet, doch weitere sollten folgen.

Im Juni 1937 stellte das »Allgäuer Tagblatt« seinen Lesern eine »Volksgasmaske« vor. Mit dieser sollten alle »Volksgenossen« ausgerüstet werden. Sie war für Männer, Frauen und Kinder in drei verschiedenen Größen zu haben und sollte nur wenige Mark kosten.

Eine Brandschutzübung in der Gerberstraße

Ein halbes Jahr vor dem ersten Fliegerangriff auf Kempten wurde eine Luftschutzübung im Bereich Gerberstraße – Pfeilergraben – Illerstraße durchgeführt. Der Zweck der Übung am Abend des 30. März 1942 bestand darin, die Selbstschutz- und Einsatzkräfte der Betriebe praktisch auszubilden. Dabei sollte insbesondere das Zusammenwirken mit Feuerwehren und Löschhilfen von auswärts geprobt werden.

Die Übung ging von der Annahme aus, dass der Schlachthof von zwei Brandbomben getroffen worden sei. Zuerst ver-

Oben
Zerstörtes Wohnhaus in Oberkottern

Unten
Bei dem Angriff auf Weidach und Oberkottern wurden 29 Menschen getötet.

suchten die Selbstschutzkräfte mit Hilfe von Eimerspritzen und unter Bildung einer Eimerkette, die Brandherde zu bekämpfen. Wegen der starken Rauchentwicklung musste mit Gasmasken gearbeitet werden. Da es in der Übung den Selbstschutzkräften nicht gelang, des Feuers Herr zu werden, kam der SHD mit einem Löschzug zu Hilfe.

Weiterhin sollte die Kreis- und Stadtsparkasse in der Gerberstraße durch eine Bombe getroffen worden sein. Dort war ein großer Dachstuhlbrand von den Einsatzkräften zu löschen. Mit dieser Übung wollte man zugleich überprüfen, ob die Konten der Kunden sichergestellt worden waren.

Im Gasthaus »Zur Gans« in der Gerberstraße war wie im Kornhaus und anderen Gebäuden ein öffentlicher Luftschutzraum eingerichtet. In der Übung simulierte man den Fall, dass die »Gans« durch einen Volltreffer zum Einsturz gebracht und dreißig Personen verschüttet worden seien. Hier kam die Technische Nothilfe mit zwei Arbeitsgruppen, einem Last- und einem Mannschaftswagen zum Einsatz. Ein Zugang zu den Verschütteten wurde freigelegt; eine Sanitätsgruppe versorgte die 18 Schwerverletzten.

Solche Luftschutzübungen führte man in mehreren Stadtteilen durch, zum Beispiel am 20. Juni des gleichen Jahres im Bereich Memmingerstraße. Bei diesen Übungen verlief selbstverständlich alles nach Plan.

Bombenangriffe auf Kempten

Als am 23. Oktober 1942 in Kempten die Sirenen heulten, wurde es zum ersten Mal ernst. US-Flugzeuge warfen 200 Brandbomben auf den Bahnhof Hegge ab. Die nächsten Angriffe erfolgten erst im Sommer 1944: Am 19. Juli, einen Tag nach der Luftschlacht über dem Kemptner Luftraum, warfen US-Bomber 138 Brandbomben über Durach ab, setzten aber nur einige Heustadel in Brand. Ihr eigentliches Ziel waren die nach Kottern ausgelagerten Messerschmitt-Werke. Die Bomber trafen jedoch vor allem die zivil

Unten
Die Namen der Bombenopfer des Angriffs vom 19. Juli 1944

In tiefe Trauer versetzt wurden durch den Angriff amerikanischer Bomber am 19. Juli 1944 auf Kempten und die angrenzenden Gemeinden des Landkreises die Angehörigen nachstehend aufgeführter Gefallenen:

Banaszak Maria
Banaszak Walter (Schüler)
Bellinghausen Ferd., Gefr.
Burger Xaver
Butscher Johann
Dopfer Therese (Schülerin)
Dorn Anton
Fink Monika
Forster Johann
Häring Erich
Hohengger Mathilde
Keller Michael
Löffler Adam, Gefreiter
Leicht Arnold
Mittermayer Hans
Moritz Robert
Mühlhuber Heinr. (Schüler)
Rapp Maria
Rauh Karl (Kind)
Schwerter Karl
Speiser Josef
Speiser Wilhelmine
Stisl, Gefreiter
Stompel Irmgard
Stuber
Strauß Herta
Weißenbach Josef Ant.
Zorn Georg
Zorn Magdalena

In herzlicher Volkskameradschaft teilt die ganze Gemeinschaft Trauer und Schmerz der schwergeprüften Hinterbliebenen.
Wir neigen uns in tiefer Ehrfurcht vor ihren Toten.
Auch sie gaben ihr Leben für Freiheit und Ehre des Vaterlandes.

Georg Schädler
Kreisleiter Kempten-Land

Anton Brändle
Kreisleiter Kempten-Stadt

Oben
Der zerstörte Wohntrakt der Sankt Antonskirche nach dem 3. August 1944

Unten
Der zerstörte Wohntrakt der Sankt Antonskirche vom Innenhof aus gesehen

genutzten Teile der Fabrik sowie die nahe gelegenen Wohngebiete in Weidach und Oberkottern. Dort wurden einige Häuser schwer beschädigt und 15 Menschen getötet. Kempten bekam einige Brandbomben ab, wobei eine Seitenkapelle der Sankt Mang-Kirche und mehrere Wohnhäuser getroffen wurden. 29 Menschen kamen dabei ums Leben.

Zwei Wochen später, am 3. August 1944, erfolgte gegen 11.30 Uhr vormittags ein weiterer Luftangriff, dessen Ziel hauptsächlich die Illerbrücken und die Spinnerei & Weberei waren. Teile des Haubenschloß-Viertels wurden getroffen. Ein Volltreffer zerstörte den Wohntrakt der Sankt Antons-Kirche; die Fensterscheiben und Teile des Kirchendaches gingen durch die Detonation zu Bruch.

Häufig erforderte der erste Luftangriff auf eine Stadt viele Opfer, da die Menschen noch keine Vorstellung von der Gefährlichkeit dieser Art der Kriegsführung hatten. Deshalb gab das »Allgäuer Tagblatt« seinen Lesern den Rat, das Luftschutzgepäck nicht erst beim Ertönen der Sirenen zusammen zu suchen: »Wie gehst Du überhaupt in den Luftschutzraum? Auf keinen Fall in Pantoffeln oder gar im Nachthemd unter dem Mantel! Unterwäsche, Kleid, Anzug, Strümpfe, Schuhe, Mantel – das ist alles griffbereit, und zwar schlüpfst Du immer in die besten und solidesten Stücke, ziehst Dich also vollständig an!« Neben der Kleidung sollte der Luftschutzkoffer auch die Personal- und Wertpapiere, Geld, Schmuck, Lebensmittel- und Kleiderkarten sowie eine Thermosflasche mit warmem Getränk und Verbandszeug enthalten.

Seit Dezember 1944 gab es in Kempten fast täglich Fliegeralarm. Ein Luftangriff am 22. Februar 1945 traf vor allem die Bahnhofsgegend bis hinüber zur Rosenau. Da eine Hochdruckwasserleitung zerstört wurde, waren Teile der Stadt fortan ohne Wasser.

Zwischen dem 12. April 1945 und dem Einmarsch der Amerikaner in Kempten am 27. April herrschte fast ständig Alarm. Bei mehreren Luftangriffen wurden vor allem die östlich der Iller gelegenen Stadtteile, insbesondere die

Bei Fliegeralarm vollständig ankleiden! Alte Kleider, alten Hut, feste Stiefel! In Pelzmänteln, Stöckelschuhen und Seidenstrümpfen kann man kein Feuer löschen!

Auch wenn der Dachstuhl schon brennt, darf der Selbstschutz den Kampf nicht aufgeben!

Artilleriekaserne und die Bahnanlagen getroffen.

Als am Nachmittag des 27. April 1945 die Stadt den Amerikanern übergeben wurde, hielten sich in Kempten und Umgebung rund 4000 Fremdarbeiter auf. Viele Verwundete lagen in den Lazaretten, darunter auch einige Amerikaner. Eine Vielzahl Ausgebombter aus anderen Städten war in Notquartieren untergebracht.

Brandbomben auf Straßen und Plätzen sind erst dann zu bekämpfen, wenn die benachbarten Wohnhäuser nach eingefallenen Brandbomben bereits gründlich abgesucht sind.

Bomben auf Immenstadt und Sonthofen

Auch Immenstadt wurde zweimal bombardiert. Ein Luftangriff am 22. Februar 1945 richtete Schäden am Elektrizitätswerk, an den Bahnhofsanlagen und einigen Häusern an, sechs Menschen starben. Ein Bombenangriff am 29. April löste einen Großbrand in der Spitalstraße aus, wobei zwei Menschen getötet wurden.
Auch Sonthofen erlebte zwei Bombenangriffe: Am späten Vormittag des 22. Februar 1944 wurden die Spitalkirche, das Pfarrhaus und das Altersheim zerstört. Dabei kamen mehr als 70 Menschen um's Leben. Am Sonntag dem 29. April 1945 erfolgte ein weiterer Luftangriff. Bereits am Tag danach rückten französische Panzer in Sonthofen ein.

Am schlimmsten von allen Allgäuer Städten traf es Memmingen. Der Ostteil der Stadt bekam bereits beim Angriff auf den Flughafen am 18. Juli 1944 einiges ab. Wenige Tage vor dem Einmarsch der Amerikaner erlebte die Stadt nochmals einen schweren Bombenangriff, bei dem vor allem in der Bahnhofsgegend über 600 Gebäude zerstört oder schwer beschädigt wurden.

Oben links
Urlaub von der Front an Ostern 1943

Oben rechts
Anzeige im »Allgäuer Tagblatt« im August 1942

Mitte oben
Anzeige im »Allgäuer Tagblatt«

Mitte unten
Anzeige im »Allgäuer Tagblatt« aus dem Jahr 1943

Unten
Anzeige im »Allgäuer Tagblatt« aus dem Jahr 1943

Nach Fliegerangriffen
keine Privatgespräche am Fernsprecher, damit luftschutzwichtige Gespräche durchkommen!
17677*

Heinz Rühmann in Durach

Von Mai bis Oktober 1943 hielten sich einige der damals berühmtesten deutschen Schauspieler zu Dreharbeiten in Durach auf, unter ihnen Heinz Rühmann (1902 bis 1994) und Beppo Brehm (1906 bis 1990). Rühmann hatte gerade den Film »Die Feuerzangenbowle« fertig gedreht. Nun sollte er im Allgäu den Nachfolgefilm des Publikumsmagneten »Quax der Bruchpilot«, der 1941 in die Kinos gekommen war, aufnehmen. Die Regie führte Helmut Weiss.

Vermutlich war es nicht nur die Schönheit der Allgäuer Landschaft, die die »Terrafilm« dazu bewogen hatte, den zweiten Quaxfilm ausgerechnet auf dem Flugplatz in Durach zu drehen. Sicherheitsaspekte spielten eine Rolle, denn das Allgäu galt trotz eines ersten amerikanischen Bombenangriffs auf den Bahnhof Hegge im Oktober 1942 als relativ sichere Zone. Dennoch war auch im Allgäu der Krieg nicht mehr zu verdrängen. In seinen Erinnerungen »Das war's« notierte Heinz Rühmann Folgendes über seinen Aufenthalt in Durach: »An unserem Drehort im Allgäu hörten wir jede Nacht die Bombengeschwader, die Richtung München flogen. Jeden Abend nach den Aufnahmen mussten wir unsere kleinen Flugzeuge abdecken, denn die Gefahr

Mitte
Anzeige aus dem »Allgäuer Tagblatt« 1944

Unten
Heinz Rühmann und Hertha Feiler bei den Filmaufnahmen

war zu groß, dass sie beim Abwerfen von Leuchtraketen entdeckt werden konnten.

Eines morgens kam die Nachricht, dass der Vater von Beppo Brehm in München durch Bombensplitter verletzt worden sei, und der Sohn wollte natürlich so rasch wie möglich zu ihm. Also rein in die Arcado 79, die mir zur Verfügung stand.

Der lange Kerl in Uniform – er war nur für diesen Film von der Wehrmacht freigestellt worden – wusste in der Kiste zuerst überhaupt nicht wohin mit seinen Beinen ... Tage später hatten wir in Durach einen großen Komparserie-Tag, Männlein und Weiblein waren dafür mit dem ersten Zug aus München gekommen. Man sah ihnen an, wie wenig sie in den letzten Nächten zum Schlafen gekommen waren. In der Mittagssonne packten sie ihre Brotzeit aus. Und was sehe ich da? Alle haben sie reichlich braun gebrannte Eier mitgebracht. Sie luden uns ein, mit zu essen, mit einem Lächeln in den müden, abgespannten Gesichtern. Es waren Eier aus dem ausgebrannten Kühlhaus an der Isar.«

Oben
Heinz Rühmann im Flugzeug mit Kamera

Unten
Anzeige aus dem »Allgäuer Tagblatt« 1944

Rühmann selbst war seit Anfang der 1930er Jahre ein begeisterter Flieger und besaß ein eigenes Flugzeug. Er war mit Ernst Udet, einem der deutschen Fliegerhelden des Ersten Weltkriegs befreundet und hatte sich für die Verfilmung des Quax-Stoffes stark gemacht. Rühmann galt als sicherer und begabter Pilot. Erst im Alter von 80 Jahren gab er seinen Pilotenschein freiwillig ab. In seinen Filmen flog Rühmann auch die Kunstflugeinlagen selbst. In den Quax-Filmen übernahm er die Hauptrolle des Fluglehrers Otto Groschenbügel.

Die »Quax«-Filme

Das Drehbuch für den Film »Quax der Bruchpilot« war von den Versen Hermann Grotes inspiriert, der Hauptmann der Luftwaffe gewesen war. Diese waren 1928 erstmals gedruckt und mehrmals aufgelegt worden. In diesen Versen machte sich Grote über die Ängste und Probleme von Flugschülern lustig. Im Film »Quax der Bruchpilot« wird die Geschichte des Büroangestellten und Angsthasen Otto Groschenbügel erzählt,

Oben
Im Film heiratete Heinz Rühmann alias Quax seine Flugschülerin Herta Feiler, mit der er im realen Leben bereits verheiratet war.

der bei einem Preisausschreiben eine kostenlose Ausbildung zum Sportflieger gewinnt. Überraschenderweise qualifiziert er sich dabei zum Fluglehrer. Da er bestrebt ist, seiner Heimatstadt und seiner Angebeteten zu imponieren, gerät er ständig in komische und groteske Situationen; eine Filmrolle, die Rühmann auf den Leib geschnitten war.

Dieser Film war ein Riesenerfolg und relativ unpolitisch – die Zuschauer konnten im Kino ihre Kriegsängste für kurze Zeit vergessen. Der in Durach gedrehte Streifen »Quax in Fahrt« ist hingegen stark von der NS-Propaganda eingefärbt. Der Film spielt teilweise in Afrika, und die Schwarzen werden darin häufig diskriminiert. Heinz Rühmann alias Fluglehrer Groschenbügel versucht seinen Schülern beständig im Kasernenhofjargon Disziplin beizubringen. Diesmal sind auch zwei Flugschülerinnen dabei, die im Film als »Gewitterbienen« tituliert werden: »Meine Damen« begrüßt Groschenbügel seine Schülerinnen, »hier in der Fliegerschule Bergried herrscht Disziplin. Mit drei ganz scharfen i's, verstanden? Für Sie bin ich weder Quax noch Bruchpilot. Heiße Groschenbügel und bin ihr Fluglehrer!«

Anfangs steht der Fluglehrer dem Talent und der Eignung seiner Schülerinnen skeptisch gegenüber. Bei einem Wettflug über die Alpen ist Groschenbügel aber zu einer Notlandung gezwungen und wird dabei vom Können seiner Schülerinnen überzeugt. Für den Film wurde eigens eine alte Lokomotive gemietet, die vom Bahnhof in Durach bis nach Oy fuhr. Rühmanns zweite Ehefrau Hertha Feiler (1916 bis 1970) spielte eine der Flugschülerinnen, die Rühmann im Film schließlich heiratet. Die Filmhochzeit wurde in Wangen gedreht. Beppo Brehm hatte die Rolle des »Schmiermaxe« des Flughafens übernommen.

In Durach legte Rühmann auch seine Kunstflugprüfung A2 ab. Der Film »Quax in Fahrt« konnte zwar noch kurz vor der Kapitulation 1945 fertiggestellt werden. Die Alliierten verboten ihn jedoch wegen seiner rassistischen Tendenz. Erst 1953 konnte der Film in bereinigter Form unter dem Titel »Quax in Afrika« für die Kinos freigegeben werden.

Eine Luftschlacht über dem Allgäu

Am 18. Juli 1944 fand im Luftraum über Kempten eine Schlacht mit mehr als 200 Flugzeugen statt. Deutsche Jagdflugzeuge attackierten am helllichten Tag ein amerikanisches Bombergeschwader, das den Flughafen Memmingerberg zerstören wollte. Die Gefechte zwischen den einzelnen Maschinen zogen sich über den ganzen Kemptner Landkreis hin.

Seit 1943 starteten die amerikanischen Bomber von süditalienischen Flugplätzen, um Ziele in Süddeutschland zu erreichen. Im Flug über die Adria und die Alpen konnten sie sich nahezu ungestört Angriffszielen wie Augsburg oder München nähern. Um den Süden Deutschlands besser vor amerikanischen Bombern zu schützen, verlegte die Luftwaffe deutsche Jagdgeschwader auf den Fliegerhorst Memmingerberg. Die amerikanische Luftaufklärung war über das rege Treiben dort bald informiert. Am 17. Juli 1944 wurde der Allgäuer Flugplatz vom Hauptquartier des 5. US-Geschwaders in Foggia in Apulien zum Angriffsziel bestimmt.

Mitte
Die B17-Bomber wurden »Fliegende Festungen« genannt, da sich ihre Besatzungen mit mehreren Maschinengewehren selbst verteidigen konnten.

Unten
Focke-Wulf-Maschine

Oben
Grafische Darstellung der Angriffsformation der US-Bomber für ein wenig breit gefächertes Ziel wie den Memminger Flugplatz

Unten
Siegfried Sailer beobachtete als Zehnjähriger die Luftgefechte bei Dietmannsried.

Schon am Morgen des nächsten Tages um etwa 7.30 Uhr starteten von mehreren Flughäfen im Raum Foggia insgesamt 167 B17-Bomber sowie rund 200 Jagdflugzeuge, die die Bomber beschützen sollten. Wegen schlechter Witterungsverhältnisse und Schwierigkeiten in der Kommunikation kehrten aber 44 Bomber sowie die meisten Jagdflugzeuge vorzeitig zu ihren Basen zurück. 123 Bomber aber flogen fast ohne Begleitschutz zum sogenannten »Umwandlungspunkt« Kempten. Dort sollten sie von der Anflugs- in die Angriffsformation überwechseln.

Die deutsche Flugaufklärung bemerkte den Anflug der feindlichen Bomber aus Richtung Innsbruck und schlug Alarm. Um ungefährt 9.30 Uhr starteten von den Flugplätzen in Memmingen, Holzkirchen und Bad Wörishofen ungefähr 85 Jagdflieger des Typs ME 109 und Focke Wulf 190 A, um sich über dem Ammersee zu formieren. Das Ziel der US-Bomber war den deutschen Piloten zu diesem Zeitpunkt noch unbekannt. Sofort wurde der Angriff beschlossen.

Die deutschen Jäger näherten sich der feindlichen Übermacht von hinten und griffen in Wellen von jeweils fünf bis sechs Maschinen das zuletzt fliegende US-Geschwader mit 26 B17-Bombern an. Über Durach und Waltenhofen stürzten mehrere US-Bomber ab. Ein Schüler, der spätere Duracher Bürgermeister D., wurde bei Waltenhofen durch einen Splitter leicht verletzt. Vermutlich waren bereits alle sieben Bomber des 816ten US-Squadrons abgeschossen, als die US-Geschwader Kempten erreichten.

Ein Augenzeugenbericht

Der damals zehnjährige Siegfried Sailer glaubt sich noch gut daran zu erinnern, »dass sich mit Zentrum etwas südwestlich von Dietmannsried eine große Ansamm-

Oben
Reicholzried

Unten
Das Spornrad der Focke-Wulf-Maschine, die bei Leinschwenden abgestürzt ist.

lung von Flugzeugen im Kreis bewegte. Aus diesem brachen ständig Jagdflieger heraus und stachen nach einer Schleife unter Abgabe von Feuerstößen wieder in das Rund der feindlichen Maschinen hinein. Mehrere Flugzeuge stürzten dabei – meistens eine schwarze Rauchfahne hinter sich herziehend – ab, andere brachen auseinander oder trudelten unkontrolliert vom Himmel. Außerdem sah man viele weiße Fallschirme in west- bis südwestlicher Richtung der Erde entgegen schweben, denn wie oft bei sommerlichen Schönwetterlagen ging an diesem Tag ein leichter Ost- bis Nordostwind. Auch die meisten abstürzenden Flieger gingen in dem Gebiet westlich der Iller nieder. Die Flughöhe der kämpfenden Verbände dürfte bei etwa 4000 Meter über Grund gewesen sein. Das Hauptgeschehen über unseren Köpfen war nach 20 bis 30 Minuten beendet, denn die deutschen Jäger hatten ihre Munition und Treibstoff verbraucht.«
In seinem Bericht über die Luftkämpfe notierte der Dietmannsrieder Bürgermeister Klotz: »Am 18. Juli 1944 gegen 11 Uhr Vormittags fanden südwestlich von Dietmannsried Luftkämpfe statt. Darauf kam alsbald die Meldung, dass ein deutsches Jagdflugzeug bei der Gfällmühle brennend abgestürzt sei und die Schießhalle zum Teil zerstörte. Der Flugzeugführer war mit dem Fallschirm abgesprungen und in Graben, Gemeinde Reicholzried gelandet.«

Allein in der näheren Umgebung von Dietmannsried stürzten zwei deutsche Jäger und ein amerikanischer Bomber ab. Die deutschen Piloten konnten unverletzt mit dem Fallschirm landen. Nahe der

Unten
Flugblätter wie dieses wurden in einem bei Reicholzried abgestürzten US-Bomber gefunden.

Einschlagstelle des US-Bombers fanden sich nur drei Sturzhelme. Die Besatzung war vermutlich ebenfalls per Fallschirm abgesprungen und geflüchtet.

Was passierte mit den abgeschossenen US-Soldaten?

Die Besatzungen der abgeschossenen US-Flieger konnten sich zum Teil mit Fallschirmen retten. Der damals zehnjährige Jakob Z. von der Mollenmühle berichtet über die Behandlung von zwei US-Soldaten, die in der Nähe von Leinschwenden östlich von Wiggensbach notgelandet waren:

das 5. Jahr

Nummer 10 — Blätter zur Kriegslage — 5. Juli 1944
Ausgabe Süddeutschland. Oesterreich. Mittelmeerraum

Grösste Niederlage des Ostheeres

Am 23. Juni begann die russische Offensive im Mittelabschnitt der Ostfront und zwar mit einer Wucht, die alle vorangegangenen Angriffe hinter sich liess und sofort zum Durchbruch durch die deutsche Front führte. Witebsk, Orscha, Mogilew und Bobruisk, Festungen, die vorher monatelang Widerstand geleistet hatten, fielen in wenigen Tagen, während schnelle russische Verbände täglich um 20 bis 30 km vorwärts vorstiessen.

Am 1. Juli meldeten die Russen, dass von der deutschen Heeresgruppe Mitte 183 000 Mann gefallen oder gefangen genommen waren. Zwei Tage später, am 3. Juli, fiel Minsk, das Haupt-Eisenbahn- und Versorgungszentrum der Heeresgruppe Mitte, nur 220 km von der ostpreussischen Grenze entfernt. Wieviel von den 200 000 in Minsk eingeschlossenen Deutschen auch entkommen sein mögen, es ist klar, dass das Ostheer seinen grössten Zusammenbruch erlitten hat. Alliierte Berichter gaben ein eindrucksvolles Bild der deutschen Truppen, wie sie in voller Auflösung durch Sümpfe und Wälder flohen. An allen Strassenkreuzungen gaben russische Offiziere Zettel mit der Angabe der nächsten Sammelstellen für deutsche Kriegsgefangene aus, die oft ohne jede Bewachung in die Gefangenschaft marschierten.

GEDANKEN
die man sich macht

Viele deutsche Soldaten, di[e]
letzten Wochen an der Süd
Gefangenschaft gerieten, haben
kritischen und oft bitteren Wo[r]
das Verhalten ihrer Offiziere
der Rückzugskämpfe geäussert.

Sie beklagten sich darüber,
die Offiziere nur noch selten
Stellungen sehen liessen und
den entscheidenden Augenblic[k]
Kampfes die Einheiten führerlo[s]
vergeblich auf den Rückzugsbe[f]
teten und dadurch ganz oder
in Gefangenschaft gerieten.

Ein Gefreiter von der 36[.]
bemerkte bitter: «Wie oft ha[...]
gehört 'Stellung muss bis zum
gehalten werden', wenn es aber
da war von den Herren Offizier[en]
mehr zu sehen.»

Ein Unteroffizier von der 9[.]
sagte: «Das Verhalten der Offi[ziere]
sehr unterschiedlich. Da gibt es
die mit den Leuten durch d[ick und]
dünn gehen. Umso betrübliche[r]
wenn man feststellen muss,
andere gibt, und das sind leid[er]
Wenige, die immer als die Erste[n]
gehen, wenn's brenzlich wird.»

Jedenfalls, die Vorwürfe, d[...]
ganze Reihe deutscher Offiz[iere]
erster Linie um ihre per[sönliche]
Sicherheit besorgt gewesen sind,
von zahlreichen Soldaten erho[ben]

Festzustellen, ob diese Vorw[ürfe]
deutschen Soldaten, die aus de[n]
linien kommen, zu recht b[...]
bleibt der Beobachtung ihrer
raden überlassen.

Wenn man sich heute die Zus[ammen]
setzung der deutschen Kampf[...]
nen, die mehr und mehr mit
deutschen » einerseits und mit S[...]
aus älteren für GvH-Dienst einge[...]
Jahrgängen aufgefüllt werden,
tet, dann kann man auch be[...]
Rückschlüsse in Bezug auf die
der Offiziere ziehen. In den
Jahren Krieg sind die besten Ja[hrgänge]
die die Kerntruppen der We[hrmacht]
bildeten, aufgerieben worden u[nd]
im Offizierskorps machen sich
nicht aufzufüllenden Lücken be[merkbar]

ITALIANI, PASSATE QUESTO GIORNALETTO ALLE TRUPPE TED

»Wir saßen beim Unterricht in der Dorfschule von Leinschwenden, als Fliegeralarm ertönte. Bald darauf hörten wir das Geräusch von Flugzeugen und Schüsse. Wir Schüler eilten zum Fenster, doch der Lehrer befahl uns in Deckung zu gehen. Dennoch konnte ich sehen, wie ein deutsches Jagdflugzeug von zwei US-Fliegern verfolgt und am Leitwerk getroffen wurde. Kleinere Explosionen waren zu hören. Als es wieder ruhig geworden war, durften wir die Schule verlassen.

Auf dem Heimweg bemerkte ich, dass im Segelschacher Wald eine Rauchwolke aufstieg. Als ich kurz vor meinem Elternhaus angelangt war, kamen von Depsried zwei Volkssturm-Männer des Weges, die zwei fremde Soldaten in Lederkluft mit sich führten. Sie fragten mich, was es mit der Rauchwolke oben im Wald auf sich habe. Als sie hörten, dass dort ein Flugzeug abgestürzt sei, gaben sie mir den Auftrag, die beiden Amerikaner zum etwa 700 Meter entfernten Weiler Staudach zu bringen. Sie selbst eilten zur Absturzstelle. Ich war ganz erstaunt, dass die Amerikaner wie ganz normale Menschen aussahen, denn unser Lehrer hatte sie immer als Unmenschen beschrieben. Kaum war ich etwa 100 Meter mit den beiden Amerikanern gegangen, öffnete einer der beiden den Reißverschluss an seiner Brusttasche und zog zwei lange Schoko-Riegel heraus – die beste Schokolade, die ich bis dahin gegessen hatte!

In Staudach warteten bereits drei weitere US-Soldaten ihres ungewissen Schicksals. Plötzlich kam unser Lehrer mit wütendem Geschrei angestürmt. Er packte den Amerikaner, der mir den Schoko-Riegel gegeben hatte, an der Schulter und hielt diesem eine Pistole an die Schläfe. Doch der ebenfalls anwesende Schreiner Alois W. riss ihm den ausgestreckten Arm mit der Pistole herunter und herrschte ihn an: »Schorsch, witt des, daß ma eisrige Buoba au verschießt?«

Daraufhin beruhigte sich unser Lehrer. Er wies die Gefangenen an, sich im Kreis nieder zu setzen und zu schweigen. Schließlich kam ein Wagen, auf dem die Amerikaner abtransportiert wurden.

Den deutschen Piloten der abgestürzten Focke-Wulf fand man ungefähr 300 Meter vom Flugzeug entfernt tot auf dem Rücken liegend auf einer Wiese.«

Ein US-Fallschirm landete nahe Legau

Schlimmer erging es einem US-Soldaten, der in der Nähe von Legau mit seinem Fallschirm zu landen versuchte. Ungefähr zwei Kilometer westlich von Rotis war ein US-Bomber abgestürzt. Zwei Brüder, Fritz und Hans W. aus Legau, die seit 1930 in der NSDAP waren, hatten die Luftschlacht ebenfalls beobachtet. Als sie einen US-Fallschirm am Himmel erblickten, begann der 60-jährige Fritz W. auf den in etwa 50 Meter Höhe am Fallschirm schwebenden Soldaten zu schießen. Nachdem dieser gelandet war, eilten die beiden Brüder zu diesem hin. Verstärkt wurden sie von dem Ortsgruppenleiter Anton G., der die Anwesenden zur Ermordung des Gelandeten aufzuhetzen versuchte. Obwohl der Amerikaner sofort die Hände zur Übergabe erhob, schlugen die Nazis mit Fäusten und Gewehrkolben auf ihn ein. Selbst als dieser schon blutend am Boden lag, hieben sie weiter auf ihn ein. Nur durch das Eingreifen einiger empörter Bürger aus Legau konnten die Schläger beruhigt werden.

Nach dem Krieg hatte dieser Vorfall ein gerichtliches Nachspiel. In einem Prozess am 10. Oktober 1946 vor der Memminger Spruchkammer stritten die beiden Brüder W. ab, gezielt auf den sinkenden Fallschirm geschossen zu haben. Da mehrere Zeugen anderes aussagten, kamen die beiden für vier beziehungsweise drei Jahre ins Arbeitslager. Außerdem wurden Teile ihres Vermögens konfisziert.

Die Amerikaner verloren bei diesen Gefechten am 18. Juli insgesamt 14 B17-Bomber und 60 Soldaten, 83 kamen in deutsche Gefangenschaft. Allein auf dem Friedhof in Buchenberg sind 27 US-Soldaten bestattet. Je sieben fanden ihr Grab in Haldenwang und Waltenhofen. Die deutsche Luftwaffe hatte 14 Tote und 25 bis 30 Jagdflugzeuge zu beklagen.

Die meisten US-Bomber konnten trotz der Attacke ihre tödliche Fracht über dem Memminger Flugplatz abwerfen. Ihren Weg dorthin markierten abgeworfene Benzinreservekanister. Fünf fand man später in der Gemeindeflur Reicholzried, zehn Stück in der Gemeinde Probstried. In Haldenwang schlug einer dieser Kanister durch das Dach eines Hauses und zerstörte einen Abort; der Schaden wurde auf 120 Mark geschätzt.

Die Überbleibsel der abgestürzten Flugzeuge wurden zusammen gesammelt und zum Güterbahnhof Dietmannsried gebracht. Dort bildeten die Flugzeugwracks einen etwa 100 Meter langen Schrotthaufen, der erst Monate später zu den Metallschmelzen der deutschen Rüstungsindustrie abtransportiert wurde.
Am Tag nach dieser Luftschlacht griffen US-Bomber Kempten an.

Unten
Bahnhof in Dietmannsried

Max Gehring mit dem Marokkaner Mohammed im Mai 1945

Kriegsende

Im Allgäu endete der schrecklichste aller Kriege bereits eine Woche vor der offiziellen Kapitulation am 8. Mai 1945. Nicht alle Allgäuer erlebten das Kriegsende in ihrer Heimat, die westlich der Iller von den Franzosen, östlich des Flusses von den Amerikanern besetzt wurde. Die meisten deutschen Soldaten befanden sich bereits in Kriegsgefangenschaft und erlitten ganz unterschiedliche Schicksale. Fünf Berichte, zwei von ehemaligen Frontsoldaten, geben einen Eindruck von den Wirren des Kriegsendes.

Die Übergabe der Stadt Kempten am 27. April 1945

Am 26. April 1945 war Memmingen von Teilen der siebten US-Armee ohne größere Kämpfe besetzt worden. Auf dem Buchenberg standen bereits die Franzosen und rückten gegen Kempten vor. Sollte die Stadt noch verteidigt, das heißt in letzter Stunde zerstört werden?

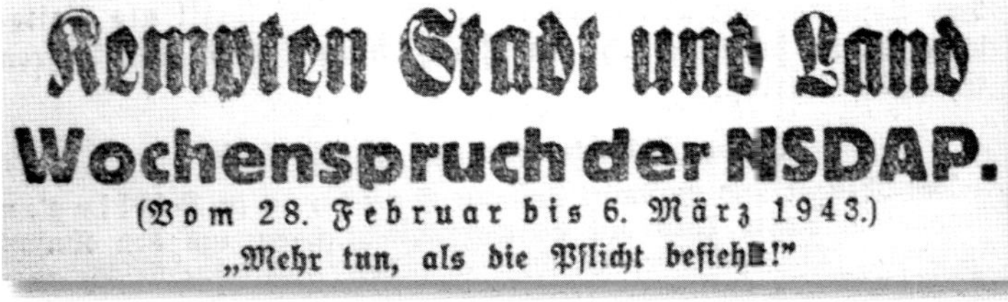

Kempten Stadt und Land
Wochenspruch der NSDAP.
(Vom 28. Februar bis 6. März 1943.)
„Mehr tun, als die Pflicht befiehlt!"

Seit Ende April hatten die Kreisleitung und die Wehrmacht noch verzweifelte Anstrengungen unternommen, Kempten zur Festung auszubauen. Auf dem Haubenschloß, dem Lindenberg und der Engelhalde war leichte Flak platziert worden.

Am Elektrizitäts- und Wasserwerk sowie den Illerbrücken waren Sprengladungen angebracht. Der Volkssturm war verstärkt worden, um nördlich und westlich der Stadt Panzersperren mit davor gelagerten Maschinengewehr-Nestern aufzubauen.

Am Morgen des 27. April versammelten sich im Rathaus Vertreter der Stadt, der Schutzpolizei und der Wehrmacht, um über Sinn und Unsinn einer Verteidigung Kemptens zu beraten. Unter ihnen waren der seit 1942 offiziell amtierende Oberbürgermeister Anton Brändle, der ehemalige Bürgermeister Rechtsrat Dr. Zölch, der Leiter der Schutzpolizei Fritz Scho-

Oben
Wehrmacht auf der Kaufbeurerstraße in Kempten Anfang der 1940er Jahre

Mitte
Anzeige im ›Allgäuer Tagblatt‹ aus dem Jahr 1943

Unten
Anzeige im ›Allgäuer Tagblatt‹ aus dem Jahr 1942

Oben
Die Illerbrücke in Kempten konnte von mutigen Bürgern vor der Sprengung gerettet werden.

Unten
Hans Roßmann – hier im Kreis seiner Familie – gehörte zu den mutigen Bürgern, die die Sprengung der Kemptner Illerbrücke verhinderten.

nath und mehrere Offiziere. Als die Herren gerade überein gekommen waren, die zur Sprengung vorbereiteten Illerbrücken nicht bereits beim ersten Feind-alarm in die Luft zu jagen, überbrachte man ihnen folgende Meldung:

Die Rettung der Illerbrücke

30 bis 40 Kemptner Bürger hatten sich schon am frühen Morgen auf der unteren Illerbrücke versammelt, um deren Zerstörung zu verhindern. Sie ließen sich auch nicht von den Drohungen des Kommandanten Leutnant Seitz beeindrucken. Als dieser seine Pistole zücken wollte, um sich Respekt zu verschaffen, überwältigten sie diesen. Einer dieser mutigen Bürger, ein Herr Jäger versprach, die volle Verantwortung für die Entschärfung der Sprengladungen zu übernehmen. Während sich Leutnant Seitz mit einigen Männern auf den Weg zum Rathaus machte, um den Vorfall zu melden, konnte auch das Sprengkommando des Illersteges von der Sinnlosigkeit ihres Auftrages überzeugt werden. Hastig machte man sich daran, die Zündschnüre an diesen beiden Brücken zu entfernen.

Im Rathaus wurde die Nachricht von der Besetzung der Illerbrücke durch Zivilisten unterschiedlich aufgenommen. Die

meisten der Stadträte waren erleichtert, einige der anwesenden Offiziere empört.

Währenddessen waren die Amerikaner auf beiden Seiten der Iller bis kurz vor die Stadtgrenzen vorgerückt; einige Volkssturmmänner hatten zwischen Dietmannsried und Heising noch vergeblich versucht, den Feind aufzuhalten ...

Gegen 14 Uhr ertönte in Kempten Feindalarm – zum ersten und zugleich letzten Mal in diesem Krieg. Oberbürgermeister Anton Brändle geriet in Panik und ließ seine Stadt im Stich. Als »Kaplan Braun« verkleidet versuchte er, seine eigene braune Haut zu retten und verließ die Stadt auf einem Fahrrad in Richtung Westen. Das Armee-Oberkommando befahl, die Stadt zu verteidigen und ließ die Hitlerjugend auf Lastkraftwagen in Richtung Keck transportieren. Im Rathaus rangen die anwesenden Herren immer noch um eine Entscheidung, was zu tun sei. Schließlich fasste Inspektor Fritz Schonath als Erster Mut. Mit den Worten »Dann mach' ich es!« stürzte er aus dem Rathaus und begab sich zu Fuß zur Kaufbeurerstraße. Kurz danach folgte ihm der Leiter der Reserve-Schutzpolizei Ludwig Reindl, der Schonath noch vor der Illerbrücke einholte. In der Illervorstadt trafen sie Herrn Dürr, der auf seinem Motorrad ausgekundschaftet hatte, wie nahe die Amerikaner der Stadt schon gekommen waren. Mit ihm fuhr Herr Schonath – mit einer weißen Fahne ausgerüstet – in Richtung Keck. In der Zwischenzeit hatte Dr. Zölch mit dem Ex-Oberbürgermeister Dr. Merkt telefoniert. Auf dessen Rat hin begab sich Dr. Zölch nun gleichfalls mit einigen Begleitern in einem Auto auf den Weg.

Das letzte Gefecht vor der Artilleriekaserne

Gerade als Reindl und Schonath dabei waren, Kontakt mit dem amerikanischen Kommandanten aufzunehmen, wurden diese von der in Trümmern liegenden Artillerie-Kaserne aus unter Beschuss genommen. Ein US-Panzer bekam einen Volltreffer ab; die Amerikaner schossen sofort zurück. Den beiden deutschen Unterhändlern gelang es schließlich, die Wehrmachtsoldaten – es waren nur noch vier an der Zahl – zur Aufgabe zu bewegen. Der Wagen von Dr. Zölch war inzwischen auf dem Keck angekommen. Die Stadt konnte nun offiziell dem Feind übergeben werden.

Die deutschen Unterhändler bewegten sich zur Stadt hinunter, gefolgt von den Amerikanern. An der Illerbrücke befahl der US-Kommandant, den Weg in die Füssenerstraße zu nehmen – das Stadtgebiet westlich der Illerbrücke sollte vorerst der Besetzung durch die Franzosen

Oben
Zwischen der Gaststätte »Zum Keck« und der Artillerie-Kaserne fand die Übergabe der Stadt Kempten statt.

Den Feigling

will ich nicht zum Freunde, aber alle denen es ernſt mit ihrer Liebe zu Volk und Vaterland. lade ich ein zu einer Beſprechung der Deutſchfrage am Freitag abends um 3/4 8 Uhr im Saale des Bahnhofhotels Kempten. Eintritt frei!

Anton Brändle. 328

Unten
Selber Feigling! Anzeige von Anton Brändle im »Allgäuer Tagblatt« 1928

vorbehalten sein. Der US-Kommandant ging in Begleitung von Dr. Zölch und einigen Kemptnern zu Fuß den Panzern voran. Kurz vor der Rosenau erhielten sie die Meldung vom gescheiterten Versuch, das Sprengkommando der oberen Illerbrücken zur Aufgabe zu bewegen. Plötzlich waren drei Detonationen zu hören: Die oberen Illerbrücken waren unter dem Kommando eines jungen preußischen Hauptmanns der Wehrmacht gesprengt worden. Die US-Panzer stießen weiter in südliche Richtung vor und trafen bis zur Stadtgrenze auf keinen Widerstand mehr. Kempten war gerettet und von den braunen Machthabern befreit.

Das Kriegsende im südlichen Oberallgäu

Die Hauptmacht der Amerikaner stieß weiter in Richtung Pfronten – Füssen vor. Bis zum 29. April kam es noch zu vereinzelten Kampfhandlungen. So griff an diesem Tag ein deutscher Tiefflieger die amerikanischen Truppen bei Durach an und schoss auf der Miesbacher Höhe einen US-Tanklaster in Brand.

Nördlich von Immenstadt versuchten versprengte Wehrmacht- und SS-Verbände noch, eine Verteidigungslinie aufzubauen, um dort den Untergang des Grossdeutschen Reiches aufzuhalten. Ein Teil der Immenstädter Bevölkerung floh aus Angst, in Kampfhandlungen verwickelt zu werden, mit Sack und Pack in die umliegenden Berge. Letzte Bombenangriffe am 29. April auf Immenstadt und Sonthofen beendeten schließlich auch im südlichen Oberallgäu den Krieg. Am Nachmittag des 30. April rollten französische Panzer durch Sonthofen. Erst am 8. Juli 1945 übernahmen die Amerikaner dort das Kommando.

Am 9. Mai feierten die Amerikaner auf dem Duracher Flugplatz die deutsche Kapitulation mit einem Feuerwerk. In Kempten bestimmten die Amerikaner das Postgebäude am Bahnhofsplatz zu ihrem Hauptquartier. Captain Hulin Webb wurde zum Leiter der US-Militärregierung in Kempten, Benjamin Ziegler zum ersten US-Verwaltungsoffizier.

Unten
Am Freitag, den 27. April 1945 erschien die letzte Notausgabe des »Allgäuer Tagblattes«.

Allgäuer Tagblatt

Verkleinerte Ausgabe, bedingt durch die Kriegsverhältnisse

Kreiszeitung der NSDAP.

Geschäftsstelle und Schriftleitung: Kempten, Salzstraße.
Erfüllungsort und Gerichtsstand: Kempten (Allgäu). Fernruf 2794.

Nummer 98 · Freitag, 27. April 1945 · 83. Jahrgang

Der Kampf um die Reichshauptstadt

Berlin, 26. April. Die Bolschewisten sind jetzt auch in die Landbezirke Grunewald und Dahlem eingesickert. Zahlreiche Panzer sind von unseren Kampfgruppen, Volkssturm und Hitlerjugend, abgeschossen worden.

Die Frankfurter Allee ist zu einer Schwerpunktlinie der Schlacht im Osten Berlins geworden. Die Reste der Wohnhäuser werden vom Einschlag der Granaten zermalmt, so daß es kaum noch möglich ist, sich in der Frankfurter Allee zu bewegen. Sie ist zum grausigsten Schlachtfeld des Krieges geworden. 41 Sowjetpanzer wurden seit Montag dort vernichtet.

Die Schwierigkeiten von San Franzisko

Stockholm, 26. April. Der USA.-Außenminister Stettinius eröffnete die Weltsicherheitskonferenz. Er bedauerte in seiner Ansprache, daß Roosevelt die Konferenz nicht mehr erlebt habe.

Der neue USA.-Präsident Truman hielt anläßlich der Eröffnung der Konferenz eine Rede. Truman sprach die Hoffnung aus, daß die Teilnahme an der Konferenz dazu beitragen möge, der Welt den Frieden zu bringen. Eine nordamerikanische Agentur meldet aus London: Moskau und London haben am Vorabend von San Franzisko weitere Versuche zur Lösung des Polenproblems unternommen. Es steht aber bereits fest, daß

Der Soldatentod der Liane Stange

Am Waldrand auf dem Atzenberg zwischen Dietmannsried und Lauben erinnert ein Gedenkstein an den tragischen Tod einer Schülerin in den letzten Kriegstagen.

Siegfried Sailer aus Dietmannried erlebte als Elfjähriger den Einmarsch der amerikanischen Truppen ins Allgäu und begann 2007, die damaligen Vorgänge auf dem Atzenberg zu rekonstruieren:

»›Am 27. April 1945 rückten amerikanische Truppen von Norden her kampflos in Dietmannsried ein. Es herrschte totales Chaos. Behörden waren aufgelöst oder geschlossen, Brücken gesprengt, es gab eine nächtliche Ausgangssperre, die um 18 Uhr begann. Ein Auto hatte bei uns noch fast niemand und wenn, dann fehlte der Treibstoff. Unser Ort war von Bombengeschädigten aus Großstädten und Wehrmachtshelferinnen überfüllt.

Seit 1943 war im ersten Stock des Gasthauses ›Zum Ochsen‹ eine Klasse von ungefähr 20 Schulmädchen aus dem Ruhrgebiet einquartiert. Im Zuge der ›Er-

Oben
Porträtfoto von Liane Stange

Unten
Der Gedenkstein für Liane Stange auf dem Atzenberg bei Dietmannsried

weiterten Kinderlandverschickung‹, die Kinder aus ausgebombten Großstädten in sicherere ländliche Gebiete verbrachte, waren sie nach Dietmannsried gekommen. Dort sollten sie von einer Gruppenleiterin und zwei Lehrerinnen ungestört von Fliegerangriffen weiter unterrichtet werden. Sie schliefen in Stockbetten im kleineren Saal, der nur durch eine verschiebbare Holzwand vom etwas größeren ›Klassenzimmer‹ abgetrennt war.

Unter den Schulmädchen war auch Liane Stange, die 1928 in der deutschen Kolonie Blumenau in Südbrasilien geboren worden war. Ihre Eltern waren nach dem Ersten Weltkrieg nach Brasilien ausgewandert. 1939 folgten sie dem Aufruf Hitlers an alle Auslandsdeutschen, wieder ›ins Reich heimzukehren‹. Ein verhängnisvoller Entschluss für die Familie! Mit einem der letzten Schiffe vor Kriegsausbruch kam die Familie Stange mit ihren zwei Töchtern nach Düsseldorf.

Oben
Das Gasthaus »Zum Ochsen« in Dietmannsried

Unten
Anzeige für den Erhalt von Pflegegeld im Zuge der »Erweiterten Kinderlandverschickung«

Die Wirren des Krieges rissen Eltern und Kinder bald auseinander.

Nach dem Durchmarsch der Amerikaner rotteten sich die auf den Höfen um Dietmannsried untergebrachten polnischen Zwangsarbeiter zusammen. Sie waren plötzlich frei und nahmen im Gasthaus ›Zum Ochsen‹ Quartier. Die auswärtigen Schulmädchen sahen sich aus ihrer Unterkunft vertrieben und gezwungen, sich eine neue Bleibe zu suchen. 12 bis 15 von ihnen kamen in einer nicht genutzten Spenglerwerkstatt gleich nebenan unter. Die übrigen mussten sich woanders ein Bett suchen. Zu diesen gehörte auch Liane, die am späten Nachmittag des 28. April mit drei weiteren Mädchen zum Atzenberg aufbrach. Da die zwei Bauernhöfe dort bereits überfüllt waren, schickte man sie in den etwa 1,5 Kilometer weiter südlich gelegenen Weiler Ellensberg. Aber auch dort scheinen sie abgewiesen worden zu sein. Aus nicht mehr klärbaren Gründen gingen die Mädchen nicht mehr den kürzeren Weg über Atzenberg zurück, der über freies, gut einsehbares Gelände führt. Dieser wäre sicherer gewesen, da die Amerikaner zu diesem Zeitpunkt auf niemanden mehr schossen, der offen und ohne Waffen herum lief. Jedenfalls wählten sie einen am Waldrand oberhalb des Illertales verlaufenden Pfad als Rückweg. Dort wurden die vier Mädchen von einem amerikanischen Patrouillenjeep gesichtet, der auf der ungefähr 50 Meter tiefer gelegenen Straße nahe Hinwang entlang fuhr. In der Gegend waren noch versprengte Wehrmachtsoldaten und die GIs entsprechend nervös. Vermutlich hielten sie die Mädchen oben am Waldrand, die graue Mäntel trugen und aus der Distanz nur schemenhaft zu erkennen waren, für deutsche Soldaten. Die Amerikaner reagierten sofort mit Maschinengewehrfeuer. Sie trafen Liane mit einem Kopfschuss. Sie haben wohl nie erfahren, dass sie durch ihre Salven ein harmloses hübsches Mädchen in den Tod geschickt haben.

Mit einem Handschubkarren wurde Lianes Körper zuerst zum Atzenberg und am nächsten Tag nach Dietmannsried gebracht. Dort wurde sie zusammen mit sieben deutschen Soldaten in einem gemeinsamen Grab bestattet.«

Pflegegeldauszahlung für die Essener Kinder

Am 2. August 1943 wird das Pflegegeld für die im Rahmen der EKLV. in Kempten untergebrachten Essener Kinder ausbezahlt.
Die Auszahlung findet in der Ortsgruppengeschäftsstelle Kleiner Kornhausplatz 1 in der Zeit von 9—12 Uhr und von 14—17 Uhr statt.
Das Pflegegeld wird nur an die Pflegeeltern ausbezahlt.

Marokkaner in Unterjoch

Der am 5. Februar 1931 geborene Max Gehring war als Jüngster von insgesamt fünf Kindern auf dem Schattenbauerhof in Unterjoch aufgewachsen, das damals eine selbstständige Gemeinde war und ungefähr 200 Einwohner hatte. Im Dorf gab es rund zehn bis 15 überzeugte Nationalsozialisten, die erheblichen Druck auf die christlich gesinnte Mehrheit ausübten.

»Es muss 1936 oder 1937 gewesen sein, als einige Gestapo-Leute, die im benachbarten Oberjoch im Haus Ingeburg beziehungsweise im daneben gelegenen Polizeiheim temporär untergebracht waren, in einer Nacht- und Nebelaktion alle Wegkreuze und christlichen Symbole in der Umgebung zerschlugen. Danach demütigten sie den wegen dieser Tat aufgebrachten Pfarrer: Sie zwangen diesen, sich vor der Kirche bis auf die Unterhose auszuziehen.

Mir selbst wurden die Widersprüche zwischen meinem christlich geprägten Elternhaus und den Nazis schon früh bewusst. Mein Vater war Weltkriegsteilnehmer gewesen und aus dieser Erfahrung heraus gegen den Militarismus der Nazis eingestellt. Durch Aktionen wie die oben geschilderte verfestigte sich die anti-nazistische Einstellung der Familie. In Unterjoch gab es ein von der SS geführtes Wehrertüchtigungslager, in das ich wie alle Jungen im Dorf als Teil des Jungvolkes ein bis zweimal in der Woche zu körperlichen Übungen einrücken musste. Auch mein Schullehrer, der zugleich Ortsgruppenleiter des Dorfes war, versuchte, uns im Sinne der Nazi-Ideologie zu beeinflussen. Dennoch gab es immer wieder Konflikte

Oben
Das Elternhaus von Max Gehring in Unterjoch

Unten
Das Haus der Gehrings ist am unteren Bildrand mittig zu erkennen.

zwischen dem Ortsgruppenleiter und der Dorfjugend. So beschimpfte der Ortsgruppenleiter in Briefen eine Gruppe junger Leute, weil diese trotz eines Verbots zur Maiandacht gegangen waren.

Der Ortsgruppenleiter versuchte auch, die Kinder über die Einstellung der Eltern auszuspionieren. Einmal im Monat hatten die Nazis einen Eintopfsonntag propagiert. Am Tag danach wurden wir Schulkinder jedes Mal gefragt, was es bei uns zu essen gegeben hatte. Meine Eltern trichterten mir immer wieder ein, nichts von dem, was im Familienkreis gesprochen wurde, außerhalb des Hauses weiterzusagen. Denn auch zum Ernteeinsatz abkommandierte Soldaten sollten als Spitzel fungieren. Es herrschte ein Gefühl der Angst und Bedrückung vor.

Der Krieg machte sich in Unterjoch in den ersten Jahren vor allem in der Abwesenheit von Familienmitgliedern, den Meldungen über Gefallene und Vermisste und der Gegenwart vieler Fremder bemerkbar. Meine zwei ältesten Brüder waren bei der Wehrmacht. Mein 1928 geborener Bruder Joachim wurde 1944 zum Arbeitsdienst eingezogen. Dafür kamen Ausgebombte ins Dorf. Ungefähr 20 Mädchen waren im Zuge der Kinderlandverschickung in einem Hotel einquartiert; eine Frau aus dem Rheinland war mit ihrem Kleinkind bei uns im Hof untergebracht.

Über den Verlauf des Krieges war man in Unterjoch nur unzulänglich informiert. Es gab kaum Volksempfänger, da in unserem Tal kein guter Radioempfang möglich war. Deshalb waren Gerüchte unsere hauptsächliche Informationsquelle. Als der

Oben
Die Ortschaft Unterjoch in den 1930er Jahren

Unten
Unterjoch im Winter

Ortsgruppenleiter ab 1943 die Todesbenachrichtigungen in Uniform überbrachte und der Reichsarbeitsdienst begann, hauptsächlich Verteidigungsstellungen auf den Bergen umher auszubauen, ahnten wir schon, wie der Krieg ausgehen würde.

Gegen Kriegsende tauchten immer mehr fahnenflüchtige deutsche Soldaten auf, die in den Bergen Schutz suchten. Ende April 1945 rollte eines Tages ein Konvoi mit amerikanischen Soldaten durch unser Dorf. Überall wurden weiße Fahnen gehisst, und die Amis zogen schnell weiter. In Hindelang und im angrenzenden Tirol waren danach für einige Wochen französische Truppen stationiert, darunter auch Soldaten aus den französischen Kolonien in Nordafrika. Diese zogen nachts umher, um flüchtige deutsche Soldaten aufzuspüren und Beute zu machen.

Eine nächtliche Hausdurchsuchung
Eines nachts wurden wir durch lautes Klopfen und Geschrei aufgeschreckt. Ich ging die Treppe hinunter. Plötzlich wurde ein Fenster eingeschlagen und ein fremdes Gesicht äugte in den Raum herein. Mit entsicherter MG befahl mir der Soldat, die mit einer Kiste verbarrikadierte Haustür zu öffnen. Zum Schrecken aller stürmten mehrere dunkelhäutige Soldaten ins Haus; einer packte mich und schleuderte mich durch den Raum. Das Haus wurde durchsucht, mein Vater mit Gewehrkolben traktiert. Die Frauen waren durch die Hintertür geflüchtet. Meinen Bruder drohten die marokkanischen Soldaten mitzunehmen. Sie ließen jedoch von ihm ab, als der Pfarrer erschien und mit ihnen auf Französisch verhandelte.

Blutiger ging es beim Nachbarn, dem Hotzenbauer zu. Dieser hatte im Krieg schon drei Söhne verloren und musste in dieser Nacht bei der Durchsuchung seines Hauses miterleben, wie sein Sohn Jakob und ein weiterer Mann von den Fremdsoldaten erschossen wurden. Am Abend danach war die Kirche voll; verängstigt suchten die Menschen Schutz im Gotteshaus. Ein oder zwei Tage später wurde das Dorf von französischen Truppen besetzt und die Ordnung wiederhergestellt.

Oben
Aufforderung zum Eintopfessen im »Allgäuer Tagblatt« in den 1940er Jahren

Schnell entwickelten sich menschliche Beziehungen zwischen den der Situation hilflos ausgelieferten Bewohnern und den marokkanischen Soldaten. Diese wussten selbst nicht so richtig, was sie in diesem entlegenen Allgäuer Tal zu suchen hatten und was sie dieser Krieg ihrer Kolonialmacht Frankreich überhaupt anging.«

Ein Foto mit dem gerade 18-jährigen Mohammed aus Fez erinnert Herrn Gehring heute noch an diese Tage unter französisch-marokkanischer Besetzung.

Die letzte Panzerschlacht am Harz

Max Endras wurde 1927 im Kleinen Walsertal geboren. Sein Vater starb bereits ein Jahr später, seine Mutter heiratete 1934 erneut. Sie erbte ein kleines Haus in Mittelberg, das sie zur Pension umbaute. Ende der 1930er Jahre wurden Fremde, die vom Westwall umgesiedelt worden waren, in die Pension einquartiert. Dadurch wurde der Betrieb unrentabel, weswegen die Familie 1940 die Pension verkaufte und nach Memhölzer Ried auf einen Bauernhof umzog.

Im Frühjahr 1943 musste Max Endras zum Arbeitsdienst nach Eggenfelden in Niederbayern einrücken. Dort hob er mit Kameraden Splittergräben aus. Sie schliefen in Baracken zu je 14 Mann.

Nach einem viertel Jahr wurde Max Endras zur militärischen Grundausbildung nach Böblingen eingezogen. Er sollte Panzergrenadier werden und wurde am »Panzer Vier« eingeschult. Der »Panzer Vier« stammte aus der Waffenschmiede von Krupp und bot Platz für fünf Mann Besatzung. Er wog über 17 Tonnen, verfügte über eine 7,5 Zentimeter-Kanone und erreichte eine Geschwindigkeit von 32 Stundenkilometern. In diesem dreiviertel Jahr lernte Max Endras aber nicht nur die Führung eines Panzers, sondern auch, wie man Sprengladungen an Feindpanzern anbringt.

Oben
Die Tracht des Kleinwalsertales

Unten links
Das Kleinwalsertal

Unten rechts
Die Eltern von Max Endras

Im Frühjahr 1944 wurde er nach Dänemark verlegt, wo er nochmals vier Monate lang einer harten Grundausbildung unterzogen wurde. Er verletzte sich am Fuß und kam kurzzeitig nach Braunschweig in eine Offiziersschule.

Kampfbewährung

Danach ging es nach Döberitz bei Berlin, wo starke deutsche Truppenverbände zusammengezogen wurden. Zwei Monate lang war er in einer Feldküche als Koch eingesetzt. Im Winter 1944 auf 1945 wurde er zu seiner ersten Frontbewährung an den Oderbogen geschickt. Im Kampf gegen die Russen wurde seine Einheit fast völlig aufgerieben. Max Endras kam nochmals für kurze Zeit zurück nach Döberitz in eine Offiziersschule. Im Frühjahr 1945 verlud man ihn und seine Offiziersmitschüler in einen Viehwagen; keiner wusste, ob es in Richtung Osten oder Westen gehen würde.

Bei Blankenburg am Nordrand des Harzes wurde seiner Einheit befohlen, sich in einer Vorderhandstellung einzugraben. Wegen des felsigen Bodens gelang dies nur

bis zu einer Tiefe von etwa 90 Zentimeter. Schon bald griffen US-Panzer die Stellung an. Auf deutscher Seite gab es keine Panzer mehr, und die Soldaten mussten ihre Stellung mit schweren Maschinengewehren und Panzerfäusten verteidigen. Obwohl es der deutschen Einheit gelang, 40 bis 50 US-Panzer kampfunfähig zu machen, wurde sie schließlich von der US-Armee in die Zange genommen und zur Kapitulation gezwungen.

Im Gefangenenlager

Die versprengten deutschen Soldaten wurden in den umliegenden Wäldern aufgespürt und an einem Bauernhof zusammengetrieben. Von dieser Sammelstelle ging es per Lastkraftwagen weiter nach Kassel,

Oben
Das Elternhaus im Kleinwalsertal

Unten links
Max Endras in Uniform

Unten rechts
Die Familie Endras in Memhölzer Ried um 1942

wo Max Endras zusammen mit Tausenden anderer deutscher Soldaten in einem Stadion abgeladen wurde. Jeder hatte nur noch seine Uniform und seinen Feldmantel. Nach einigen Tagen wurden die deutschen Soldaten nach Bad Kreuznach überführt, wo die Amerikaner in Windeseile drei neue Gefangenenlager eingerichtet hatten: es waren nicht mehr als von Stacheldraht umzäunte Geländestücke; die Gefangenen mussten im Freien schlafen. Die 16- bis 20-Jährigen waren in einem eigenen Lager zusammengepfercht. Morgens gab es ein Frühstückspäckchen, das das Überleben sicherte: drei Kekse, einen Schoko-Riegel und einen Beutel Brühsuppe. Sechs Wochen lang, bis Mitte Juni, vegetierten die Gefangenen auf dem Feld herum. Keiner wusste, wie es weitergehen würde. Der Mai war ziemlich kalt, und morgens wurden die Soldaten, die nachts erfroren waren, zusammen gesammelt und in ein Massengrab geworfen.

Schließlich wurden die Gefangenen entlaust und auf einem Lkw nach Augsburg verfrachtet. Per Güterzug ging es bis Memmingen weiter. Hier erhielten sie einen Entlassungsschein. Doch schon am nächsten Kontrollschlagbaum wurde dieser wieder eingezogen. Er war nur mit einem Bleistift ausgestellt worden, weswegen Max Endras samt seinen Kameraden mit einem Jeep zurück nach Memmingen verfrachtet wurde. Dort verbrachten sie das Wochenende im Gefängnis.

Zu seinem Glück, wie sich bald herausstellte: Als Max Endras schließlich heim in's Memhölzer Ried kam, erfuhr er, dass am Tag zuvor alle arbeitsfähigen Männer von den Franzosen verhaftet und abtransportiert worden waren: in Gefangenenlager nach Frankreich, von wo die meisten erst 1949 zurückkehrten.

Oben
Anzeige im »Allgäuer Tagblatt« aus dem Jahr 1942

Unten links
Illustration im »Allgäuer Tagblatt« 1943

Unten rechts
Anleitung zum Umgang mit einer Panzerfaust im »Allgäuer Tagblatt« März 1945

In den Händen der Résistance

Oskar Zink wurde am 3. September 1926 in Kempten geboren. Gerade 17 Jahre alt geworden, begann er im September 1943 eine Ausbildung als Flak-Helfer in Kleinhadern bei München. Nebenbei besuchte er das Gymnasium in München. Nach dem Abitur kam er im Januar 1944 zum Arbeitsdienst in die Nähe von Passau, wo er ungefähr drei Monate lang bei einer Verbauung der Donau mithalf. Im April 1944 erreichte ihn der Stellungsbefehl: Er sollte sich am 1. Mai in Freising zum Militär melden. Schon nach ein paar Wochen schickte man ihn zur 157. Reservedivision nach Grenoble, wo er gegen französische Partisanen kämpfen sollte. Die Gegend um Grenoble war eine Hochburg der Résistance und für deutsche Soldaten höchst gefährlich. Ausgang von der Kaserne war ihnen nur in Dreiergruppen erlaubt.

Die Landung der Amerikaner am 6. Juni 1944 in Südfrankreich gab der Résistance neuen Auftrieb. Ende August sah sich die in Grenoble stationierte deutsche Division gezwungen, sich nach Italien zurückzuzie-

Unten
Oskar Zink in Uniform 1944

hen. Oskar Zink sollte zusammen mit seinem Bataillon deren Rückzug decken. Bei dem Versuch, sich selbst bis zur Schweiz durchzuschlagen, geriet er zusammen mit seinen Kameraden in einen Hinterhalt der Résistance. Auf einer Brücke wurden sie von französischen Widerstandskämpfern in die Zange genommen und gefangen.

Auf dem Weg zum nahe gelegenen Bergdorf Allevard schlug den Deutschen überall der blanke Hass entgegen: Sie wurden beschimpft und bespuckt. Nur eine alte Bäuerin hatte Mitleid mit den jugendlichen Soldaten und reichte ihnen aus einem Korb einige Äpfel. Im Bergdorf forderte eine Menschenmenge den Tod der insgesamt 16 deutschen Soldaten. Sie sollten aber nicht im Dorf, sondern ein Stück außerhalb hingerichtet werden. Die Gefangenen wurden auf einem schmalen Weg aus dem Dorf geführt, gefolgt von einer rachelustigen Menschenmenge.

Rettung durch die Amerikaner

Plötzlich tauchte am Ende des Zuges ein amerikanischer Jeep mit vier GIs auf. Waren sie zufällig des Weges gekommen, oder hatte sie die alte Bäuerin auf das Geschehen aufmerksam gemacht? Der Jeep überholte die Menge, und die GIs stellten die französischen Anführer zur Rede. Nachdem sie die Situation erfasst hatten, machten sich die Amerikaner überraschenderweise zum Fürsprecher der Deutschen, ihrer Feinde. Sie forderten die Franzosen auf, ihnen die Gefangenen auszuliefern. Dadurch gerieten sie selbst in eine bedrohliche Situation, denn die Franzosen waren keineswegs gewillt, auf ihre Vergeltung zu verzichten. Erst nachdem die Amerikaner eine kleine, auf dem Jeep montierte Kanone auf die wütende Menge richteten und dadurch ihre Entschlossenheit kund taten, händigten die Franzosen ihnen widerwillig die Gefangenen aus.

Unten
Oskar Zink stammt aus der Familie Staehlin und verbrachte seine Kindheit häufig im Laden in der Fischerstraße.

Die Amerikaner brachten die Deutschen nach Grenoble und sperrten diese in ein Garagenhaus. Jetzt erst wussten Oskar Zink und seine Kameraden: »Wir sind gerettet!«

Bald ging es nach Südfrankreich, wo die Gefangenen zum Entladen von Schiffen eingesetzt wurden. Weiter ging es auf dem Schiff nach Oran in Nordafrika. Als die Amerikaner einen Dolmetscher suchten, meldete sich Herr Zink. Zu seinem Glück nahmen ihn die Amerikaner. Doch eine Grippe brachte ihn mitten im Sommer ins Lazarett. Nur eine kleine Gruppe der deutschen Gefangenen wurde schließlich mitsamt dem Dolmetscher auf Schiffe verbracht und in Richtung USA geschickt. Über Norfolk an der US-Ostküste kamen sie in ein Gefangenenlager nach Kalifornien, wo Oskar Zink das Kriegsende erlebte. Nach ungefähr zwei Jahren schickte man die deutschen Gefangenen in ein Umschulungslager nach Virginia. Genau ein Jahr nach Kriegsende, am 8. Mai 1946 kehrte Oskar Zink wohlbehalten nach Kempten zurück.

Oben
Rund 50 Jahre später kehrte Oskar Zink zu der Brücke zurück, auf der er gefangen genommen wurde.

Unten
Eine Gedenktafel in Allevard erinnert an die deutsche Besetzung.

Die Kirche in Weißbach im Regierungsbezirk Troppau in Tschechien

Neubeginn

Die Heimatvertriebenen

Da Kempten und das Oberallgäu relativ wenig Kriegsschäden abbekommen hatten, wurden hier verhältnismäßig viele Heimatvertriebene aus den deutschen Ostgebieten und vor allem dem Sudetenland angesiedelt. Anfang 1946 waren für den Kreis Memmingen 20 000, für den Stadt- und Landkreis Kempten 22 000 Flüchtlinge zur weiteren Verteilung bestimmt.

Etwa 400 bis 600 »wilde« Flüchtlinge waren bereits in der Stadt, als am Nachmittag des 27. März 1946 der erste Zug mit 240 Sudetendeutschen aus dem Bezirk Troppau in Kempten ankam. Es waren überwiegend Frauen, Kinder und Greise. Sie waren vier Tage lang in Güterwagen unterwegs gewesen und »in verhältnismäßig menschlichem Zustand.« Sie mussten sich erst einer Entlausung unterziehen und kamen nach einer gründlichen Reinigung in das ehemalige Ostarbeiterlager in der Keselstraße. Weitere Sammellager richtete man in der Tierzuchthalle und in der »Spinnerei und Weberei« ein.

Reg.-Bez. | Fl.-K.

FLÜCHTLINGS-AUSWEIS

ausgegeben vom

STAATSKOMMISSAR FÜR DAS FLÜCHTLINGSWESEN

№ 531516

Kempten/Allg. — Ausgabeort — 3. Sept. 1946 — Ausgabetag

Registrierschein ausgestellt

in Kempten am 3.9.46 Nr. 4/550

Heinisch geb. Spitz Elisabeth

Name des Inhabers

Die amerikanische Kommandantur war bestrebt, die heimatlos gewordenen Menschen so schnell wie möglich in Privatquartiere einzuweisen. Sie erfasste jeden verfügbaren Wohnraum in Kempten, ein Tausch oder eine Vermietung »unter der Hand« war nicht mehr möglich. Allein zwischen dem 10. Januar und dem 17. April 1946 beschlagnahmte eine Kommission des Wohnungsamtes 1120 Zimmer mit 721 Betten. Rund 1600 Flüchtlinge, 31 politisch Verfolgte und 60 Totalausgebombte aus Kempten konnten so vorerst vom Wohnungsamt halbwegs menschenwürdig untergebracht werden. Über 100 Nationalsozialisten wurden aus ihren Wohnungen vertrieben, in 50 Fällen erlaubte man ih-

Auskunft wird erbeten über

Obergefr. Michael Ferling, geb. 6. 12. 1919, Fp.-Nr. 67618B, letzte Nachricht vom 25. 3. 45 aus Nitra, tsch.-ungar. Grenze. — **Jäger Xaver Ferling,** geb. 3. 3. 24, Feldp.-Nr. 24625D, vermißt seit 11. 44 b. Jovsa (Nickeilovze) Ungarn. Nachricht an Familie Ferling, Holzstetten 69, Post Ronsberg. g3063

Soldat Franz Streitel, Mittel-Abschnitt Bobruisk-Minsk, Fp.-Nr. 15447D, letzte Nachricht vom 23. 6. 1944. Nähere Angaben erbittet Frau Anni Streitel, Martinszell, Post Oberdorf bei Immenstadt. g3091

Oben
Nach der Einweisung in ein Sammellager erhielt jeder Insasse einen Flüchtlingsausweis.

Unten
In vielen Zeitungen gab es nach dem Krieg eine Rubrik, in der nach vermissten Personen gesucht wurde.

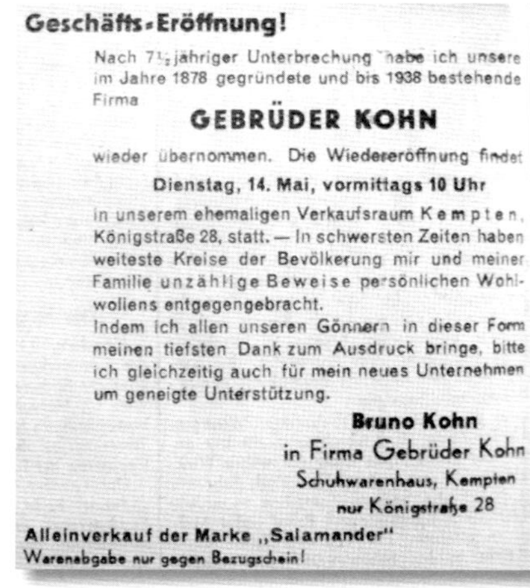
Geschäfts-Eröffnung!

Nach 7½jähriger Unterbrechung habe ich unsere im Jahre 1878 gegründete und bis 1938 bestehende Firma

GEBRÜDER KOHN

wieder übernommen. Die Wiedereröffnung findet

Dienstag, 14. Mai, vormittags 10 Uhr

in unserem ehemaligen Verkaufsraum Kempten, Königstraße 28, statt. — In schwersten Zeiten haben weiteste Kreise der Bevölkerung mir und meiner Familie unzählige Beweise persönlichen Wohlwollens entgegengebracht.
Indem ich allen unseren Gönnern in dieser Form meinen tiefsten Dank zum Ausdruck bringe, bitte ich gleichzeitig auch für mein neues Unternehmen um geneigte Unterstützung.

Bruno Kohn
in Firma Gebrüder Kohn
Schuhwarenhaus, Kempten
nur Königstraße 28

Alleinverkauf der Marke „Salamander"
Warenabgabe nur gegen Bezugschein!

nen, ihre Möbel mitzunehmen. Auch die Amerikaner beschlagnahmten Häuser für ihre Zwecke.

Die Zwangseinquartierung

Die Einweisung der Heimatvertriebenen in Privatquartiere musste zum Teil mit Gewalt durchgeführt werden. Beispiele fehlender Solidarität waren in der Zeitung häufig zu lesen. Ein Beispiel: »In einem Wohnhaus in der Haggenmillerstraße wohnt Frau G. mit ihren zwei Töchtern in vier Zimmern, einer Kammer und Küche; darunter bewohnt ihr Sohn Hugo mit Frau und Kind eine zweite, gleichgroße Wohnung. Bei beiden war je ein Zimmer beschlagnahmt. Am 16. Juli wurden diesen Familien vier Flüchtlinge zugewiesen, die nach stundenlangem Warten erst mit polizeilicher Hilfe in die beschlagnahmten Zimmer einziehen konnten. Der Einzug gestaltete sich dermaßen ›feierlich‹, dass die ganze Nachbarschaft zusammen lief und Hugo, Rosa und Katharina G. wegen Widersetzlichkeit in Haft genommen werden mussten.«

Über das besonders asoziale Verhalten eines Zahnarztes berichtete »Der Allgäuer« am 8. Juli 1946: »Parteigenosse seit 1933. Von 13 (!) Zimmern, die er bewohnt, dienen zwei als Praxisräume. Bleiben noch elf Zimmer. Elf Zimmer für drei Personen! Davon wurden im Januar zunächst nur zwei beschlagnahmt. Trotzdem brachte W. es bis jetzt fertig, allen ihm zugewiesenen Flüchtlingen die Aufnahme zu verweigern. Er beteuerte unentwegt: »Nur über meine Leiche kommen Flüchtlinge herein!« Erst jetzt wurden für eine achtköpfige Familie fünf Zimmer beschlagnahmt. Da man bei vielen »kleinen Leuten« schon vor Monaten jede Ecke belegt hat, ist es umso unverständlicher, dass die verantwortlichen Stellen ein so unsoziales Verhalten gegenüber heimatlosen Menschen so lange zuließen.«

Oben links
Nach dem Zweiten Weltkrieg gab es erneut lange Warteschlangen vor den Geschäften.

Oben rechts
Im Mai 1946 eröffnete das jüdische »Schuhhaus Kohn« erneut seine Pforten in Kempten.

Unten
In der Tierzuchthalle wurden nach dem Krieg Flüchtlinge untergebracht.

Elisabeth Opitz

Über 20 000 Heimatvertriebene wurden nach dem Zweiten Weltkrieg aus den deutschen Ostgebieten in's heutige Oberallgäu verschickt. Das hier beschriebene Schicksal der Elisabeth Opitz steht stellvertretend für ihr Schicksal.

Elisabeth Opitz wurde am 25. Juni 1926 in Weißbach im Kreis Freiwaldau im östlichen Sudetenland geboren. Sie wuchs in ärmlichen Verhältnissen auf. Der seit 1919 zur Tschechoslowakei gehörige Regierungsbezirk Troppau war fast ausschließlich von Deutschen bewohnt. Elisabeths Vater Karl Opitz war Jungviehwärter auf dem Gutshof Lundwall in Weißbach. Elisabeth hatte 10 Geschwister, von denen acht das Säuglingsalter überlebten. Nach sechs Volksschul- und zwei Bürgerschuljahren musste sie 1940 ein Pflichtjahr als Stall- und Haushaltshilfe auf dem Gut Lundwall absolvieren. Danach arbeitete sie als Hilfskraft in einer Konditorei im nahe gelegenen Weidenau. Der Betrieb wurde 1944 als nicht kriegswichtig eingestuft und geschlossen. Elisabeth fand eine Weiterbeschäftigung im Haushalt einer Gaststätte in Jungferndorf.

Mitte
Elisabeth Opitz aus Weißbach im Sudetenland im Alter von 15 Jahren

Unten
Das Wohnhaus der Familie Opitz in Weißbach

Oben
Elisabeth Opitz mit Bruder und Schwestern 1941

Unten
In diesem Gasthaus in Jungferndorf arbeitete Elisabeth Opitz vor ihrer Vertreibung.

1945 wurden die Folgen des Krieges auch für die Sudetendeutschen spürbar. Schon kurz nach Kriegsende wurde dort Dorf für Dorf zwangsweise von seinen deutschen Bewohnern evakuiert. Facharbeiter und Menschen mit speziellen Fähigkeiten waren vorerst von der Deportation befreit. In einem alten Fabrikgebäude in Niklasdorf errichteten die Tschechen ein Sammellager. Dort wurden die von allem Besitz enteigneten Deutschen eingesperrt, um auf ihren Abtransport zu warten.
Im Sommer 1946 waren die Bewohner von Jungferndorf an der Reihe. Die Wirtsleute wurden enteignet und mitsamt ihren Angestellten in das Lager Muna verbracht. Dort traf Elisabeth ihre Mutter, zwei Schwestern und einen kleinen Neffen wieder. Nach ungefähr zwei Wochen Lageraufenthalt ging es schließlich mit 50 Kilogramm Gepäck pro Person im Viehtransportzug in Richtung unbekannt. In jedem Waggon drängten sich 35 Menschen. Über Prag und Regensburg traf der Zug im August 1946 in Kempten ein.

Die Ankunft in Kempten

In der Eich konnte der Rest der Familie Opitz schließlich den Transportzug verlassen. Ein Jeep der US-Armee brachte sie in die »Spinnerei- und Weberei« in Kempten, wo ein großes Sammellager eingerichtet worden war. In einer großen Halle im dritten Stock waren dutzende von Feldbetten aufgestellt. Zum Frühstück gab es eine Scheibe Brot und Kaffee, der zum zweiten Mal aufgegossen war. Das zweite Essen bestand aus zwei Pellkartoffeln und Brei, der aus Zuckerrüben-Blättern und Ähnlichem zusammengekocht war. Mehrere Wochen gingen dahin, bis die Familie Opitz mit dem letzten Transportzug weiter verschickt werden sollte. Da bei Elisabeth fälschlicherweise TBC festgestellt wurde, verblieben sie und ihre Angehörigen in Kempten.

Bei der Bäckerei Schachenmayr am Bahnhofsplatz fand Elisabeth schließlich eine Stelle als Haushaltshilfe und ein Bett. Die Mutter und zwei Schwestern sollten im Haus eines Eisenbahners in Leutenhofen einquartiert werden. Dieser weigerte sich aber, die unerwünschten Flüchtlinge überhaupt ins Haus zu lassen. Nachdem der Vorfall bei der US-Kommandantur

im Postgebäude am Alten Bahnhof gemeldet war, fuhren zwei Amerikaner in einem Jeep mit den Opitz' nach Leutenhofen. Diese sollten notfalls mit Gewalt in dem vorbestimmten Haus einquartiert werden. Schließlich gab der Hausbesitzer widerwillig nach. Die Amerikaner stellten die zwei mitgebrachten Lazarettbetten nicht in dem vom Hausbesitzer vorgesehenen Kellerloch ab, sondern ins Wohnzimmer. Schon nach wenigen Tagen mussten die drei Frauen doch in den Keller umziehen.

Verbesserung der Situation

Im folgenden Winter erhielt Elisabeth Opitz überraschend einen Brief ihres Verlobten Max, den sie 1940 in Weißbach kennen gelernt, aber durch den Krieg aus den Augen verloren hatte. Max H. war 1944 in Norddeutschland in englische Kriegsgefangenschaft geraten. Als man ihn Anfang 1947 entließ, war ihm der neue Wohnort seiner Mutter in Kaufering als Aufenthalt zugewiesen worden. Ein Zuzug nach Kempten in die Nähe seiner Verlobten wäre ihm nur durch den Nachweis einer Arbeitsstelle und eine Heirat möglich gewesen. Deshalb begann Elisabeth fieberhaft nach einer anderen Arbeit zu suchen. Schließlich fand sie bei der Spinnerei und Weberei in Waltenhofen nicht nur einen Job, sondern auch ein neues Quartier. In einer kleinen Dachgeschosswohnung richtete sie sich mit ihren Schwestern notdürftig ein. Für ihren Verlobten fand sie schließlich auch eine Beschäftigung in der Papierfabrik in Hegge. Seinem Zuzug und einer Heirat stand nun nichts mehr im Wege. 1948 kam ihr erster Sohn auf die Welt. Als die junge Familie 1950 eine eigene Einzimmerwohnung in Waltenhofen beziehen konnte, ging es stetig aufwärts.

Oben links
Im Dritten Reich musste jeder Arbeitnehmer ein Arbeitsbuch haben.

Oben rechts
Die Papierfabrik in Hegge am Ende der 1930er Jahre

Unten
Elisabeth Opitz mit Schwestern und ihrem ersten Sohn Weihnachten 1948 in Waltenhofen

Die Merkt-Steine – Ein Bürgermeister und sein Geschichtsbewusstsein

Der langjährige Oberbürgermeister von Kempten Dr. Otto Merkt (1877 bis 1951) ist eine der widersprüchlichsten Persönlichkeiten, die Kempten je hervorgebracht hat. Dr. Merkt regierte die Stadt in den schwierigsten Jahren ihrer neueren Geschichte von 1919 bis 1942. Er war in der Zeit zwischen den Kriegen der mutigste Hüter der bürgerlichen Ordnung, ohne diese selbst zu leben. Er hatte für Repräsentation keinen Sinn und trug am liebsten »Räuberzivil«. Er war zeitlebens Junggeselle und Frauenfeind. Nur ein Aspekt dieser schillernden Person soll hier kurz beleuchtet werden.

Unten
Dr. Merkt in Stein. Seine Büste ziert das Haus der Altkatholiken in Kempten.

Dr. Merkt hatte schon vor seinem Amtsantritt 1919 eine erstaunliche Karriere als Verwaltungsjurist hinter sich. Wie viele seiner Berufskollegen war er aber völlig amusisch: Er hatte für Musik, Kunst und Kultur wenig Sinn entwickelt. Dagegen besaß er ein ausgeprägtes historisches Bewusstsein, insbesondere der Allgäuer Geschichte. Außer seiner Arbeit als Bürgermeister kannte er nur eine Leidenschaft: das Setzen von Gedenksteinen. In der wenigen privaten Freizeit, die er sich gönnte, betätigte er sich als Hobbyhistoriker und Heimatpfleger. Er durchstöberte alte Urkunden nach vergessenen historischen Lokalitäten. Sonntags pflegte er bei jedem Wetter – meist mit einigen Bekannten aus der Akademikervereinigung Algovia – diese Plätze aufzusuchen. War er überzeugt, die gesuchte Stätte gefunden zu haben, so ließ er diese durch einen Stein markieren. Über 2000 solcher Gedenksteine und -tafeln soll er im ganzen Allgäu gesetzt haben. Auf eigene Kosten. Er investierte ein Vermögen dafür, das Allgäu als historische Landschaft aufzuwerten und auszuweisen.

Die kulturelle Schattenseite von Dr. Merkt bestand darin, dass er sich nur für nicht mehr existente Bauwerke begeistern konnte. Freiwillig scheint er nie eine Kirche oder intakte Burg besucht zu haben, um sich an deren Schönheiten zu erfreuen. Interessant waren diese für ihn erst, wenn sie bereits verschwunden waren; denn dann konnte Dr. Merkt einen Gedenkstein für das nicht mehr existente Gebäude setzen. Der Heimatpfleger Alfred Weitnauer hat diese Widersprüche im Charakter des Oberbürgermeisters anschaulich in seiner kleinen Merkt-

Das Eiserne Kreuz.

Dr. Otto Merkt, Hauptmann der Reserve im 20. Inf.-Regt. Merkt ist am 26. Juli 1877 in Kempten geboren. Nach Absolvierung des Gymnasiums seiner Vaterstadt trat er im Jahre 1896 als Einjährig-Freiwilliger beim 1. Jägerbataillon ein und wurde mit Errichtung des 20. Inf.-Regts. zu diesem versetzt. Dann widmete er sich in München, Berlin und Erlangen dem Studium der Rechtswissenschaft und wurde Regierungsakzessist in Augsburg und Frankfurt a. M., Bezirksamtsassessor in Mallersdorf und Rechtsrat in München. In Kempten war er bis zum Kriegsausbruch Philistersekretär der Akademischen Ferienvereinigung Algovia. Im Jahre 1913 wurde er zum rechtskundigen 2. Bürgermeister der K. Haupt- und Residenzstadt München gewählt. Aus seinem Amte rief ihn die vaterländische Pflicht Mitte August zunächst nach Lindau, wo er die 4. Kompagnie des Res.-Inf.-Regts. 17 formierte und ausbildete. Am 8. Oktober verließ er die Garnison und begab sich nach kurzem Aufenthalte auf dem Lechfelde auf den Kriegsschauplatz in Nordfrankreich. Das Eiserne Kreuz, das seit dem Sturm auf Wytschaete vom 1. November seine Brust ziert, erwarb sich Hauptmann Dr. Merkt durch sein todesmutiges Verhalten im Gefecht, das diesem Sturm vorausging, wobei die Kompagnie Merkt als die erste des Regiments die Sturmstellung sich erkämpfte und durch die geschlossene Art ihres Vorgehens beim 1. und 2. Sturm, der bekanntlich Einnahme, Verlust, Wiedereinnahme, Wiederverlust dieses heißumstrittenen, nun in deutscher Hand befindlichen Ortes brachte.

Biografie beschrieben. Wäre es nur nach dem Willen von Dr. Merkt gegangen, hätte Kempten einige seiner schönsten architektonischen Perlen verloren: Als 1938 die Wehrmacht auf dem Kemptner Lindenberg einen Bauplatz für ein Offiziersheim ausgewiesen haben wollte, ordnete Merkt eine archäologische Untersuchung dieses Areals an – hier waren 1884 bedeutende Reste des antiken Cambodunum ausgegraben worden. Zur Überraschung aller wurden dabei weitere beachtliche Zeugnisse der alten Römersiedlung gefunden. Statt diese für die Nachwelt zu konservieren und Kempten eine touristische Attraktion zu sichern, ließ er Teile dieser für die Allgäuer Geschichte einzigartigen Stätte nach dem Krieg mit Wohnungen überbauen.

Wäre es nach Dr. Merkt gegangen, gäbe es heute auch die Orangerie am Hofgarten nicht mehr. Als die Wehrmacht 1937 nördlich des Hofgartens die Prinz-Franz-Kaserne errichten ließ, habe Dr. Merkt dieses schönste Rokoko-Gebäude der Stadt ohne mit der Wimper zu zucken der Heeresbauverwaltung zum Abriss überlassen. Er stellte nur eine Bedingung: An Stelle der verschwundenen Orangerie müsse ein Gedenkstein gesetzt werden. Glücklicherweise waren selbst die Militärs im Oberkommando der Wehrmacht für den Erhalt der Orangerie zu gewinnen.

Am meisten entsetzt war Alfred Weitnauer über die Willigkeit, mit der Dr. Merkt die Burghalde für eine völlige Neugestaltung preisgab. Ein Führer der Kemptner Hitlerjugend hatte dort 1942 den Neubau einer HJ-Burg im Stil der Sonthofener Ordensburg geplant. Diese hätte ganz Kempten architektonisch dominiert. Der weitere Kriegsverlauf verhinderte glücklicherweise diesen Frevel.

Dr. Merkt war nicht der letzte Bürgermeister von Kempten, der für die architektonischen Schönheiten seiner Stadt keinen Sinn hatte.

Oben
Nach dem Ritterkreuz Zweiter Klasse verdiente sich Dr. Merkt im September 1917 auch noch das EK Erster Klasse. Er wurde im Ersten Weltkrieg dreimal verwundet.

Unten
Dr. Merkt beim Ausritt; gesehen von Adolf Hengeler

Danksagungen

Für Ihr Entgegenkommen, interessante Unterhaltungen und die Überlassung von Fotos danke ich folgenden Personen:

Herrn Bettendorf, Weitnau;
Herrn Xaver Albrecht Altusried;
Herrn Pater Bruno Gemeinde Sankt Anton Kempten;
Herrn Adolf Birker & Familie, Altusried;
Herrn Franz Bögle, Wertach;
Frau Bertilia Dorn, Heiligkreuz;
Herrn Max Endras, Kempten;
Frau Rosi Führer, Murnau;
Herrn Max Gehring, Kempten;
Herrn Peter Grammetbauer, Kempten;
Frau Elisabeth Heinisch, Kempten;
Frau Karoline Hummel, Kempten;
Frau Bettina Keim-Tröscher, Oberursel;
Herrn Wolfgang Kessler, Vorderhindelang;

Frau Manuela Klare, Kempten;
Herrn Anton Köcheler, Oberstdorf;
Herrn Dieter Kraus, Wertach;
Herrn Johann Leitner, Durach;
Herrn Joseph Mulzer, Memmingen;
Herrn Hugo Naumann, Kempten;
Frau Annette Pickert, Kempten;
Frau Resi Pfluger, Sonthofen;
Herrn Peter Ritzer, Fa. Edelweiß Kempten;
Herrn Siegfried Sailer, Dietmannsried;
Frau Karin Schaber, Kirchengemeinde Sankt Mang Kempten;
Herrn Schernstein, Kempten;
Herrn Jakob Zeller, Mollenmühle;
Herrn Oskar Zink, Kempten;
Herrn Dr. Franz Rasso Böck und Mitarbeiterinnen, Leiter des Stadtarchives Kempten;
Allgäuer Überlandwerke GmbH;
Kirchenarchiv Sankt Lorenz Kempten

Bildquellennachweis

Umschlag vorn: P. Grammetbauer, HM. Durach, St. Lorenz, Frau Klare, St. Lorenz, PH – Peter Hutter, J. Mulzer, K. Hummel, M. Gehring
Umschlag hinten: A. Pickert, A. Birker (2), PH, HM. Wertach, St. Anton, St. Lorenz
Seite 3: PH (1); 4: PH (1); 5: PH (1); 6: PH (2); 7: PH (2); 8: W. Kessler (1); 9: PH (1), Buch M. Förderreuther 1907 (1); 10: W. Kessler (1), Allgäuer Tagblatt (1), Heimatmuseum Hindelang (1); 11: W. Kessler (2); 12: Adolf Birker (1); 13: Adolf Birker (1), Karoline Hummel (1), Resi Pfluger (1); 14: Milchwirtschaftlicher Verein Kempten (1), Carl Hirnbein-Museum Wilhams (2); 15: Adolf Birker (3); 16: Adolf Birker (2), PH (1), Allgäuer Tagblatt (1); 17: wikipedia linzenzfrei (1), Max Endras (1); 18: Adolf Birker (1), Allgäuer Tagblatt (2); 19: Heimatmuseum Wertach (4); 20: Adolf Birker (2); 21: Archiv Fa. Edelweiss Kempten (2), AÜW (1); 22: Allgäuer Zeitung (1), Adolf Birker (1); 23: Max Endras (1), Allgäuer Zeitung (1); 24: Archiv Sankt Lorenz (1); 25: Grammetbauer (2), Repro PH (1); 26: Archiv Sankt Lorenz (1), Grammetbauer (2); 27: Grammetbauer (3); 28: Archiv Sankt Lorenz (1), wikipedia linzenzfrei (1); 29: Grammetbauer (1), Archiv Sankt Lorenz (2), Allgäuer Zeitung (1); 30: Archiv Sankt Lorenz (3), Karoline Hummel (1); 31: Archiv Sankt Lorenz (3); 32: Grammetbauer (1), PH (1); 33: Grammetbauer (1), PH (1), Annette Pickert (1); 34: Gemeindearchiv Stank Lorenz (2), AÜW (1); 35: Grammetbauer (3); 36: AÜW (1); 37: PH (3); 38: J. Mulzer (1), Allgäuer Zeitung (1); 39: Carl Hirnbein-Museum Wilhams (2), PH (1); 40: Carl Hirnbein-Museum Wilhams (3); 41: Allgäuer Tagblatt (1), Heimatmuseum Hindelang (1); 42: PH (3); 43: Heimatmuseum Hindelang (2), Allgäuer Tagblatt (2); 44: Anton Köcheler (2), Heimatmuseum Hindelang (1); 45: Anton Köcheler (2); 46: Fliegende Blätter (2); 47: Pfarrarchiv Sankt Lorenz Kempten (2); 48: Allgäuer Tagblatt (1), Allgäuer Zeitung (1); 49: Familie Birker Altusried (2), Allgäuer Zeitung (1); 50: Heimatmuseum Durach (2); 51: Karoline Hummel (1), PH (1); 52: Heimatmuseum Wertach (1); 53: Heimatmuseum Wertach (2); 54: Heimatmuseum Wertach (1); 55: Heimatmuseum Wertach (1); 56: Heimatmuseum Wertach (2); 57: Fliegende Blätter (1), Allgäuer Zeitung (1); 58: Fliegende Blätter (1); 59: Allgäuer Zeitung (1), »Hochvogel« (2); 60: Fliegende Blätter (5); 61: Fliegende Blätter (2); 62: Allgäuer Tagblatt (1); 63: Allgäuer Tagblatt (1); 64: Franz Bögle (2), Allgäuer Zeitung (1); 65: Franz Bögle (1), Allgäuer Zeitung (1); 66: Franz Bögle (2), Allgäuer Zeitung (1); 67: Franz Bögle (3); 68: Grammetbauer (2); 69: Grammetbauer (2), Allgäuer Tagblatt (1); 70: AÜW (2), Grammetbauer (1); 71: AÜW (1), Allgäuer Zeitung (1); 72: Allgäuer Zeitung (2); 73: Allgäuer Geschichtsfreund (3); 74: Allgäuer Geschichtsfreund (1); 75: Allgäuer Geschichtsfreund (1); 76: Archiv Sankt Lorenz Kempten (1); 77: Allgäuer Zeitung (3); 78: Allgäuer Zeitung (2), Grammetbauer (1); 79: Allgäuer Zeitung (7); 80: Allgäuer Zeitung (8); 81: AÜW (2); 82: Allgäuer Zeitung (3); 83: AÜW (2); 84: Allgäuer Zeitung (4), AÜW (1); 85: Grammetbauer (1), Allgäuer Zeitung (3); 86: Allgäuer Zeitung (3); 87: AÜW (1), Allgäuer Zeitung (1); 88: Allgäuer Zeitung (2), Karoline Hummel (2); 89: Allgäuer Tagblatt (1), Allgäuer Zeitung (2); 90: wikipedia linzenzfrei (2); 91: Allgäuer Tagblatt (1), PH (1); 92: Josef Mulzer (1); 93: Grammetbauer (1), PH (1); 94: Allgäuer Kriegschronik (2); 95: Allgäuer Kriegschronik (1); 96: Allgäuer Kriegschronik (2); 97: Allgäuer Kriegschronik (2); 98: Josef Mulzer (2), Albrecht Altusried (1); 99: Allgäuer Zeitung (1), Josef Mulzer (3); 100: Josef Mulzer (3); 101: Josef Mulzer (2), PH (1); 102: PH (1); 103: Annette Pickert (1), AKC (1), Allgäuer Zeitung (1); 104: Grammetbauer (1); 105: Annette Pickert (1), AKC (2), Allgäuer Zeitung (1); 106: Adolf Birker (1), Albrecht Altusried (1); 107: Albrecht Altusried (1), Allgäuer Zeitung (1); 108: Allgäuer Kriegschronik (1), Allgäuer Zeitung (1), Gemeindearchiv Sankt Lorenz Kempten (1); 109: Allgäuer Zeitung (1), Gemeindearchiv Sankt Lorenz Kempten (1); 110: Gemeindearchiv Sankt Lorenz Kempten (4); 111: Ortsgeschichtlicher Arbeitskreis Heiligkreuz (1), Heimatmuseum Durach (2); 112: Gemein-

dearchiv Sankt Lorenz Kempten (2); 113: Schernstein Kempten (2); 114: Schernstein Kempten (4); 115: Allgäuer Zeitung (1), Schernstein Kempten (5); 116: Schernstein Kempten (2); 117: Allgäuer Zeitung (8); 118: Allgäuer Zeitung (1); 119: Allgäuer Zeitung (1), Ortsgeschichtlicher Arbeitskreis Heiligkreuz (1); 120: Adolf Birker (1); 121: PH (1), Allgäuer Zeitung (1); 122: Allgäuer Zeitung (1), Adolf Birker (1); 123: Gemeindearchiv Sankt Lorenz (2); 124: Gemeindearchiv Sankt Lorenz (3); 125: Allgäuer Zeitung (1), Gemeindearchiv Sankt Lorenz (1); 126: W. Kessler (1), Allgäuer Tagblatt (1); 127: Allgäuer Zeitung (2), Allgäuer Tagblatt (1); 128: Sybille Lankes (2), Allgäuer Zeitung (2); 129: Allgäuer Zeitung (1), Allgäuer Tagblatt (2); 130: AÜW (1); 131: Allgäuer Tagblatt (3), Karoline Hummel (1); 132: AÜW (1), Allgäuer Tagblatt (2); 133: AÜW (1), Allgäuer Zeitung (1); 134: AÜW (1), »Hochvogel« (1), Keim-Tröscher (1), Allgäuer Tagblatt (1), 135: Allgäuer Zeitung (2); 136: Allgäuer Tagblatt (1), Ortsgeschichtlicher Arbeitskreis Heiligkreuz (1); 137: Heimatmuseum Durach (3); 138: Heimatmuseum Durach (1); 139: Heimatmuseum Durach (1), Allgäuer Tagblatt (1); 140: Albrecht Altusried (2), Resi Pfluger (1), PH (1); 141: Allgäuer Tagblatt (1), Resi Pfluger (1); 142: Allgäuer Tagblatt (2); 143: Rosi Führer (4); 144: Rosi Führer (4); 145: Rosi Führer (3); 146: Rosi Führer (3); 147: Ortsgeschichtlicher Arbeitskreis Heiligkreuz (3); 148: Ortsgeschichtlicher Arbeitskreis Heiligkreuz (2); 149: Ortsgeschichtlicher Arbeitskreis Heiligkreuz (2); 150: Gemeindearchiv Sankt Anton (1); 151: Allgäuer Tagblatt (3); 152: Heimatmuseum Durach (2); 153: Heimatmuseum Durach (1), Allgäuer Tagblatt (1); 154: Gemeindearchiv Sankt Anton (2); 155: PH (1), Allgäuer Tagblatt (4); 156: Allgäuer Tagblatt (1), Heimatmuseum Durach (1); 157: Heimatmuseum Durach (2), Allgäuer Tagblatt (1); 158: Heimatmuseum Durach (2); 159: wikipedia lizenzfrei (3); 160: Siegfried Sailer (2); 161: PH (2); 162: Siegfried Sailer (1); 163: Siegfried Sailer (1); 164: Max Gehring (1); 165: Allgäuer Tagblatt (3); 166: AÜW (1), Manuela Klare (1); 167: PH (1), Allgäuer Tagblatt (1); 168: Allgäuer Tagblatt (1); 169: Siegfried Sailer (1), PH (1); 170: PH (1), Allgäuer Tagblatt (1); 171: Max Gehring (3); 172: Max Gehring (2); 173: Allgäuer Tagblatt (1); 174: Max Endras (4); 175: Max Endras (3); 176: Allgäuer Tagblatt (3); 177: Oskar Zink (2); 178: Oskar Zink (1); 179: Oskar Zink (2); 180: Elisabeth Heinisch (1); 181: Elisabeth Heinisch (1), Allgäuer Zeitung (1); 182: Allgäuer Zeitung (2), Allgäuer Tagblatt (1); 183: Elisabeth Heinisch (3); 184: Elisabeth Heinisch (3); 185: Elisabeth Heinisch (2), AÜW (1); 186: PH (1); 187: Allgäuer Kriegschronik (1), Fliegende Blätter (1)